高等职业学校旅游管理专业教材

导游实务

DAOYOU SHIWU

张素梅　陶　楠　主编

二维码使用说明

二维码视频密码为:

9787518437207

中国轻工业出版社

图书在版编目（CIP）数据

导游实务 / 张素梅，陶楠主编. —北京：中国轻工业出版社，2022.2
高等职业学校旅游管理专业教材
ISBN 978-7-5184-3720-7

Ⅰ.①导… Ⅱ.①张… ②陶… Ⅲ.①导游—高等职业教育—教材 Ⅳ.①F590.633

中国版本图书馆CIP数据核字（2021）第219581号

责任编辑：贺晓琴　　责任终审：劳国强　　整体设计：锋尚设计
策划编辑：史祖福　　责任校对：朱燕春　　责任监印：张　可

出版发行：中国轻工业出版社（北京东长安街6号，邮编：100740）
印　　刷：艺堂印刷（天津）有限公司
经　　销：各地新华书店
版　　次：2022年2月第1版第1次印刷
开　　本：787×1092　1/16　印张：21.5
字　　数：482千字
书　　号：ISBN 978-7-5184-3720-7　定价：66.00元
邮购电话：010-65241695
发行电话：010-85119835　传真：85113293
网　　址：http://www.chlip.com.cn
Email：club@chlip.com.cn
如发现图书残缺请与我社邮购联系调换
201479J2X101ZBW

前 言

“导游实务”不仅是高等职业学校旅游类专业的核心课程，而且是导游资格证考试的科目。本教材从知识掌握和职业能力培养两方面入手，依据学习者理论知识学习和职业能力成长规律，将教材内容分为3大模块、13个项目和39个任务。每个项目均设有项目概述、项目任务、项目成果、学习目标、案例导入、项目实施、项目评价、项目小结、项目拓展和项目检测十个部分，在每项具体任务设有任务导入、任务思考、任务学习、任务检测，便于教师明确教学任务、组织教学内容和活动，利于学习者自主学习、知识要点掌握、职业素质养成和职业能力形成。

本教材具有以下几方面特色。

（1）体现“岗课赛证融通”综合育人。本教材重构内容体系，打破了传统的教材模式，以导游职业岗位需求为起点，对接“导游服务规范”的要求，将导游资格证考试以及全国职业院校技能大赛导游服务赛项的内容和标准转化为教材内容，其中模块三紧贴导游服务工作实际，以导游基本业务流程为主线设计为九个项目，并将导游技能和问题处理融入每个项目中，全面提升导游职业能力素养和岗位适应性。

（2）采用成果导向—任务驱动教学模式。本教材以成果为导向，以任务驱动来统领教学活动的实施，每个项目通过组织多种形式的竞赛活动，激发学生自主学习的积极性，通过成果展示，使学生获得成就感，培养崇尚劳动、精益求精、勇于创新的劳动精神、工匠精神和劳模精神。

（3）配套教学资源丰富多样。本教材编者为专业教师和旅游企业一线导游，具有丰富的课堂教学经验和导游实践经验，内容紧贴导游带团实际，设计大量经典案例，涉及导游服务的各个环节，给学习者必要的警示和有益的启迪；每个项目配有大量习题，供学习者随时随地进行练习，夯实理论知识。同时顺应时代发展要求，综合利用文字、动画、视频、微课等多种方式立体化呈现教材内容，满足信息化和个性化教学需要，尤其是高级导游的讲解和导游服务示范，树立优秀导游榜样，使学生增强导游职业认同感。广大师生通过扫描书内二维码即可观看对应知识点的视频讲解。

（4）课程思政内化为行。本教材全方位融入课程思政元素，将优秀导游事迹、导游带团案例、导游服务范例等设计为典型教学案例，将职业素质与职业能力培养有机融合、知识传授与价值引领有机统一，使学生深刻领悟新时代导游的责任感和使命感，同时将爱国情怀厚植于心，让学生自觉成长为中国故事的传播者。

本教材是国家级导游专业教学资源库建设和校企合作的成果，由高等职业学校教师和旅游企业导游共同编写完成，由秦皇岛职业技术学院教师张素梅和陶楠担任主编，张有山、张秋敏和周秀芝担任副主编，负责体例的拟订、统稿工作。具体分工为：模块一由陶楠编写；模块二由张素梅、张娟编写；模块三中项目一和项目六由张素梅和张国庆编写，项目二和项目四由陶楠和张国庆编写，项目三和项目五由张有山编写，项目七、项目八和项目九由周秀芝、张秋敏共同编写。张娟为泰安市瀛泰国际旅行社高级导游、泰安市导游协会副会长；张国庆为秦皇岛鸿远国际旅行社有限公司高级导游。本教材是从导游的实际工作角度出发编写而成的，既是一本旅游类专业课程的教学用书，也是立志从事导游职业的社会学习者的指导用书。

在本教材编写过程中，参阅了国内外同类教材、相关研究资料和旅游企业提供的案例素材，我们已尽可能地标明出处，但因篇幅所限，无法一一列出。在此谨向各位作者表示歉意和衷心的感谢！

教材的出版是一个不断完善的过程，由于编者知识水平和实践经验有限，书中不足之处，敬请读者不吝赐教。

编者

2021年11月

目　录

模块一

导游认知

导游工作属于崇高又有意义的职业，“导游”应是集专业技能和知识、机智于一身的人。一名合格的导游应该精干、老练、沉着、果断、坚定，应时时处处显示出有能力领导旅游团，而且工作积极、耐心，会关心人、体谅人，富于幽默感，导游技能高超。吃苦耐劳是导游最基本的素养，持续学习、增加知识储备是导游必须长久坚持的习惯，尊重游客、尊重职业是导游心中永远的敬畏。顺应新时代文旅融合新趋势，导游不仅是单纯的向导、讲解员，更应该成为历史文化的传播者，文明旅游的倡导者，生态环保的志愿者，游客安全的守护者。旅游本身是一个温暖的活动，更需要导游的热能输出，作为一名温暖的导游，饱含深情地为游客提供优质、精细的服务，在工作中讲好中国故事，传递和谐文明精神，是职责，更是导游工作的意义所在。

本模块包括认识导游服务和认识导游两个项目，意在通过演讲比赛、知识问答、辩论赛、主题讨论等活动，促成学生主动搜集资料进行自主学习、课堂汇报展示成果，使学生能够对导游服务和导游职业有更清晰、正确的认识，激发学生对导游职业的热爱和对后续内容学习的兴趣，树立良好的职业自豪感和崇高的职业道德，培育学生崇尚劳动、精益求精的劳动精神和工匠精神。

学习笔记

项目一 认识导游服务

项目概述

导游是旅游业的“形象大使”，导游服务被看作旅游业的标志性产品。导游服务水平的高低，往往决定了游客的满意度，影响着游客的消费行为，优质导游服务所带来的积极效应是非常明显的，而劣质的导游服务所带来的负面影响也是难以弥补的。因此，必须要全面深刻地认识导游服务工作，才能为游客提供优质的导游服务。

本项目分为理解导游服务的内涵与发展、领会导游服务的性质与特点和认识导游服务的地位与作用三项任务，具体内容如图1-1所示。

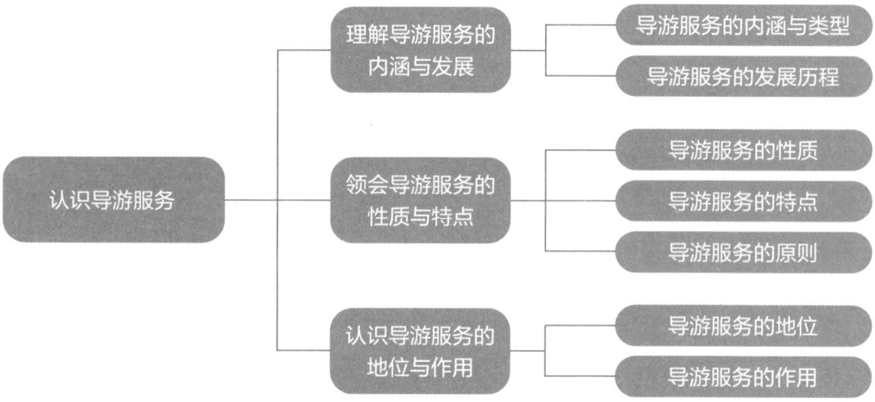

▲ 图1-1 认识导游服务

项目任务

导游服务知识竞赛和导游服务辩论赛。具体要求如下。

（1）导游小组一起搜集、整合导游服务相关资料，做好导游服务知识问答竞赛的准备，通过抢答的方式，完成竞赛活动。

（2）导游小组协作，共同研讨“导游服务的性质和特点”。每小组选派一名代表汇报讨论结果。

（3）每个导游小组抽取“导游服务辩论赛”的辩题，根据所抽取的辩题进行辩论赛的资料准备，明确辩论主题，根据小组成员的特点、风格、能力确定辩位。通过辩论赛，认识导游服务的地位和作用，辩论赛结束后，师生共同投票，选出最佳辩论小组，并针对辩题内容进行单独投票，核算各种观点支持率。

学习笔记

项目成果

“导游服务辩论赛”视频展示。

学习目标

素质目标	知识目标	能力目标
1. 通过导游小组协作完成任务，具有责任担当意识和质量意识，形成热爱劳动和自主学习的良好习惯。 2. 通过开展各种学习活动，培养学生精益求精的工匠精神和吃苦耐劳的劳动精神。 3. 通过“辩论比赛”，树立责任意识和职业自豪感。	1. 理解导游服务的内涵。 2. 了解导游服务的产生及发展历程。 3. 领会导游服务的性质与特点。 4. 把握导游服务的原则。 5. 认识导游服务的地位与作用。	1. 能够领会导游服务的发展趋势，并为此做好各方面准备。 2. 能够正确认识导游服务的地位和作用。 3. 能够深刻理解导游服务的特点和原则，并对照自身找出自己在导游服务中存在的优势和劣势。 4. 能够通过小组合作完成各项学习任务，学会搜集、整合资料的方法，学会与人合作。

案例导入

小张刚刚进入一所大学，就读于导游专业。刚刚进入大学校门的小张，十分激动和兴奋，对于将要学习的专业也充满了向往和好奇，立志要好好学习专业课，他想：“将来一定要成为一名导游，这样就可以“不花钱”游遍世界，还可以在工作中挣到钱。导游真的是世界上最完美的工作！”

案例解读

在这个案例中，刚刚进入大学的学生，简单地把导游服务理解成“不花钱”游遍世界的想法显然是片面的，导游服务是旅游服务的一个组成部分，有着它的产生和发展的历史，正确认识导游服务

学习笔记

的性质、特点、地位、作用，才能在未来的工作中树立好服务意识，把导游工作做得出色。

案例思考

（1）导游服务的内涵是什么?
（2）导游服务的发展历史是什么?
（3）如何理解导游服务的地位和作用?

任务1 理解导游服务的内涵与发展

任务导入

每个导游小组参加“导游服务的发展知多少”知识问答竞赛测试。知识问答竞赛测试参考题如表1-1所示。

表1-1 知识问答竞赛测试参考题

序号	题目	分值	要求
1	导游服务的内涵是什么?	6	在规定时间内完成抢答，答对加分，答错不扣分。得分最高的小组获得优秀导游小组奖励
2	导游服务的类型有哪些?	6	
3	导游服务的范围包括哪几类?	6	
4	世界上第一次商业性旅游活动是谁组织的?	6	
5	我国导游服务的发展经历了哪几个阶段?	6	

任务思考

（1）你对导游服务的内涵和发展的认识还存在哪些不足?
（2）应该如何树立正确的导游服务意识?
（3）导游服务未来的发展趋势是什么?

任务学习

导游服务是指导游代表被委派的旅游企业，接待或陪同游客进行旅游活动，并按照组团合同或约定的内容和标准向游客提供的旅游接待服务。

学习笔记

一、导游服务的内涵与类型

（一）导游服务的内涵

导游服务的内涵，具体来说包括以下几层含义。

首先，导游服务的主体是具有导游资格的导游，而且导游必须是旅游企业（包括线上和线下旅游企业和景区景点）委派的。

其次，导游服务的主要内容是游客的接待。一般来说，多数导游是在陪同游客旅行、游览的过程中向其提供导游服务的，但是也有一些导游是在旅行社设置的不同地点的柜台前接待客人，向客人提供旅游咨询，帮助客人联系和安排各项旅游事宜。他们提供的同样是接待服务。所不同的是，前者是在游览中提供接待服务，后者则是在出游前提供接待服务。

最后，向游客提供的接待服务，对于团队游客而言，导游必须按组团合同的规定和导游服务质量标准实施，对于散客则应按事前约定的内容和标准实施。导游不得擅自增加或减少甚至取消旅游项目，也不得降低导游服务质量标准。

因此，导游服务是整个旅游服务过程中的灵魂。导游在导游过程中所体现出的敬业精神、文化修养、人格魅力和服务艺术（包括服务技能、服务效率、语言艺术和组织应变能力等）对游客的综合旅游感受会形成最直接的影响。不仅如此，导游服务工作的优劣还会直接影响整个旅游行业的信誉好坏，对旅游业的发展产生正面或负面的影响。

（二）导游服务的类型

导游服务包括图文声像导游和实地口语导游两种方式。

导游服务的类型

1. 图文声像导游

图文声像导游也称物化导游，是指作为游客旅游指导的招徕宣传品和旅游纪念品，包括多种不同形式的图文印刷资料和声像制品。

（1）图册类　导游图、交通图、旅游指南、景点介绍册页、画册、旅游产品目录等。

（2）纪念品类　有关旅游产品、专项旅游活动的宣传品、广告、招贴以及旅游纪念品等。

（3）声像类　有关国情（城市）介绍、景点介绍的录像带、录音带、电影片、幻灯片和光盘等。

学习笔记

旅游业发达的国家和地区对图文声像导游极为重视，各大中城市、旅游景点以及机场、火车站、码头等处都设有摆放着各种印制精美的旅游宣传资料的“旅游服务中心”或“旅游问询处”，游客可以随意翻阅、自由索取。工作人员还会热情、耐心地解答有关旅游活动的各种问题并向问询者提供有参考价值的建议。很多旅行社通过定期向公众放映有关旅游目的国（地）的电影或录像、举办展览会等方式来影响潜在的游客。组团旅行社通常在旅游团出发前，在领队向团员介绍目的地的风俗民情及旅游注意事项的同时，为游客放映有关旅游目的地的电影、录像或幻灯片，散发《旅游指南》等资料，帮助游客了解即将前往参观游览的旅游目的地。此外，许多博物馆、教堂和重要的旅游景点都装有先进的声像设施，方便游客参观游览，帮助游客较为深刻地理解重要景观景物的文化内涵和艺术价值，从而获得更多美好的享受。

（4）语音导览器　自助式语音导览器具有多种语言可供选择，可通过红外无线连接，采用图、文、声、像全方位多媒体技术对展览内容进行翔实的介绍，使展览得到更大程度的扩展和延伸。

（5）智慧旅游　通过融合通信与信息平台，利用云计算、物联网和互联网技术，借助全球卫星定位系统，使用便携式移动终端上网设备，主动感知旅游相关信息，实现导游服务。简单地说，就是游客与网络实时互动，让游程安排进入触摸时代。如使用百度、高德等导航软件，可以方便地实现向导服务；利用景区开发的第三方应用程序（App），可以实现景区游线规划、景点讲解、安全提示、旅游商品销售等目的。目前，很多旅游企业积极拥抱移动互联网，利用第五代移动通信技术（5G）、虚拟现实（VR）等，开辟线上展厅、线上博物馆等，让民众足不出户在家实现“云游览”。智慧旅游无疑是物化导游重要的表现形式。

2. 实地口语导游

实地口语导游也称讲解导游，它包括导游在游客旅行、游览途中所做的介绍、交谈和问题解答等导游活动，以及在参观游览途中所做的导游讲解。

随着时代的发展、科学技术的进步，导游服务方式将越来越多样化、高科技化。图文声像导游形象生动、便于携带和保存的优势将会进一步发挥，在导游服务中的作用会进一步加强。然而，与实地口语导游相比，图文声像导游仍将处于从属地位，实地口语导游在导游服务中的核心地位是不可替代的，并将发挥着主导作用。其原因主要有以下三个方面。

（1）导游服务对象是有思想和目的的游客，需要导游提供有针对性

学习笔记

的导游服务　由于社会背景和旅游动机的不同。不同游客的出游动机和目的不尽相同，其表达方式也存在差异。有的人直截了当，有的人则比较含蓄，还有的人可能缄默不语。单纯地依靠图、文、声、像一类千篇一律的固定模式介绍旅游景点，是不可能满足不同社会背景和出游目的的游客需求的。导游可以通过实地口语导游了解游客对旅游景点的喜好程度，在与游客的接触和交谈中，掌握不同游客的想法和出游目的，然后根据游客的不同需求，在对景观景物进行必要的介绍的同时，有针对性、有重点地进行导游讲解。这是图文声像导游难以企及的。

（2）现场导游情况复杂多变，需要导游灵活、妥善处理　现场导游的情况是纷繁复杂的，在导游对景观景物进行介绍和讲解时，有的游客会专心致志地听，有的则满不在乎，有的还会借题发挥提出各种稀奇古怪的问题。这些情况都需要导游沉着应对，妥善处理。在不降低导游服务质量标准的前提下，一方面满足那些确实想了解旅游目的地景观景物知识的游客的需求，另一方面要想方设法调动那些对旅游目的地不感兴趣的游客的游兴，还要对提出古怪问题的游客做必要的解释，以活跃整个团队的旅游气氛。此类复杂情况并非现代科技导游手段可以解决的，只有人，而且是高水平的导游才能得心应手地加以处理。

（3）旅游是一种人际交往和情感交流活动，需要导游的参与和沟通　旅游是客源地的人们到旅游目的地的一种社会文化活动，游客通过接触目的地居民来了解目的地的社会文化，实现不同国度、不同地域、不同民族之间的人际交往和情感交流。导游是游客率先接触且接触时间最长的目的地居民，其仪容仪表、神态风度和言谈举止都会给游客留下难以磨灭的印象。通过导游的介绍和讲解，游客还可以了解旅游目的地的文化，增长知识，陶冶情操。经过一段时间的接触和交往，游客和导游之间会自然而然地产生一种情感交流，建立起相互信任和友谊。这种导游与游客之间建立的正常的人与人之间的情感关系是提高导游服务质量的重要保证，这同样是高科技导游方式难以做到的。

（三）导游服务的范围

导游服务范围是指导游向游客提供服务的领域，即导游业务工作的内容。导游服务繁重纷杂，范围很广，食、往、行、游、购、娱几乎无所不包。但归纳起来，导游服务主要包括以下三类。

1. 导游讲解服务

导游讲解服务包括游客在目的地旅行时导游所做的沿途讲解、参观游览地的导游讲解，以及座谈、访问和某些参观点的口译服务等。

学习笔记

导游讲解服务有助于传播文化、增进了解和陶情怡性。通过导游的介绍、讲解或翻译。可以帮助游客认识一个国家（或地区）的历史文化、传统风俗、生活方式和现代文明，以及当地居民的精神面貌、价值观念和道德水准，使游客通过对目的地社会文化和精神风貌的切身体验，获得惬意的审美感受和美好的回忆。高质量的导游讲解服务还可以在某种程度上弥补生活服务中的某些不足，消除因生活服务的不尽如人意而造成的不愉快。

2. 旅行生活服务

旅行生活服务包括游客出入境迎送、旅途生活照料、安全服务，以及上下站联络等。

旅行生活服务是目的地旅游接待工作中不可缺少的环节，也是导游服务的重要内容。首先，导游通过做好迎送游客、帮助游客办理住店离店事宜、安排游客行李运送、注意保护游客安全等日常工作，以及与饭店、餐馆、商店等旅游相关接待单位进行必要的协调、沟通，可使游客在旅游期间的生活顺利、愉快；其次，提供令人满意的旅行生活服务，可使游客对导游人员产生信赖感，逐渐消除初见时的隔膜和距离；最后，提供热情周到的旅行生活服务，使游客的旅游生活丰富多彩，精神轻松愉快。游客、导游之间关系融洽，有利于游客集中精力聆听导游的讲解，从而使导游讲解取得良好的效果。

3. 市内交通服务

市内交通服务是指导游同时兼任驾驶员为游客在市内和市郊旅行游览时提供的驾车服务。这种服务在西方旅游发达国家比较普遍，目前在我国还处于萌芽状态，但随着网约导游业务的普及，导游在履行合法手续并经旅游企业或游客同意后，将逐渐把为散客或小型团队提供市内及周边交通服务纳入导游服务的范畴。

提示

导游讲解服务、旅行生活服务与旅游接待服务的关系

导游向游客提供的导游讲解服务和旅行生活服务是旅游接待服务的重要组成部分。

一方面，从导游讲解服务来说，游客到目的地来主要是为了增加对目的地社会文化等方面的了解，获取在目的地的旅游经历。旅游目的地的旅游接待工作就是要满足游客的这种需要，满

学习笔记

足的办法则是安排游客在目的地参观游览，而导游带领游客参观游览并对参观游览的内容及相关知识进行讲解或翻译是实现游客需要的主要途径。通过导游的介绍、讲解或翻译，帮助游客认识一个国家（或地区）及其民族的历史文化、传统习俗、生活方式和现代文明，进而了解他们的精神面貌、价值观念和道德风尚，使游客对所到访的目的地的社会文化和精神风貌有切身的体验。

另一方面，从旅行生活服务来说，它也是目的地旅游接待工作不可缺少的一环。在现代，游客以实现享受需要为其出游的主要目的之一。因此，认真做好游客的旅行生活服务显得十分重要。在这方面，导游是做好游客旅行生活服务的重要环节，除了迎送游客、帮助游客住店离店、安排行李运送、注意保护游客安全等各项事宜外，还要与饭店、餐馆、商店等服务行业进行必要的沟通，使游客在旅游期间的生活顺利、愉快，这不仅有利于游客增加对目的地的认识和了解，提高游客的满意程度，而且也有利于激发游客对目的地旅游的兴趣，增加对导游为其提供各项服务的好感和信赖。总之，做好游客的旅行生活服务会给游客留下美好的印象。

导游讲解服务与旅行生活服务之间的关系是相辅相成的关系。虽然两者满足游客需要的方面不同，但是它们都是游客整体旅游需要的一部分，相互之间既密切联系，又互相补充。对导游来说，一个方面服务上的某些欠缺在某种程度上可用另一方面服务的加强予以弥补，即高质量的导游讲解服务在某种程度上可以弥补旅行生活服务上的某些不足，反过来热情周到的旅行生活服务在某种程度上也可以弥补导游讲解中的某些不足。

想一想　为什么说导游服务是整个旅游服务过程中的灵魂，你意识到导游服务的重要意义了吗？

二、导游服务的发展历程

（一）导游服务的产生与发展

在人类历史上，人类有意识地外出旅行是由产品或商品交换引起的。早在原始社会旅行活动就已经开始，但产生导游服务的条件还未形成。奴隶社会和封建社会时期，人类的旅游活动有了一定的发展，外出

学习笔记

旅游的人数不断增加，旅游的目的地也不再单一，但旅游活动仍处于一种小规模、无组织、无领导的状态。虽然已出现有人在旅行时聘请当地熟悉路途的人做向导，但是这些向导都只是临时性的。正如，“借问酒家何处有，牧童遥指杏花村”中所描述的，其作用仅是为旅行者引路的“牧童”而已，还不是我们现代意义上的导游。作为一种商业性质的职业导游，是近代才产生的。

1. 导游服务的产生

18世纪60年代后，以英国为代表的西方国家开始进入工业革命时期。随着生产力的迅速发展，旅游活动产生了本质性的变化，其最突出的标志是近代旅游业的诞生和商业性导游服务的产生。

世界公认的第一次商业性旅游活动是由英国人托马斯·库克（Thomas Cook）组织的。1841年7月5日，托马斯·库克组织了570人，利用包租火车的方式，从莱斯特到拉夫巴勒参加一次禁酒大会。这次活动虽然不是一次纯粹的商业性活动，却成了近代旅游活动的标志，更重要的是托马斯·库克从中看到了巨大的商机。1845年，托马斯·库克又组织了一次350人的团体消遣性旅游活动，从莱斯特到利物浦，为期一周。为组织这次活动，托马斯·库克做了大量的前期准备工作，印制了世界上最早的旅游指南《利物浦之行手册》，不仅自己全程陪同，而且在卡那封城堡和斯诺登山游览中还聘请了地方导游，因此可以说这是世界上第一次大规模的、有组织的、纯粹以商业为目的的旅游活动。同年，托马斯·库克在莱斯特创办了世界上第一家商业性旅行社。此后，他放弃了原来的工作，开始专门从事旅游代理业务，成为世界上第一位专职的旅行代理商。

1846年，托马斯·库克亲自带领一个旅行团到苏格兰旅行。旅行社为每个成员发了一份活动日程表，还为旅行团专门配备了向导，这是世界上第一次有商业性导游陪同的旅游活动，导游服务作为一种职业正式登上了历史的舞台。

1865年，托马斯·库克与其儿子约翰·梅森·库克（John Mason Cook）将原来的托马斯·库克旅行社更名为托马斯·库克父子公司（即后来的通济隆旅游公司），迁址于伦敦，并在美洲、亚洲、非洲设立分公司。1872年，托马斯·库克亲自带领一个9人旅游团访问纽约、多伦多等地，把旅游业务扩展到了北美洲。这次环球旅行使其声名远播，产生了极大的影响。

1892年，托马斯·库克还创造性地发明了一种流通券。凡持有流通券的国际游客可在旅游目的地兑换等价的当地货币，即旅行支票，这更加方便了游客进行跨国和洲际旅游。

学习笔记

后来，欧洲、北美诸国和日本纷纷效仿托马斯·库克组织旅游活动的成功模式，先后组建了旅行社或类似的旅游组织，招募陪同或导游，导游队伍逐渐形成。这个时期不仅出现了导游服务，而且从事这一工作的人员分成了全程陪同服务和地方游览讲解服务两种类型，为现代导游服务奠定了坚实的基础。

2. 导游服务的发展

第二次世界大战后，由于世界的和平与发展，大众化旅游活动迅速发展，导游队伍得以不断壮大，现代导游服务由此进入了发展时期。特别是20世纪60年代以来，由于世界经济的稳步发展，人们收入水平不断提高，闲暇时间增多，处于各种目的的旅行和旅游活动得到了迅速发展。根据世界旅行与旅游理事会（WTTC）《2019旅游对全球经济影响与趋势报告》中发布的数据，2018年，旅游业为全球经济贡献了8.8万亿美元，提供了3.19亿个工作岗位，占全球工作岗位的10%，其中就包括为游客提供导游服务的人员。

随着现代旅游的迅猛发展以及世界导游队伍的不断扩大，旅游服务质量，特别是导游服务质量引起了各国政府的高度重视，纷纷采取措施，制定旅游服务质量标准，加强了对导游执业资格、选拔、培训以及服务质量的管理，形成了不同类型的导游管理体制，从而实现了对导游的规范化服务与管理。

（1）"封闭式·严格型"导游管理体制。

①资格准入门槛高。以新加坡和以色列这两个国家为例，新加坡和以色列均规定：想申请做导游工作者，必须参加并通过全国统一组织的导游资格考试，才能取得导游资格，否则将受到严厉的处罚。

②执业管理很严格。新加坡对导游行业实行定期报告、换证和在册导游培训制度。导游每隔半年要报告过去6个月的接团量。注册导游每隔一定年限必须参加一次导游考试，通过者换发新证，未通过者将被取消导游资格。客人的意见和评价直接关系导游的就业机会。出现对导游服务质量的投诉，旅行社会根据情况决定是否继续聘请该导游。旅游局收到投诉后也要进行调查，情况属实则发出警告，多次被投诉者会被取消导游资格。

在以色列，旅游部发给每位导游有统一编号的导游证和胸卡，导游在国内提供导游服务时，必须佩戴胸卡以便接受监督和检查。对违章导游，旅游部将通过收回导游证和胸卡来取消其资格，并且一般不批准其重新参加导游培训和资格考试的申请。

学习笔记

（2）“开放式·宽松型”导游管理体制。

①资格准入很宽松。以澳大利亚和德国为例。

澳大利亚：有意当导游者，可自愿参加由澳大利亚入境旅游组织举办的导游资格考试，通过者可获得导游资格证书和导游胸卡。但这一证书只作为专业水平的证明，而非导游必备的条件。

德国：无职业导游，所有导游都是临时、兼职或业余的。所以，德国不设导游资格考试制度。

②执业管理靠游客。实行“开放式·宽松型”导游管理体制的国家，导游监管主要靠雇主（旅行社）和服务对象（游客）进行。

澳大利亚：导游是自由职业者，无专门的机构去监管，主要靠雇主根据游客的反馈结果来增减付给导游的薪金，以及做出是否续聘的决定来实施动态管理。对不合格的导游，目前尚无任何处罚规定。

德国：目前尚无监管导游服务质量的专门机构，游客的评价就是最好的监管，旅行社据此决定是否续聘该导游。

（3）“开放式·严格型”导游管理体制。

以中国为例，随着旅游业的发展，为适应旅游市场的需求，我国的导游管理体制经历了由“封闭式·严格型”向“开放式·严格型”的转变，呈现出以下特点。

①导游资格终身制。导游资格证在全国通用，而且终身有效。

②导游多渠道执业。导游除了可以由旅行社委派外，还可以由游客通过线上平台或线下自主联系预约获得工作，实现交易完全开放。

③导游管理信息化。取消导游年审制度，通过导游公共服务监管平台，用信息化手段实现对导游的常态管理。

（二）我国导游服务的演变历程

我国导游服务起步于1923年8月，至今经历了五个发展阶段。

1. 起步阶段（1923—1949年）

1923年8月，上海商业储备银行总经理陈光甫先生在其同仁的支持下，在该银行下创设了旅游部。1927年6月1日，旅游部从该银行独立出来，成立了中国旅行社，其分支社遍布华东、华北、华南等15个城市。与此同时，中国还出现了其他类似的旅游组织。这些旅行社和旅游组织承担了近代中国人旅游活动的组织工作，同时也产生了我国的第一批导游。

2. 开拓阶段（1949—1978年）

中华人民共和国成立后，我国旅游事业有了进一步发展。第一家旅行社“华侨服务社”于1949年11月在厦门正式营业。此后便诞生了中华人民共和国成立后的第一批导游。1954年4月15日，中国国际旅行社在北京西交民巷4号诞生。其后又在各地设立分支社，主要负责接待外宾，为外国人来华旅游提供方便，但不承担自费旅游的接待业务。到1956年，由于中国国际旅行社与苏联国际旅行社签订了《相互接待自费旅游者的合同》，来华旅游的苏联游客逐渐增多，加上华侨、港澳同胞观光探亲的人越来越多，旅行社开始接待自费游客。1964年6月，国务院批准成立"中国旅行游览事业管理局"作为国务院直属机构，加强对旅游事业的组织和领导。在此期间导游队伍逐渐形成，规模有两三百人，十几种语言导游。这一时期导游服务以外事接待工作为主要内容，因此，从事导游服务的工作人员均被称为翻译导游。

学习笔记

3. **发展阶段（1978—1988年）**

中国共产党第十一届三中全会后，我国实行对外开放政策，吸引了大批海外游客涌入我国，国内旅游业蓬勃发展。1978年，"中国旅行游览事业管理局"改名为"中国旅行游览事业管理总局"，各省、市、自治区都设立相应的旅游局。1980年6月，中国青年旅行社总社成立，几个中央部委如邮电、教育、铁路等也相继成立了旅行社。1984年，旅行社外联权下放，全国各行业和地区性旅行社迅速发展。到1988年年底，全国形成了以国旅、中旅、青旅为主干框架的近1600家旅行社体系。全国导游队伍迅速扩大到25000多人。但由于增长速度过快，导游队伍中出现了鱼龙混杂的局面。

4. **全面建设导游队伍阶段（1988—2016年）**

为了整顿导游队伍，使导游服务水平适应我国旅游业发展的需要，1988年国家旅游局开始在上海和浙江设立导游考试试点，1989年举行全国导游资格考试，随后每年开展一次导游资格考试。为配合导游资格考试，中国旅游报社等单位发起了"春花杯导游大奖赛"，此后又举办了多次全国导游大奖赛，对提高我国的导游服务水平、推进导游工作规范化的进程做出了贡献，同时也标志着我国开始迈入全面建设导游队伍的阶段。

1994年，国家旅游局决定对全国持有导游证的专职及兼职导游分等定级，划分为初级、中级、高级、特级四个级别，进一步加强导游队伍建设。同年，国家旅游局联合国家技术监督局发布了《导游人员职业等级标准（试行）》，1995年发布了《中华人民共和国国家标准导游服务质量》。1999年5月国务院颁发的《导游人员管理条例》标志着我国导游队伍的建设迈上了法律进程。

学习笔记

2001年，国家旅游局运用现代科学技术手段建立导游数据库，在全国范围内推行导游电子信息网络化管理。

2002年，国家旅游局开展整顿和规范旅游市场秩序活动，把全面清理整顿导游队伍作为三个重点环节之一来抓，明确提出严厉查处乱拿、私收回扣，打击非法从事导游活动，坚决清理一批政治、道德、业务素质不合格的导游，建立和完善“专职导游”和“社会导游”两套组织体系和教育管理体系，全面推行导游计分制管理和IC卡管理等举措，促进了导游工作的规范化，加强了导游队伍的建设。

2013年10月1日，《中华人民共和国旅游法》正式施行。该法对导游准入条件作出重大修改，从源头保证各类导游都有固定的收入渠道、规范了导游与旅行社之间的利益分配关系，并且进一步明确了导游执业行为应该承担的法律责任。相信通过认真贯彻落实该法，必将为推进我国导游的职业化进程、全面提升导游素质和社会地位打下坚实基础。

5. 深化导游改革阶段（2016年至今）

2016年1月29日，全国旅游工作会议提出要深化导游管理体制改革，导游从“行政化、非流动、封闭式”管理向“市场化、自由化、法制化”管理转变。

2016年5月9日，国家旅游局（2018年与文化部合并为文化和旅游部）印发了《关于开展导游自由执业试点工作的通知》，附带《导游自由执业试点实施方案》和《导游自由执业试点管理办法（试行）》两个文件，决定从2016年5月开始，正式启动在江、浙、沪三省市、广东省的线上导游自由执业试点工作，在吉林长白山、湖南长沙和张家界、广西桂林、海南三亚、四川成都的线上线下导游自由执业试点工作。由此，标志着导游进入了自由执业阶段。在试点过程中，国家旅游局为导游自由执业划定了门槛：持有在试点地区注册的初级及以上导游证，身体健康，且两年内未受到行政处罚的导游，由各试点地区的旅游主管部门审核，可以参与导游自由执业。同时，参与自由执业的导游应该具有导游自由执业责任保险，每次事故每人责任限额应不低于50万元人民币。

为了方便导游执业，加强对导游的信息化管理和制度保证，2016年8月24日全国导游公共服务监管平台正式上线。该平台的功能主要有：导游执业管理、导游执业信息全记录、导游服务评价和投诉、旅游部门监管执法及其他公共服务。随着平台建设的不断完善，将实现导游网上培训、星级评价、信息咨询、突发事件应急管理等公共服务。同年

9月27日废止《导游人员管理实施办法》，停止实施导游岗前培训考核制度、计分管理制度、年度管理制度和导游资格证3年有效制度，并在2018年1月1日起实施的《导游管理办法》中作了明确规定。

学习笔记

导游执业方式自由化是导游自由执业的核心，目前导游自由执业主要有两大类型和五种模式。

（1）导游自由执业的两大类型如下。

①线上导游自由执业。指导游向通过网络平台预约其服务的消费者提供单项讲解或向导服务，并通过第三方支付平台收取导游服务费的执业方式。

②线下导游自由执业。指导游向通过旅游集散中心、旅游咨询中心、A级旅游景区游客中心等机构预约其服务的消费者提供单项讲解或向导服务，并通过第三方支付平台收取导游服务费的执业方式。

（2）导游自由执业的五种模式如下。

①“旅行社委派”模式。指导游接受旅行社委派，为游客提供服务的模式，是现有旅行社委派导游经营模式的延续。

②“旅行社预订”模式。指游客通过旅行社预订导游服务的模式。旅行社保留与部分优秀导游的劳动关系或雇佣关系，在导游自由执业后依然存在。

③“协会预订”模式。指游客通过旅游行业协会，如导游协会预订导游服务的模式。只要旅游行业协会能够真正成为“导游之家”，维护导游的合法权益，旅游行业协会必然会成为导游的聚集地。游客通过旅游行业协会预订导游服务，必定会成为导游自由执业后的趋势之一，如张家界“导游协会”、四川“导游之家”等。

④“导服公司”模式。指导游服务公司、导游经纪公司为游客提供导游服务的模式。这里所指的导游服务公司，与目前正在营运的一些导服公司不是一个概念。现在的导服公司多为半官方性质，能按照市场化模式运转的少之又少。只要导游自由执业全面实施，导游服务公司等经济实体必将应运而生，专职从事预订和提供导游服务。

⑤“游客直联”模式。指游客直接与导游本人联系，预订其导游服务。这种模式为那些业务素质精湛、服务质量高的导游提供了施展才华的天地，目前只适用于试点省市（地区）。

（三）导游服务的发展趋势

未来旅游活动的发展趋势对导游服务将会产生直接影响。导游服务在未来将出现如下五种趋势。

学习笔记

1. 导游内容高知识化

导游服务是一种知识密集型的服务，即通过导游的讲解来传播文化、传递知识，促进世界各地区间的文化交流。在未来社会，人们的文化修养更高，对知识的更新更加重视，获取旅游相关知识的途径更加便捷，加上文化旅游、专业旅游、科研考察的发展，对导游服务提出了更高的知识要求。

根据这一趋势，导游必须提高自身的文化修养，不断吸收新知识和新信息，导游掌握的知识不仅要有广度，还要有深度；不仅能同游客讨论一般问题，还能较深入地谈论某些专业问题。这样使导游讲解的内容进一步深化，更具有科学性，导游讲解更有说服力。总之，在知识方面，导游不仅要成为“杂家”，还要成为某些知识领域的行家。

2. 导游手段科技化

随着科学技术的发展，将来还会有更先进的科技手段运用到导游服务中来，如图文声像导游、网络导游等先进的导游手段，在游览前或在游览现场引导游客参观游览过程中，不仅让游客看到（听到）了景观景物的现状，还进一步了解其历史沿革和相关知识，起到深化实地导游讲解和以点带面的作用，成为导游服务不可或缺的辅助手段。因此，导游必须学会使用它们，并在游前导、游中导和游后导中运用自如，与实地口语导游密切配合，使其相辅相成，锦上添花。同时，在导游过程中讲解科技知识、运用科技手段，能够使游客了解到旅游和高科技发展之间的关系，使导游服务与时俱进，充满时代气息。

3. 导游方法多样化

旅游活动日趋多样化，尤其是参与性旅游活动的兴起和发展，要求导游随之变化其导游方法。参与性旅游活动的发展，意味着人们追求自我价值实现的意识在不断增强。追求自我价值不仅体现在工作中，人们还将其转移到娱乐活动之中。人们参加各种节庆活动，与当地居民一起活动、生活，在旅游目的地学习语言、各种手艺和技能，甚至参加冒险活动等，这都要求导游不仅会说（导游讲解），还要能动，与游客一起参加各种活动。

4. 导游服务个性化

如今个性化发展成为时代的主题，人们对旅游的需求个性化，旅游产品的消费也呈现个性化的趋势。一方面，导游服务的个性化要求导游要根据游客的个性差异和不同的旅游需求提供针对性的服务，使不同的游客获得更大的心理满足；另一方面，导游服务的个性化有利于导游根

学习笔记

据自己的优势或特长、爱好，形成自己的个性风格，朝品牌化导游方向发展，给游客留下特色鲜明的印象。

5. 导游职业自由化

从世界各国导游发展的历史来看，导游作为自由职业者是必然趋势。他们身份自由、行动自由、收入自由，靠为游客提供良好的服务和高尚的职业道德获得社会认同。导游的收入取决于带团机会，服务水平高、个人声誉好的导游带团机会就多，收入就高，体现了“优胜劣汰”的原则。目前，我国各地区成立的导游自由职业平台、导游公司或导游服务中心就是这一趋势的反映。

总之，未来的旅游业要求导游不仅要有“十八般武艺”，而且还要掌握更多的导游技艺，来满足游客不断变化的旅游需求。只有这样，导游才能胜任未来的导游服务工作，才有可能将导游服务做得有声有色。

想一想　从我国导游服务的发展历程中，你能找到旅游服务与国家发展之间密不可分的内在联系吗？

任务检测

扫描二维码检测任务学习情况。

任务 2　领会导游服务的性质与特点

任务导入

每个导游小组讨论导游服务的性质和特点是什么？每小组选派一名代表对讨论结果进行汇报。

任务思考

（1）你是如何认识导游服务的性质的？针对这些特性，你将在哪些方面进行努力？

（2）导游服务是一项独立性较强的工作，你具备这样的心理素质吗？

（3）导游服务的复杂性主要体现在哪些方面？应对复杂多变的情况，你自身存在着哪些优势和劣势？

学习笔记

任务学习

导游是旅游业的“形象大使”，他们所提供的服务也被看作旅游业的标志性产品，作为旅游业的代表性工种，导游服务具有鲜明的行业特征和不同于其他服务的性质和特点。

一、导游服务的性质

我国导游服务工作是一项为国家的社会主义建设和国内外民间交往服务的旅游服务工作。它以游客为服务对象，以协调旅游活动、导游讲解、帮助游客了解中国为主要服务职责，以沟通语言和文化为主要服务形式，以增进相互了解和友谊为主要工作目的，以“游客为本、服务至诚”为核心价值观。

导游服务还具有以下属性。

（一）社会性

旅游活动是一种社会现象，在促进社会物质文明和精神文明建设中起着十分重要的作用。在旅游活动中，导游处于旅游接待工作的中心位置，接待着四海宾朋、八方游客，推动着世界上这一规模最大的社会活动。所以导游所从事的工作本身就具有社会性。与此同时，导游服务又是一种社会职业，对大多数导游来说，它是一种谋生的手段。

（二）文化性

由于国别、语言和所处环境等方面的不同，游客与旅游目的地之间往往存在较大的文化差异，从而产生交流和欣赏的障碍。为了加强旅游的美感和愉悦程度，游客迫切地需要导游的引导和服务，需要通过导游讲解来跨越不同的文化范畴，弥合不同的文化差异。导游服务的文化性主要体现在以下两个方面。

1. 导游服务是传播文化的重要渠道

导游的讲解、翻译、与游客的日常交谈，一言一行都在影响着游客，都在扩大着一个国家（或地区）及其民族的传统文化和现代文明的影响。导游为来自世界各国、各民族的游客服务，通过引导和生动、精彩的讲解给游客以知识、乐趣和美的享受；同时，也对各国、各民族的传统文化和现代文明兼收并蓄，有意无意地传播着异国（异地）文化，促进了文化的交流。

2. 导游服务是审美和求知的媒介

游客要通过旅游去认识不曾接触或不曾了解过的事物，以期得到求知欲望的满足。导游讲解服务能循循善诱地指导游客以最佳的方式或最合适的角度去欣赏某一名胜古迹、历史故事、神话传说，能妙趣横生地向游客介绍当地的风俗习惯、掌故趣谈、风物特产等，使游客得到自然美和艺术美的享受，并在潜移默化中增长知识。由此可见，导游服务是游客在旅游过程中进行审美活动和满足求知欲的重要媒介。

（三）服务性

导游服务与第三产业的其他服务一样，是一种通过提供一定的劳务活动，提供一定的服务产品，创造特定的使用价值的劳动。与一般服务工作不同的是，导游服务不是一般的简单服务，它围绕游客展开，采取翻译、讲解、安排生活、组织活动等形式，工作内容涉及旅途中的交通、住宿、饮食、娱乐、购物、票证、货币和其他各方面的生活需求等，给游客提供全方位、全过程的服务。导游除具有丰富的专业知识外，还应具备一定的社会活动能力、应变能力以及独立处理问题的工作能力。因此，导游服务是一种复杂的、高智能的服务，其代表性体现在以下两个方面。

1. 导游服务可以提高旅途生活质量

旅游是人类的一种高级休闲形式，是在旅游动机的主导下进行的有目的的享受性、休闲性、娱乐性、提高性的活动，其基本特点之一就是异地性。游客身处陌生的环境，如果没有导游的服务，就会茫然不知所措，或疲于奔命而破坏旅游情绪。游客要自己安排食、住、行，势必会分散游览观光的精力，也会影响旅游活动的顺利进行。有了导游的服务，游客就可获得事半功倍的旅游效果。即使那些旅游经验丰富，不需要导游的人也往往离不开物化的导游服务（即旅游指南和各种旅游地的指示）。

2. 导游服务可以满足游客心理需求

人类总是渴求一种归属感。游客身处他乡异地，很希望有人对其在精神上进行抚慰、生活上尽心关照。热情的导游能消除游客在旅游过程中出现的拘谨心理和寂寞感，增强安全感。同时，旅游生活中常有因对当地风俗不了解或因语言不通而造成误会的情况发生，有时甚至因不熟悉情况，冒犯当地居民的风俗习惯而发生不愉快的事情，使人扫兴。因此，帮助游客避免上述情况的发生，就责无旁贷地落在了导游的肩上。

（四）经济性

导游服务是导游通过向游客提供劳务而创造特殊使用价值的劳动。在商品经济条件下，这种劳动通过交换而具有交换价值，在市场上表现为价格。

旅游业是国民经济的重要组成部分，是具有独立特色的经济部门，

学习笔记

是无烟的朝阳产业。导游服务的对象是游客，通过协调、组织、迎送、翻译、讲解、代理等形式为游客服务。目的在于引导游客、方便游客、满足游客的相应旅游需求，实现旅游企业的经济目标，获取相应的个人经济收入，体现个人的人生和社会价值。因此，导游服务具有较为明确的经济性，且主要表现在以下四个方面。

1. 优质服务，直接创收

旅行社是现代旅游业的龙头行业。旅行社的产品开发能力、促销能力、接待能力对整个旅游业的发展意义重大。旅行社组合的旅游产品在形式上是通过签订旅游合同销售出去的，但实际上，旅游产品不同于一般的有形商品，它的销售是多次性的，贯穿旅游全过程，通过提供综合性服务来实现，而导游服务在其中起着举足轻重的作用。产品的设计是为了接待，宣传和销售的效果需要通过接待来实现，会计业务的顺利进行依赖于接待工作的顺利完成，依赖于导游的协调和回款。导游直接为游客服务，为他们提供语言翻译服务、导游讲解服务、旅行生活服务以及各种代办服务，收取服务费和手续费。旅行社的产品最终是通过导游工作生产和提供的。因此，导游服务是旅行社产品的最终生产者和提供者，它直接为国家建设创收外汇、回笼货币、积累资金。

2. 扩大客源，间接创收

游客是旅游业生存和发展的先决条件。没有游客，发展旅游业就无从谈起，导游也就没有了服务对象。世界许多国家和地区的政府为支持旅游业的发展，不仅投入大量资金和人力在国内外进行大规模的广告宣传和举办促销活动以招徕游客。然而，与广告宣传相比，另一种更为有效的宣传方式则是游客的"口头宣传"。例如游客在旅游目的地参观访问之后，回家向亲朋好友讲述其在旅游目的地所感受到的接待、旅游经历和体验，或者通过微信、微博、QQ空间和论坛发表游记，记录其在旅游目的地的美好感受。这种"口头宣传"不仅向游客周围的人传播了旅游目的地的旅游信息，提高了旅游目的地和旅游公司的知名度，而且在一定程度上会对其他游客今后的旅游流向产生影响。因为，游客的亲身体验比任何广告宣传更可靠，更令人信服。所以，导游向游客提供优质的导游服务，在招徕回头客、扩大客源等方面起着不可忽视的间接创收的作用。

3. 因势利导，促销商品

旅游商品和纪念品的开发、生产和促销是发展旅游业的重要组成部分。各国、各地对此都非常重视，并将其视作争夺客源和增加旅游收入的重要手段。据统计，在国际旅游总消费中，用于购物的部分约占

学习笔记

50%。在新加坡、中国香港等国家和地区的旅游总收入中，销售商品和纪念品的收入远远超过了上述比例，在促销商品过程中，导游的作用举足轻重。

4. 增进了解，促进经济交流

来我国旅游的游客中，不乏有人希望借旅游之机与各地的同行接触，相互交流信息；或想通过参观访问，了解经济合作的可能性以及投资的环境。因此，导游在与游客交往过程中要做一个有心人，设法了解他们的愿望，并不失时机地向旅行社报告，在有关领导的指示下积极牵线搭桥、促进中外及地区间的科技、经济交流与合作，为国家和地区的经济建设做出应有的贡献。

（五）涉外性

发展入境旅游是我国旅游业的长期方针，也是一项战略任务。根据《中华人民共和国旅游法》，我国合法设立的旅行社均可从事入境旅游接待业务，理论上都具有涉外性。改革开放以来，随着我国综合国力的提升和人民生活水平的不断提高，我国公民出境旅游发展势头也很强劲。截至2018年年底，我国拥有出境游组团旅行社4944家，极大地方便了中国公民的出境旅游活动。对于入境旅游，导游是为海外游客提供导游服务；而对于出境旅游，导游为中国公民提供出境陪同服务，两者都具有明显的涉外性。据世界旅游组织数据显示，截至2019年年底，国际游客数量达到了15亿人次。游客的跨国界旅行为增进各国人民之间的了解和友谊、促进世界和平做出了积极贡献。

导游服务的涉外性要求我国导游在入境旅游接待和出境旅游陪同中，积极宣传中国，充分发挥民间大使的作用。与此同时，还要对海外有关情况进行调查研究，特别要了解旅游客源国游客的需求及其变化，了解外国旅游企业的运作和经营管理模式，这有助于导游有针对性地提供导游服务，提高导游服务质量，也有助于提高我国旅游产品的开发、设计水平，更具针对性地开展旅游宣传、招徕与促销活动。

想一想　基于导游服务的性质，导游应该在哪些方面提升自己的个人素质，做好开展工作的准备？

二、导游服务的特点

导游服务是旅游服务中具有代表性的工作，有着鲜明的个性特征。

导游服务的特点

游客饮酒过量摔伤

学习笔记

（一）独立性强

导游服务工作独当一面。在游客整个旅游活动过程中，往往只有导游与游客朝夕相处，时刻照顾他们食、住、行、游、购、娱等方面的需求，独立地提供各项服务，特别在回答游客政策性很强的问题或处理突发性事故时，常常要当机立断、独立决策，事后才能向领导和有关方面汇报。导游讲解也是比较独特的，因为在同一景点，导游要根据不同游客的不同特性、不同时机进行针对性地讲解，以满足他们的精神享受。这是每位导游都必须努力完成的任务，其他人无法替代。

（二）脑体高度结合

导游服务是一项脑力劳动与体力劳动高度结合的服务性工作。由于旅游活动涉及面广，要求导游具有丰富而广博的知识，只有这样才能使导游服务工作做到尽善尽美、精益求精，除了掌握导游服务规范外，导游还必须具有一定的政治、经济、历史、地理、天文、宗教、民俗、建筑、心理学、美学等方面的基本知识，还必须了解我国当前的大政方针和旅游业的发展状况及其有关的政策法规，掌握旅游目的地的主要游览点、旅游线路的基本知识。同时，还要了解客源国（或地区）的政治倾向、社会经济、风土民情、宗教信仰、禁忌习俗等。导游在进行景点讲解、回答游客问题时，都需要运用所掌握的知识和智能来应对，这是一种艰苦而复杂的脑力劳动。

此外，导游的工作量也相当大，除了在旅行游览过程中进行介绍、讲解，还要随时随地应游客的要求，帮助解决问题，事无巨细，也无分内与分外之分。尤其是旅游旺季时，导游往往会连轴转，整日、整月陪同游客，无论严寒酷暑长期在外作业，体力消耗大，又常常无法正常休息。因此，要求导游具备较强的事业心和良好的身体素质。

（三）客观要求复杂多变

导游服务具有较为规范的工作流程，如接站、送站、旅途服务和各方面关系的接洽、协调等，均按一定的程序进行工作，具有较强的规范性和可操作性。但导游服务中更多的是不确定性和未知性，即使是预定的行程和规程范围内，由于服务对象不同、人际关系复杂、游客需求多样，具体情况可能千差万别，各种矛盾可能随时显现，甚至意外情况也有可能出现。因此，导游必须具备处理各种偶然和意外情况的能力。归纳起来，导游服务的复杂性主要体现在以下四个方面。

游客对房间分配不满

学习笔记

1. **服务对象复杂**

导游服务的对象是游客，他们来自五湖四海，不同国籍、民俗、肤色的人都有，职业、性别、年龄、宗教信仰和受教育的情况各异，性格、习惯、爱好等各不相同。导游面对的就是这样一个复杂的群体，而且每一次接待的游客都不相同，这就更增加了导游服务的难度和复杂性。

2. **游客需求多样**

导游除按计划安排和落实旅游活动外，还要处理游客随时随地提出的各种个别要求，以及解决旅游过程中可能出现的问题和情况，如会见亲友、传递信件、转递物品、游客患病、游客走失、游客财物被盗与证件丢失等。而且由于对象不同、时间场合不同、客观条件不同，同样的要求或问题也会出现不同的情况，这需要导游审时度势、判断准确并妥善处理。

3. **人际关系复杂**

导游是旅行社的代表，他们既代表着旅行社的利益，又要维护游客的利益，在安排和组织游客活动时还要同饭店、餐馆、旅游景区、商店、娱乐、交通等部门和单位的人员接洽、交涉和协调，人际关系相当复杂。与此同时，导游还要处理和协调导游中全陪、地陪与外方领队的关系，争取各方面的支持和配合。虽然导游面对的这方方面面的关系是建立在共同目标基础之上的合作关系，但每一种关系的背后都有各自的利益，落实到具体人员身上，情况就更为复杂。

4. **直面“精神污染”**

导游常年接触各方游客，直接面对各色各样的意识形态、政治、经济、文化观点、价值观念和生活方式，有时还会面临金钱、色情、利益、地位的不断诱惑，耳濡目染，直接面对“精神污染”的机会大大高于常人。常言道“近朱者赤、近墨者黑”，导游如果缺乏高度的自觉性和抵抗力，往往容易受其影响。

（四）跨文化性

导游服务是传播文化的重要渠道，起着沟通和传播文明、为人类创造精神财富的作用。游客来自不同的国家和地区，民族习性不同，文化背景各异。导游必须在各种文化的差异中，甚至在不同民族、不同地域文化的碰撞中工作，架设不同文化间沟通的桥梁，找到不同文化之间的共同语言，减少文化接触中的负面冲撞，增加文化交融互补的机会，尽可能多地了解不同文化之间的差异，圆满地完成文化传播的任务。

导游讲解孔庙之龙柱

学习笔记

想一想 针对导游服务的特点，你计划在哪些方面对自己的个人素质和能力进行锻炼和提升？

三、导游服务的原则

（一）满足游客合理需求的原则

导游服务的根本是满足游客的需求。游客是导游服务的对象，没有游客，就没有旅游，也就没有导游服务。游客是旅游活动的主体，是旅游产品的购买者和消费者。对旅游目的地和旅游企业来说，对游客就要竭诚服务，在合理而可能的基础上努力满足游客的需要作为服务的准则。

1. 以“宾客至上”为主旨

所谓“宾客至上”，首先，就是要求导游的工作要以游客的利益为出发点，努力维护游客的合法权益；其次，要礼貌待客，在态度、言语和行为上尊重游客；最后，要平等待客，无论游客来自境内还是境外，也不论其肤色、宗教信仰、消费水平如何，都应一视同仁，平等相待，绝不能厚此薄彼。

游客与酒店工作人员发生纠纷

2. 认真落实接待计划

接待计划是游客或其组团社同接待旅行社达成的约定或所签合同内容的具体安排计划，它反映了游客的共同需求，是游客购买旅游产品的主要兴趣所在。因此，导游应将落实接待计划规定的内容放在导游服务的第一位，它是衡量导游是否履行职责的基本尺度。

3. 规范化服务与个性化服务相结合

规范化服务又称标准化服务，是由国家和（或）行业主管部门所制定并发布的某项服务（工作）应达到的统一标准。导游应按照《导游服务规范》《旅行社国内旅游服务规范》和《旅行社出境旅游服务规范》的要求向游客提供规范化的服务。然而，规范化服务并不等于优质服务，它只是导游在服务中必须达到的基本要求。导游向游客提供的服务应该比上述标准要求的更高、更好。导游应从旅行社的发展和我国旅游业的根本利益出发，在落实旅游合同规定的服务内容时，向游客提供优质的导游服务，即将规范化服务与个性化服务密切结合起来。

个性化服务又称特殊服务，是导游按照规范化服务的要求落实旅游接待计划之外，为满足部分游客或个别游客的合理需求而提供的服务。

学习笔记

（二）维护游客合法权益的原则

游客作为旅游产品和服务的购买者和消费者，其权益也应受到《中华人民共和国消费者权益保护法》的保护，游客的合法权益主要有以下几个方面。

1. 旅游自由权

旅游自由权包括旅行自由权和逗留权。前者是指游客在不违背有关法律法规和履行了必要手续的条件下，有权按照自己的意愿前往各地旅行，其旅行方式、旅行时间和旅行地点均不应受到不合理的干涉；后者是指游客在旅游目的地和途中有权根据自己的需要逗留，其逗留的时间、方式也不应受到不合理的限制。

2. 旅游服务自主选择权

旅游服务自主选择权是指游客有权自行选择旅游目的地、旅游经营的企业、旅游线路、旅游项目和旅游服务等级，不受任何部门、企业、单位和个人的干预。

3. 旅游公平交易权

旅游公平交易权是指游客在购买旅游经营企业的产品和服务时有权获得公平、公正的待遇，旅游经营企业不得使用任何欺骗、恐吓的手段来诱骗和强制游客购买。游客对交易的旅游产品和服务不满意时拥有拒绝购买和签约的权利。

4. 旅游服务内容知悉权

旅游服务内容知悉权是指游客在购买和接受旅游服务时，有获悉包括服务内容和其他相关信息的权利，旅游经营企业有向游客提供真实情况和信息的义务。游客购买和接受导游服务时，有权了解旅游目的地和游览的景点的知识，导游则有义务向游客做真实的介绍。

5. 依约享受旅游服务权

依约享受旅游服务权是指游客有权享受所签旅游合同中约定的服务费用和质量，旅游经营企业和导游应当按照合同提供相应数量和质量的旅游服务。对合同规定之外的服务游客有权予以拒绝。

6. 人身和财物安全权

人身和财物安全权是指游客在购买了旅游经营企业的旅游产品和服务后，享有其人身和财物不受侵犯的权利，旅游经营企业和导游有采取一切措施保障游客的人身和财物安全的义务。

7. 医疗、求助权

医疗、求助权是指游客在旅游过程中患病或受伤时享有治疗的权利

学习笔记

和在遇到困难时享有请求获得帮助的权利，旅游经营企业和导游有予以协助的义务。

8. **求偿权和寻求法律救援权**

求偿权是指游客的上述合法权益受到损害或侵犯时，有向有关部门投诉和要求有关旅游经营企业或保险公司赔偿的权利。寻求法律救援权是指游客的合法权益受到侵害而又得不到满意的解决时有向法院提出诉讼的权利。

（三）注重经济和社会效益的原则

导游服务既是一种文化传播的社会活动，又是一种可以获取经营收入的经济活动。前者的主旨在于扩大影响，提高社会效益；后者的目标在于增加经营收入，提高经济效益。在导游服务中，要同时注重经济效益和社会效益的提高，二者不能偏废，这也是导游服务中应遵循的一项基本原则。

旅游服务的经济效益分为直接经济效益和间接经济效益。直接经济效益从包价旅游来说又分为两部分，一部分表现为旅行社的经营收入，另一部分则表现为相关旅游接待部门、单位或个体的经营收入。间接经济效益包括三个方面：一是游客在包价范围以外的支出而引起旅游目的地其他部门、单位和个人增加的收入，如购物收入、邮电通信收入等，游客在这些方面的消费额不仅在旅游目的地旅游收入构成中占有较大比重，而且需求弹性也较大；二是通过导游的牵线搭桥，可促进国家之间或地区之间的投资和经济交流；三是优质的导游服务为旅游目的地和旅行社创造了潜在客源，从而为将来赢得经济效益创造了条件。

社会效益是指由导游服务所引起的对社会各方面的影响和作用。导游服务的社会效益主要表现为三个方面：一是优质的导游服务有助于树立和提高旅游目的地和旅行社的形象和声誉，优质的国际导游服务则有助于树立和提高一个国家在国际上的形象和声誉；二是导游服务能增进不同国家人民之间或不同地区人民之间的了解和友谊，有利于促进和谐社会和和平事业的发展；三是导游服务有助于推进不同国家或地区之间文化和科技的传播与交流。

注重经济效益和社会效益对于导游来说都同等重要。只注重经济效益而无视社会效益，导游服务就会偏离方向，满足游客的需要就可能成为一句空话；反过来，只注重社会效益而无视经济效益，导游服务就会脱离市场经济的轨道，导游便失去了作为旅游企业一员的价值。

想一想　怎样才能在工作中把握好导游服务的原则，使得工作能够顺利开展？

学习笔记

任务检测

扫描二维码检测任务学习情况。

任务 3　认识导游服务的地位与作用

任务导入

导游小组进行辩论赛：

正方辩题：导游服务是旅游服务中的重要部分，导游服务才是旅游竞争的焦点。

反方辩题：导游服务只是旅游服务中的一个要素，而决定旅游竞争的焦点，应该是产品的价格。

任务思考

（1）如果你是游客，你在选择旅游产品时最注重的是导游服务还是产品的价格？

（2）导游服务的质量会对旅游服务的水平和质量产生什么样的影响？

（3）导游服务在旅游接待服务的每个环节，都有着怎么样的作用？

任务学习

旅行社在现代旅游业的三大板块中处于核心地位，而在旅行社接待工作中处于第一线的关键角色则是导游。因此世界各国的旅游专家都把导游服务视为现代旅游业的代表性工种，并给予高度评价。譬如日本旅游专家土井厚就认为“任何行业都有代表性的业务，在旅游业中就是导游服务”。有些国际旅游界人士甚至直言“没有导游的旅行，是不完美的旅行，甚至是没有灵魂的旅行”，并将导游服务冠以“旅游业的灵魂”“旅行社的支柱”“旅游活动的导演”等美誉。虽然赞词各异，但都说明导游服务在旅游接待工作中有着不可或缺的作用。

学习笔记

一、导游服务的地位

导游服务贯穿于旅游活动的始终，涉及食、住、行、游、购、娱六大旅游要素，是整个旅游服务中心重要的一个部分，在现代旅游业中具有极其重要的地位。

（一）导游服务在旅游服务中具有主导地位

对游客而言，导游是旅行社的代表，是旅游产品的提供人。旅行社对客服务的各项业务，如产品设计、线路组合、市场促销、车（船、机）票预订，最终都通过导游服务传递给游客。因此可以说，旅行社各部门的工作都是围绕导游服务这条主线展开的，都是导游服务的幕后支持者。

（二）导游服务是旅游服务水平和质量的体现

导游服务是直接面对游客的服务，游客对导游服务的质量也最敏感，因此可以说，导游服务的质量代表着旅游服务的质量。一般来说，如果导游服务质量好，可以弥补其他旅游服务质量的某些欠缺；如果导游服务质量差，则最容易引起游客的不满。

（三）导游服务是旅游竞争的焦点

旅游竞争重要的方式之一就是导游服务质量的竞争。优质的导游服务能使游客增长知识，使旅游活动更富有魅力、更充满情趣。拥有一流的导游队伍无疑是旅行社扩大知名度、争取更多客源的法宝，也是旅行社最大的一笔财富。

（四）导游服务是旅游产品改进的主要途径

导游工作在旅游第一线，熟悉旅游产品链中每一个环节的服务质量，了解游客的消费心理，可以及时将有关信息反馈给旅行社。有利于旅行社改进服务方式，提高产品的针对性，推出更具竞争力的旅游产品。

二、导游服务的作用

导游服务的作用

（一）纽带作用

导游服务是旅游接待服务的核心和纽带。导游在旅游服务各环节之间起着沟通上下、联结内外、协调左右的作用。

1. 沟通上下

导游是国家方针政策的宣传者和具体执行者，代表旅行社执行并完成旅游计划，同时，游客的意见、要求、建议乃至投诉，其他旅游服务部门在接待中出现的问题及其建议和要求，一般也通过导游向旅行社和各级旅游行政管理部门传递，直至上达国家最高旅游行政管理部门。

学习笔记

2. **联结内外**

导游既代表接待方旅行社的利益，又肩负着维护游客合法权益的责任；导游既有责任向游客介绍中国，又要多与游客接触，进行调查研究，了解外国，了解游客。

3. **协调左右**

导游是旅行社与饭店、餐馆、游览点、交通部门、商店、娱乐场所等企业之间的第一联络员，在各旅游企业之间起着重要的协调作用。各旅游企业的相互协作，是导游服务中的生活服务部分得以顺利进行的重要保障，对提高旅游质量至关重要，而导游处在各项旅游服务协调的中心位置，责任重大，作用显著。

（二）标志作用

导游服务质量是旅游服务质量高低的最敏感的标志。导游服务质量包括导游讲解质量、为游客提供生活服务的质量和各项旅游活动安排落实的质量。导游与游客朝夕相处，因此游客对导游的接触最为直接，感受最深切，对其服务质量的反应最为敏感。因此，游客旅游活动的成败更多地取决于导游服务质量。导游服务质量的好坏不仅关系整个旅游服务质量的高低，而且关系国家或地区旅游业的声誉和形象。

（三）反馈作用

在旅游消费过程中，游客会根据自己的需要对旅游产品的型号、规格、质量、标准等做出这样或那样的反应。而导游由于处在接待游客的第一线，同游客交往和接触的时间最长，对游客关于旅游产品方面的意见和需求最了解。导游可充分利用这种有利条件，根据自己的接待实践，综合游客的意见，反馈到旅行社有关部门，促使旅游产品的设计、包装和质量得到不断改进和完善，更好地满足游客的需要。

应当指出的是，旅游服务是一项综合性服务，导游服务只是其中一个重要环节。若没有其他各项旅游服务的配合，导游服务也无法做好，旅游产品的价值就不可能充分实现。

（四）扩散作用

优质的导游服务能对旅游目的地的旅游产品和旅行社形象起到扩散或传播作用。旅游产品质量主要由旅游资源质量、旅游服务质量、旅游活动组织安排质量和旅游环境质量构成。它们都与导游服务质量密切相关，因为旅游资源的特色需要导游的讲解才能被认同。“景观景物美不

学习笔记

美，全靠导游一张嘴”。而各种旅游服务质量和活动安排都离不开导游的业务水平及其对工作的投入。

游客往往通过导游带领其进行旅游活动的情况来判断旅游产品的使用价值。如果导游服务质量高，游客感到满意，便会认同旅游产品、导游和旅行社，而且会以其亲身体验向亲朋好友进行义务宣传，进而扩大旅游产品的销路。若导游服务质量不高，则会导致游客的抱怨和不满，从而阻碍旅游产品的销售。

总之，导游服务质量的高低，均会对旅游产品的销售起到扩散作用，质量高时起到正面作用，质量低时则起到反面作用。

想一想 导游服务的地位和作用在旅游服务中非常重要，如果你是一名导游，你会如何担当起导游服务的重任？

任务检测

扫描二维码检测任务学习情况。

项目实施

步骤一 组建导游小组，选举小组长，承担导游服务工作。

步骤二 各小组协同合作，完成导游服务相关知识的资料搜集、社会调研。对旅游服务和导游服务行程有一个初步的认识。

步骤三 导游小组一起讨论学习，完成知识问答竞赛。

步骤四 导游小组分组讨论“导游服务的性质与特点”，每小组选派一名代表对讨论结果进行汇报或小组以情景剧形式进行展示。

步骤五 每个导游小组抽取辩题，根据所抽取的辩题进行辩论赛的资料准备，正方辩题：导游服务是旅游服务中的重要部分，导游服务才是旅游竞争的焦点。反方辩题：导游服务只是旅游服务中的一个要素，而决定旅游竞争的焦点，应该是产品的价格。辩论结束后，请各导游小组一起讨论，师生共同投票，得出正反辩题的支持率。

项目评价

学习笔记

按照认识导游服务项目的评分标准进行自评、学生互评和教师评价，并进行加权（权重由教师设置，参考权重设置：自评10%、学生互评30%、教师评价60%）计算，评选出最佳“知识问答竞赛”导游小组和“最佳辩论组”导游，教师可根据实际情况给予适当物质和精神奖励。

项目	要求	分值	得分
知识问答竞赛	答题是否正确、全面，流畅；是否在规定时间内完成准确的陈述	30	
汇报展示	形式是否创新；情景设置是否合理，主题是否明确；观点是否正确、全面；语言表达是否流畅	30	
辩论赛	知识准备是否充分；表达是否清晰、论证是否合理有力；是否能够全面总结本方立场、论证；语言表达是否具有说服力和逻辑性	40	
合计			

项目小结

导游服务是旅游服务中的一个重要组成部分，导游服务的水平和质量影响着旅游服务的整体质量，导游服务既是一种经营性的服务活动，又是一种传播性的社会活动，导游要认真领会导游服务的性质与特点，准确把握导游服务的原则，为游客提供优质的导游服务，还要正确认识导游服务的地位和作用，对这项工作有积极、正面的认识，将讲好中国故事、传播文化正能量作为自己职业发展的目标，树立服务意识，成就出彩的导游人生。

项目拓展

导游服务故事讲述或展演：

搜集整理各种代表性和典型性的导游服务案例或优秀导游带团实例，撰写演讲稿或编写情景剧脚本，并进行排练，分小组进行汇报展示。

学习笔记

项目检测

扫描二维码检测项目学习情况。

项目二　认识导游

学习笔记

项目概述

“没有导游的旅行，是不完美的旅行，甚至是没有灵魂的旅行。”在游客看来，导游不仅是旅游活动的组织协调者，更是通晓旅游目的地各方面情况的人，各种问题的解答者，他们往往通过导游的讲解和对各种问题的处理来评价导游的水平和旅游服务质量。因此可以这样说，导游的素质高低与能力的强弱直接影响着导游服务的质量，影响着游客对其“游历质量”的满意程度。为了将来在实际工作中能够为游客提供优质的导游服务，就需要对导游有一个全方位正确的认识。

本项目分为理解导游的内涵与类型、牢记导游的职责和领会导游的职业素养三项任务，具体内容如图1-2所示。

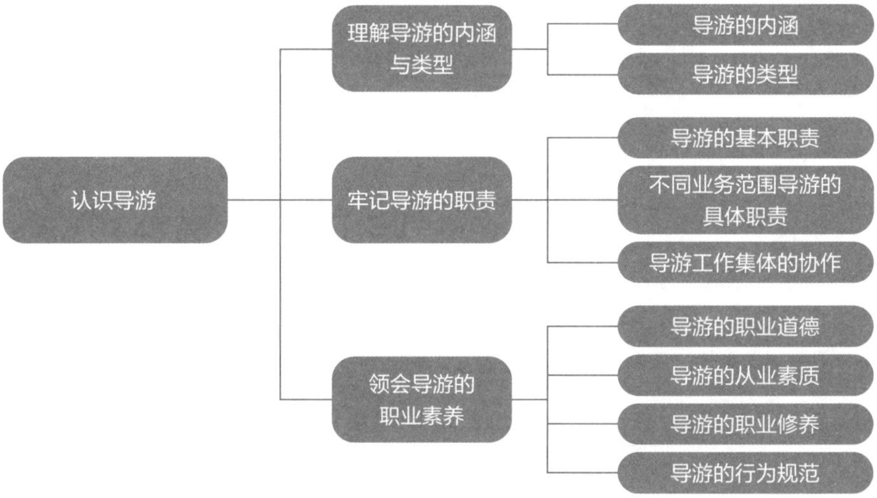

▲ 图1-2　认识导游

项目任务

导游演说家演讲比赛：“我心目中的好导游”。以全国优秀导游典型事迹为素材，举行导游演说家演讲比赛，具体要求如下。

（1）内容选材应来自全国优秀导游事迹，体现出热爱导游工作、乐于奉献、精益求精的工匠精神和热爱劳动、崇尚劳动的劳动精神及劳模

学习笔记

精神。

（2）演讲表达准确、流畅、自然，语言技巧处理得当，能熟练表达所演讲的内容。

（3）演讲要具有较强的感染力、吸引力和感召力。

（4）时间控制在4分30秒到5分钟。

项目成果

“我心目中的好导游”演讲视频展示。

学习目标

素质目标	知识目标	能力目标
1. 通过导游小组协作完成演讲比赛任务，培育具有责任担当意识和质量意识，形成自主学习的良好习惯。 2. 通过开展形式多样的学习活动，培育精益求精的工匠精神、吃苦耐劳的劳动精神，培养服务意识。 3. 通过开展演讲比赛，树立导游职业的自豪感，和对导游职业的热爱。	1. 理解导游的内涵及类型。 2. 牢记导游的职责要求。 3. 深刻认识各类导游的职责要求。 4. 认识导游集体间协作的重要性，掌握合作的方法。 5. 深刻领会导游职业素养。 6. 把握导游的行为规范。	1. 能够充分认识导游的内涵和类型，做好导游职业规划。 2. 能够把握导游的职责要求，善于学习，提高自己的导游修养和业务水平。 3. 能够领会导游职业素养，加强知识修养，规范自己的行为习惯。 4. 能够通过小组合作完成各项学习任务，学会搜集、整合资料的方法，并学会与人合作。

案例导入

带着信仰去工作

“我小的时候，中央电视台有档《正大综艺》节目，主持人的经典台词是‘不看不知道，世界真奇妙’。这句话深深吸引了我，那时的梦想，就是能走遍祖国的大好河山，看看外面的世界。所以，当年在报志愿时，我郑重地选择了旅游管理专业。毕业后，我如愿成为一名导游，终于有机会了解那些之前只出现在地图上，

学习笔记

但从未踏足的地方。带着对这份工作的热爱，我在导游岗位干了10年。面对来自五湖四海的朋友，当我能把我的祖国讲给他们听，把最美的山西讲给他们听时，我无比自豪。”张晓旭说。

张晓旭喜欢当导游。10年间，她从未懈怠过。烈日下，她从不戴着墨镜与游客讲话；严寒中，她从不戴着手套为游客指引。在旅游旺季，即便嗓子近乎沙哑，她也要把该介绍的内容，一点不落地为游客讲完。同事们形容她是“带着信仰在工作”。张晓旭说：“这是对游客最起码的尊重，也是我个人的信仰，更是每一位想要讲好中国故事的导游共同的信仰。”

10年间，张晓旭从一个脸庞白净的小姑娘，变成了今天黝黑的老导游。10年来，除了休产假，她从未离开过自己的岗位。是什么让张晓旭10年如一日坚守在岗位上？张晓旭由衷地说：“听了我的讲解，游客对山西、对祖国有了更深的了解和热爱，这就是我工作的最大动力。”在导游岗位上，张晓旭和同行们见证着经济发展、时代变迁给旅游行业带来的巨大变化。导游职责也从单纯的向导和讲解员，变成了历史文化的传播者、文明旅游的倡导者、绿色环保的志愿者、游客安全的守护者。旅游路线也从山西走向全国，走向世界。导游职业，成就了张晓旭最美好的青春年华。“直到现在，我觉得还没有在这个岗位上站够，拿起麦就特别享受，那个感觉非常好。”张晓旭说，“我表现欲很强，很享受导游这个舞台，能很放松地去展示自我。当大家向我投来赞许的目光时，就觉得那是我人生价值的体现。”张晓旭的讲解，感动了大巴司机张师傅。他讲了这样一个小故事。一次，载游客去大同，从太原上高速，她拿起话筒一直讲到下高速。游客们对她的认可度非常高，觉得她特别棒。在旅游车上，她给游客讲山西晋商的故事，即兴唱山西民歌。她还从各个角度，融会贯通地把知识传递给游客。每次带团结束，都会有游客拉着她的手说：“舍不得你啊！因为你，我们对山西这个地方有了特殊的认识。”从一个行业小白，到形成一种带团风格，离不开知识的不断积累。朝闻天下、晚间新闻，是她每天必看的节目，旅游方面的书籍、历史类的书籍从不离手，更多的是向朋友、同行学习。张晓旭是个“有心人”，每到一处景区，都会在游客自由活动时，偷听别的导游讲解。一次，她带团去贵州，在飞机上，

学习笔记

一本杂志里就写到了飞机的油箱在哪个位置。第二次带团时，她就和游客聊起了当年热播的电影《中国机长》。“你们知道飞机的油箱在哪里吗?”游客给出了很多不同的答案，而她，会自豪地把正确答案告诉游客。导游的学习应该是注重很多细节，同事们都夸她是一个“杂家”。张晓旭孩子出生后刚过了百天就出去带团，同事们都惊呆了，真是一个工作狂。一年时间，出去带团有两百多天，中间还要去公司，在家陪孩子的时间特别少。“讲好中国故事，讲好山西故事，不是靠长篇大论地讲道理，而是通过小故事，把中国的传统文化和这些年祖国的变迁、山西的变迁，以一种生动活泼的方式分享给游客。”张晓旭说。

案例解读

张晓旭是2019年全国导游大赛冠军、全国金牌导游，从2008年开始至今，张晓旭从事导游工作已经11个年头。在她的导游生涯里，她是如何理解并诠释导游这一职业?如何用专业的讲解介绍山西、用行动感动游客、用细致的服务带给游客最好的旅游体验?她又怎样从籍籍无名到荣膺全国金牌导游，都是值得我们学习和思考的。

案例思考

(1)导游应该具备哪些素质?
(2)导游肩负着什么样的责任和使命?

任务1 理解导游的内涵与类型

任务导入

搜集全国优秀导游事迹素材，以“我心目中的好导游”为主题，撰写导游演说家演讲比赛讲稿。字数控制在1000字以内。

任务思考

(1)优秀导游都有哪些必要的素养?
(2)你想成为一名什么样的导游?

任务学习

学习笔记

在日常工作中，导游服务的主体被称为导游、导游员或导游人员。这三者的含义是不同的。“导游”一词有多层含义，既可指导游工作、导游业务、导游服务，也可用作对导游工作人员的简称。《中华人民共和国旅游法》也称之为“导游”。按照《中华人民共和国职业分类大典》中的规定：导游是指从事旅游向导、讲解及旅途服务工作的人员。因此导游服务的主体应称为“导游”。

一、导游的内涵

我国导游的定义为：导游是指取得导游证，接受旅行社委派，为游客提供向导、讲解及其他服务的人员。对导游的内涵可从以下几个方面来理解。

第一，在现代旅游活动中，人们远离常住地来到异国他乡，追求物质和精神生活的满足。其活动空间极其广阔，活动内容十分复杂。但如果没有导游的参与，这些都会黯然失色。所以，在国际旅游界形成了这样的共识：没有导游的旅行，是不完美的旅行，甚至是没有灵魂的旅行。

第二，导游的工作范围很广。既要指导参观游览，提供导游讲解服务，又要落实安排游客的食、住、行、游、购、娱等活动，提供生活服务；还要与游客沟通思想、交流感情，建立友谊。因此，导游为游客提供的服务是智力与操作兼而有之的综合性劳动服务。

第三，旅游是当今世界最大规模的民间交往活动。在旅游活动中，导游通过自己的辛勤劳动，增进了各国人民之间的相互了解与友谊，客观上也带动了旅游地经济和社会的发展，支持了贫困地区脱贫攻坚工作，促进了民族文化的传承和自然生态环境的保护，为旅游业快速、健康和可持续发展做出了贡献。

第四，导游服务的性质和任务决定了从事这项工作的人，必须具备一定的资格和条件，只有通过旅游管理部门的审查、考核后，获取从业资格证书，并在工作中不断提高自己的业务水平，方可成为一名合格的导游。

二、导游的类型

导游服务范围广泛、对象复杂，目前我国对导游的分类有以下四种方式。

导游的类型

学习笔记

（一）按业务范围划分

按照业务范围，可将我国导游分为四种类型。

1. 出境旅游领队

出境旅游领队是指依法取得从业资格，受组团社委派，全权代表组团社带领旅游团出境旅游，监督境外接待旅行社和导游等执行旅游计划，并为游客提供出入境等相关服务的工作人员。

2. 全程陪同导游

全程陪同导游（简称全陪），是指受组团旅行社委派，作为组团社的代表，在领队和地方陪同导游的配合下实施接待计划，为旅游团（者）提供全程陪同服务的工作人员。这里的组团旅行社（或组团社）是指接受旅游团（者）或海外旅行社预订，制订和下达接待计划，并可提供全程陪同导游服务的旅行社。这里的领队是指受海外旅行社委派，全权代表该旅行社带领旅游团队从事旅游活动的工作人员。

3. 地方陪同导游

地方陪同导游（简称地陪），是指受地方接待旅行社委派，代表地接社实施接待计划，为旅游团（者）提供当地旅游活动安排、讲解、翻译等服务的工作人员。这里的地方接待旅行社（或地接社）是指接受组团社的委托，按照接待计划委派地方陪同导游负责组织安排旅游团（者）在当地参观游览等活动的旅行社。

4. 景区导游

景区导游，是指在旅游景区，包括博物馆、自然保护区等为游客进行导游讲解的工作人员。

（二）按劳动就业方式划分

按照劳动就业方式，可将我国导游分为以下两种类型。

1. 旅行社专职导游

旅行社专职导游，是指在一定时期内已被旅行社固定聘用，以导游工作为其主要职业的导游。这类导游大多数受过中、高等教育，或受过专门训练，为旅行社的正式员工，专职为旅行社带团，并由旅行社支付劳动报酬、缴纳社会保险费用。

2. 社会导游

社会导游主体是取得导游资格证书并在相关旅游行业组织（导游协会）注册而取得导游证的导游，但也包括旅行社临时特聘的导游。社会导游有自由职业导游和兼职导游两类。

自由职业导游，是以导游为主要职业，但不受聘于固定的旅行社，

学习笔记

而是通过签订临时合同为多家旅行社服务，或者通过导游自由执业平台为散客提供导游服务的人员。自由职业导游是西方大部分国家导游队伍的主体，近年来在我国导游队伍中也占据了主体地位，其主要收入来源是旅行社（或游客）支付的导游服务费。

兼职导游也称业余导游，是指不以导游工作为其主要职业，而是利用业余时间从事导游工作的人员。目前这类导游可细分为两种：一种是通过了国家导游资格考试取得导游证而从事兼职导游工作的人员，他们一般有其他职业，只在空闲时帮助旅游企业带团；另一种是没有取得导游证，但具有特定知识或语种语言能力，受聘于旅行社，临时从事导游工作的人员。兼职导游是我国导游队伍中一支不可缺少的生力军。

（三）按使用语言划分

按照使用语言，可将我国导游分为以下两种类型。

1. 中文导游

中文导游，是指使用普通话、地方话或者少数民族语言从事导游业务的导游。目前，这类导游的服务对象主要是国内旅游中的中国公民和入境旅游中的香港、澳门、台湾同胞。

2. 外语导游

外语导游，是指运用外语从事导游业务的导游。目前，这类导游的服务对象主要是入境旅游的外国游客和出境旅游的中国公民。

（四）按技术等级划分

按照技术等级，可将我国导游分为以下四种类型。

导游的等级

1. 初级导游

《中华人民共和国旅游法》中明确规定，参加导游资格考试成绩合格，与旅行社订立劳动合同或者在相关旅游行业组织注册的人员，可以申请取得导游证。也就是说，具有高中、中专及以上学历，通过国家文化和旅游部组织的统一考试，获得导游资格证书并进行岗前培训，与旅行社订立劳动合同或在相关旅游行业组织注册后，自动成为初级导游。

2. 中级导游

初级导游报考同语种中级导游和初级外语导游报考中文（普通话）导游的，学历不限；初级中文（普通话）导游和中级中文（普通话）导游报考外语导游的，需具备所报考语种大专以上学历。在取得导游资格证书满3年，或具有大专以上学历的取得导游证满2年，报考前3年内实际带团不少于90个工作日，经笔试《导游知识专题》《汉语言文学知识》

学习笔记

或《外语》，合格者晋升为中级导游。

3. **高级导游**

取得中级导游资格满3年，具有本科以上学历或旅游类、外语类大专学历，报考前3年内以中级导游身份实际带团不少于90个工作日，经笔试《导游能力测试》和《导游综合知识》(包括对旅游政策法规的掌握和运用能力，对旅游业发展趋势的深入了解，对国内外重大事件的及时掌握和分析，以及对旅游相关知识的综合运用能力)，合格者晋升为高级导游。

4. **特级导游**

取得高级导游资格5年以上，业绩优异，有突出贡献，有高水平的科研成果，在国内外同行和旅行商中有较大影响，经论文答辩通过后晋升为特级导游。

?想一想 导游有哪些类型？你想成为哪一类型的导游？

任务检测

扫描二维码检测任务学习情况。

任务2 牢记导游的职责

任务导入

在“我心目中的好导游”导游演说家演讲展示的基础上，导游小组讨论“导游应该承担的职责”。

任务思考

（1）导游的职责是什么？

（2）要承担起导游的职责，对照自身还存在着哪些需要改进的方面？

任务学习

导游的基本职责是指各类导游都应履行的共同职责。各类导游由于

学习笔记

其工作性质、工作对象、工作范围和时空条件各不相同，职责重点也有所区别。但他们的基本职责是共同的，就是为游客提供良好的导游讲解和旅行服务。

一、导游的基本职责

（一）接受导游任务，引导文明旅游

导游应接受旅行社分配的导游任务，按照接待计划安排和组织游客参观、游览，以身作则，遵守文明旅游规范，引导游客文明开展旅游活动。

（二）进行导游讲解，传播中国文化

导游负责向游客导游、讲解，介绍我国（地方）的传统文化和各地的旅游资源。

（三）安排旅游事宜，保护游客安全

在旅游过程中，导游应配合和督促有关部门安排和落实游客的交通和住宿，保护游客的人身和财产安全。

（四）反映意见要求，安排相关活动

对游客的意见和要求，导游应及时向上级反映，并积极协助有关部门安排会见、座谈等活动。

海鲜大咖中出现刀片

（五）解答游客问询，处理相关问题

对游客提出的问题或相关咨询，导游应耐心予以解答，并协助处理游客在旅游过程中遇到的问题和事故。

二、不同业务范围导游的具体职责

导游的具体职责

（一）全程陪同导游的主要职责

全程陪同导游在导游工作集体中处于中心地位，起着主导作用。在海外游客心目中，他们是东道国的代表，是旅游团在华活动的主要决策人；对于国内旅游团队而言，全程导游是国内组团旅行社的代表，负责全程陪同旅游团完成旅游活动。全程陪同导游的主要职责有五个方面。

1. 实施旅游接待计划

全程陪同导游应按旅游合同或约定实施组团旅行社的接待计划，监督各地接待单位的执行情况和接待质量。

2. 做好联络工作

全程陪同导游负责旅游过程中同组团旅行社和各地接待旅行社的联络，做好旅行各站的衔接工作，确保旅行活动的连贯性、一致性和多样性。

学习笔记

3. **做好组织协调工作**

全程陪同导游应协调旅游团与地方接待旅行社及地方陪同导游之间、领队与地方陪同导游、司机等各方面接待人员之间的合作关系，协调旅游团在各地的旅游活动，听取游客的意见。

4. **维护安全，处理问题**

全程陪同导游应维护游客的人身和财物安全，处理好各类突发事件，转达游客的意见和要求，力所能及地处理游客的意见、要求乃至投诉。

游客登车时被撞

5. **宣传、调研工作**

全程陪同导游应耐心解答游客的问询，介绍我国（地方）文化和旅游资源，开展市场调研，协助开发、改进旅游产品的设计和市场促销。

（二）地方陪同导游的主要职责

地方陪同导游是地方接待旅行社的代表，是旅游计划的具体执行者。就一地而言，地方陪同导游是典型的、完全意义上的导游，他的工作责任最大，处理的事务最多，工作最辛苦，所起的作用最关键。地方陪同导游的主要职责有五个方面。

1. **安排旅游活动**

地方陪同导游应严格按照旅游接待计划，合理安排旅游团（游客）在当地的旅游活动。

2. **做好接待工作**

地方陪同导游的重点职责之一是要认真安排、落实旅游团（游客）在当地的接送服务和食、住、行、游、购、娱等服务，并与全陪、领队密切合作，按照旅游接待协议做好当地旅游接待工作。

3. **进行导游讲解**

负责旅游团（游客）在当地参观游览中的导游讲解是地方陪同导游的又一重点职责，地方陪同导游应积极介绍和传播我国（地方）文化和旅游资源，解答游客提出的问题。

4. **维护游客安全**

地方陪同导游要维护游客在当地旅游过程中的人身和财物安全，做好事故防范和安全提示工作。

5. **处理相关问题**

地方陪同导游应妥善处理旅游相关服务各方面的协作关系，以及游客在当地旅游过程中发生的各类问题。

学习笔记

（三）景区导游的主要职责

景区导游的主要职责有三个方面。

1. 提供导游讲解

景区导游也称讲解员，其职责重点就是负责所在景区的导游讲解，解答游客的问询。

2. 做好安全提示

景区导游应提醒游客在参观游览过程中注意安全，并给予必要的协助。

3. 宣讲相关知识

景区导游应结合景区的景观景物向游客宣讲环境、生态和文物保护知识。

三、导游工作集体的协作

导游工作集体是由全陪、地陪和领队组成的，他们虽然各司其职，但却有共同的利益，都必须通过优质服务完成旅游合同才能获得各自的利益，因此导游工作集体要友好合作，以便更好地完成带团任务。

导游工作集体的协作

（一）导游（全陪或地陪）与领队的协作

在接待外国旅游团时，领队既是海外旅行社的代表，又是游客的代言人，还是导游服务集体中的一员，在海外社、组团社和接待社之间以及游客和导游之间起着桥梁作用。导游带团顺利与否，在很大程度上要靠领队的合作和支持。一般来说，游客把领队视作保护神，对领队非常信赖，遇事也会站在领队一边。为此，导游要积极争取领队的支持和配合。多数情况下，外国旅游团领队都比较注重与中方导游合作，但也有少数领队，尤其是职业领队，因其性格古怪或私心太重，使中方导游很难与之合作。不管遇到多大困难，导游都要从大局利益出发，处理好与领队的关系。

1. 尊重领队，遇事与领队多磋商

带团到中国来旅游的领队，多数是职业领队，在海外旅行社任职多年并受过专业训练，对我国的情况尤其是我国旅游业的业内情况相当熟悉。他们服务周到细致，十分注意维护组团社的信誉和游客的权益，深受游客的信赖。此类领队是中方旅行社长期合作的海外客户代表，也是旅游团中的“重点客人”，对他们一定要尊重。尊重领队就是遇事要与他们多磋商。旅游团抵达后，地陪要尽快与领队商定日程，如无原则问

学习笔记

题应尽量考虑采纳领队的建议和要求。在遇到问题、处理事故时，全陪、地陪更要与领队磋商，争取领队的理解和支持。

2. **关心领队生活，支持领队工作**

职业领队常年在异国他乡履行自己的使命，进行着重复性的工作，十分辛苦。由于其“特殊的身份”，游客一般只会要求领队如何关心自己而很少去主动关心领队。因此，导游如果在生活上对领队表示关心、在工作上给予领队支持，他会很感动。当领队的工作不顺利或游客不理解时，导游应主动助其一臂之力，能办到的事情尽量给予帮助，办不到的多向游客解释，为领队解围。但要注意，支持领队的工作并不是取代领队，导游应把握好尺度。此外，作为旅游团中的“重点人物”，导游给予领队照顾或提供方便应掌握分寸，不要引起游客的误会和心理上的不平衡。

当旅游团内部出现纠纷、领队与游客之间产生矛盾时，导游应该遵循“三要三不要”的原则。三要，即要始终保持中立立场，不偏不倚；要防止他们之间的矛盾进一步恶化；要从侧面说服教育领队与游客。三不要，即不要发表自己的看法和意见；不要介入他们的矛盾之中；不要去寻根究底、弄清是非。

3. **多给领队荣誉，调动其积极性**

要想处理好与领队的关系，导游还要随时注意给领队面子，遇到一些显示权威的场合，应多让领队尤其是职业领队出头露面，使其博得游客的好评，如游览日程商定后，地陪应请领队向全团游客宣布。只要导游真诚地对待领队，多给领队荣誉，领队一般也会领悟到导游的良苦用心，从而采取合作的态度。

4. **灵活应变，掌握工作的主动权**

由于旅游团成员对领队工作的评价会直接影响领队的进退得失，所以有的领队为讨好游客而对导游指手画脚，当着全团游客的面“抢话筒”，一再提“新主意”，给导游出难题，使地陪的工作比较被动。遇到类似情况时，地陪应采取措施变被动为主动，对于“抢话筒”的领队，地陪既不能马上反抢话筒，也不能听之任之，而应灵活应变，选择适当的时机给予纠正，让游客感到“还是地陪讲得好”。这样，导游既表明了自己的态度又不失风范，工作上也更为主动了。

5. **争取游客支持，避免正面冲突**

在导游服务中，导游与领队在某些问题上有分歧是正常现象。一旦出现此类情况，导游要主动与领队沟通，力求及早消除误解。对那些

学习笔记

工作不熟练、个性突出且难以合作的领队，导游要沉着冷静，坚持原则，分清是非，对违反合同内容、不合理的要求不能迁就；对某些带侮辱性的或“过火”的言辞不能置之不理，要根据“有理、有利、有节”的原则讲清道理，使其主动道歉，但要注意避免与领队发生正面冲突。

游览问题的处理

有时领队提出的做法行不通，导游无论怎样解释说明，领队仍固执己见。这时导游就要向全团游客讲明情况，争取大多数游客的理解和支持。但要注意，即使领队的意见被证明不对也不能把领队“逼到绝路”，要设法给领队台阶下，以维护领队的自尊和威信，争取以后的合作。

（二）全陪与地陪的协作

无论是全陪还是地陪，都有一个与对方配合的问题。协作成功的关键是各自应把握好自身的角色或位置，找准个人的定位。要充分认识到虽然各自受不同旅行社的委派，但都是旅游服务的提供者，都在执行同一个协议，彼此之间是相互平等的关系。

处理入住问题

全陪与地陪要搞好合作，首先，要相互尊重，互助合作，双方建立良好的人际关系；其次，要善于向对方学习，有事多请教；最后，要坚持原则，平等协商。如果全陪或地陪“打个人小算盘”，提出改变活动日程、减少参观游览时间、增加购物等不正确的做法，就要向其讲清道理，尽量说服并按计划执行，如对方仍坚持己见、一意孤行，应采取必要的措施并及时向接待社反映。

想一想　不同类型的导游如何合作好？

任务检测

扫描二维码检测任务学习情况。

学习笔记

任务3 领会导游的职业素养

任务导入

以“我心目中的好导游”导游演说家演讲的故事为基础，导游小组针对“如何养成导游职业素养”展开讨论。

任务思考

（1）优秀导游必备的职业素养有哪些？

（2）如何在学习实践中培养职业素养？

任务学习

导游服务质量的高低、效果的好坏，主要取决于导游的素质、能力及其经验。虽然科学技术在不断进步，更高的科技手段被越来越广泛地应用于导游服务中，但是，高科技手段永远代替不了导游给游客带来的个性化的、富有人情味的旅游体验。因此，在高科技和信息化的21世纪，导游服务的主体仍然是导游。随着社会的共同进步，对导游服务的期望值会不断提高，对导游素质的要求也会越来越高。导游必须努力提高自己的综合素质，以迎接新的挑战。

一、导游的职业道德

导游职业道德是指导游在工作的过程中所应遵循的与其职业相适应的道德原则和道德规范的总和，也可以说是导游在工作中所享有的基本权利和基本义务，它既赋予导游可以做出一定行为或不做出一定行为的权力，又要求导游必须依法承担相应的责任。

导游的职业道德

1996年11月国家旅游局制定了《加强旅游行业精神文明建设的意见》，该意见第一次完整、系统地提出了主要由导游构成的旅游企业一线职工的道德规范，是第一个由官方制定和实施的旅游从业人员职业道德范本。它的颁布标志着我国社会主义旅游事业进入一个新的历史时期。根据《加强旅游行业精神文明建设的意见》的规定，我国导游职业道德规范主要有以下几方面的内容。

（一）爱国爱企、自尊自强

爱国爱企、自尊自强不仅是导游必须遵守的一项基本道德规范，也是社会主义各行各业必须遵守的基本行为准则。它要求导游在工作中要始终站在国家和民族的高度，要时刻以国家和企业利益为重，要有民族自尊心和自信心，为国家和企业的发展多做贡献。

学习笔记

（二）遵纪守法、敬业爱岗

遵纪守法、敬业爱岗要求各行各业人员除了要遵守国家的法律、法规，还要遵守各自本职行业的一些规范和规定。对于导游来说，除了要遵守国家的法律、法规外，还要遵守旅行社的制度和《导游人员管理条例》的规定，执行导游服务质量标准，敬业爱岗。

（三）公私分明、诚实善良

公私分明、诚实善良对导游的要求是：在工作中，要能够自觉抵制各种诱惑，不为一己私利而损害游客利益；对待游客要诚实守信，不弄虚作假、不欺骗游客，严格履行合同的规定，杜绝随意增减景点和购物点的行为，维护游客的合理利益。

（四）克勤克俭、宾客至上

克勤克俭、宾客至上是导游处理与游客关系的一条基本行为准则。它要求导游充分发挥主动性、积极性、创造性，发扬我国勤俭节约、热情好客的优良传统；要有很强的服务意识，始终能够把游客的利益放在第一位，想游客之所想、急游客之所急，把游客满意作为衡量自己工作的唯一标准。

（五）热情大方、清洁端庄

热情大方、清洁端庄是导游接待游客的过程中应当具备的基本道德品质和道德情操。导游要做到不管游客的态度如何，始终将微笑挂在脸上，关心游客，为游客着想。导游还要注意自己的仪容仪表，做到穿着得体、干净大方，使游客有舒心、满意之感。

（六）一视同仁、不卑不亢

一视同仁、不卑不亢要求导游在整个旅游过程中要做到不因游客的地位、钱财、容貌和肤色而区别对待。此外，导游还要树立爱国主义的思想，对待游客要礼貌尊重，同时不卑不亢，真正体现出我国导游的国格和人格。

（七）耐心细致、文明礼貌

耐心细致、文明礼貌是导游一项最重要的业务要求，它是衡量导游工作态度的一项重要标准。导游对待游客要向对待自己的家人一样耐心、细心、热心，尽自己最大的努力帮助游客解决遇到的问题；导游还要尊重每一位游客的不同生活习惯、宗教信仰、民族风俗等，对待每一

学习笔记

位游客要举止文雅、态度友善。

（八）团结服从、顾全大局

团结服从、顾全大局是集体主义原则在导游工作中的具体体现。它要求导游在服务游客的过程中必须以国家和集体的利益为重，讲团结、顾大局，要能够处理与他人之间的关系，杜绝相互指责的现象发生。

导游职业道德风尚

（九）优质服务、好学向上

衡量导游道德素质高低的标准是看其是否具有优质服务的意识，导游在工作的过程中必须时刻树立优质服务的意识，对于游客提出的问题要尽心、尽职、尽责地解答；此外，导游还要善于学习、勇于思考，不断提高自己的道德修养和业务水平。

想一想 遵守导游职业道德的必要性是什么？

二、导游的从业素质

早在20世纪60年代，周恩来总理就对包括翻译导游在内的我国外事工作人员提出了“三过硬”和“五大员”的要求。“三过硬”，即思想过硬、业务过硬、外语过硬，“五大员”是指要当好宣传员、调研员、服务员、安全员和翻译员。改革开放以来，我国导游工作发生了较大的变化，导游专家王连义认为，当今导游要真正做好导游服务工作，真正成为游客喜欢的导游，必须当好“八大员”，即国情讲解员、导游翻译员、旅游协调员、生活服务员、安全保卫员、情况调查员、座谈报告员和经济统计员。具体来说，一名合格的导游应该具备以下素质。

（一）良好的思想品德

1. 热爱社会主义祖国

热爱社会主义祖国是作为一名合格的中国导游的首要条件。首先，导游所从事的工作是社会主义祖国整个事业的一部分，社会主义祖国培育了导游，为导游创造了良好的工作环境与发挥自己智慧和才能的条件；其次，导游的一言一行都与社会主义祖国息息相关，如前所述，在海外游客的心目中，导游是国家形象的代表，游客正是通过导游的思想品德和言谈举止来观察、了解中国的；最后，导游向游客介绍和讲解的内容都是祖国灿烂的文化、壮观的河山、祖国人民的伟大创造和社会主义事业的辉煌成就，没有这些丰富的内容，导游讲解就成了无源之水、无本之木。

学习笔记

2. **优秀的道德品质**

社会主义道德的本质是集体主义，是全心全意为人民服务的精神。从接待游客的角度来说，旅行社和各接待单位实际上组成了一个大的接待集体，导游是这个集体中的一员。因此，导游在工作中应从这个大集体的利益出发，从旅游业的发展出发，依靠集体的力量和支持，关心集体的生存和发展。发扬全心全意为人民服务的精神，并把这一精神与“宾客至上”的旅游服务宗旨紧密结合起来，热情地为国内外游客服务。只有这样，导游服务工作才能真正做好。

3. **践行社会主义核心价值观**

2012年11月8日党的第十八次全国代表大会在北京召开，明确提出“三个倡导”，即“倡导富强、民主、文明、和谐，倡导自由、平等、公正、法治，倡导爱国、敬业、诚信、友善，积极培育和践行社会主义核心价值观”，这是对社会主义核心价值观基本内容的精辟概括，即概括了国家的价值目标、社会的价值取向和公民的价值准则。

“富强、民主、文明、和谐”，是我国社会主义现代化国家的建设目标，也是从价值目标层面对社会主义核心价值观基本理念的凝练，在社会主义核心价值观中居于最高层次，对其他层次的价值理念具有统领作用。

“自由、平等、公正、法治”，是对美好社会的生动表述，也是从社会层面对社会主义核心价值观基本理念的凝练。它反映了中国特色社会主义的基本属性，是我们党矢志不渝、长期实践的核心价值理念。

“爱国、敬业、诚信、友善”，是公民基本道德规范，是从个人行为层面对社会主义核心价值观基本理念的凝练。它覆盖社会道德生活的各个领域，是公民必须恪守的基本道德准则，也是评价公民道德行为选择的基本价值标准。

4. **较强的敬业精神**

导游工作是一项传播文化、增进友谊的服务性工作。导游在为八方来客提供游客服务时，不但可以结交众多的朋友，而且能增长见识、开阔视野、丰富知识。导游应树立远大理想，将个人的抱负与事业的成功紧密结合起来，立足本职工作，热爱本职工作，尽职敬业，刻苦钻研，不断进取，全身心地投入工作之中，热忱地为游客提供优质的导游服务。

5. **高尚的情操修养**

高尚的情操修养是导游的必备修养之一。导游要不断学习，提高思想觉悟，努力使个人的功利追求与国家利益结合起来；要提高自己判断

学习笔记

是非、识别善恶、分清荣辱的能力，培养自我控制的能力，自觉抵制形形色色的精神污染，力争做到“财贿不足以动其心，爵禄不足以移其志”，始终保持高尚的情操。

6. **自觉地遵纪守法**

遵纪守法是每个公民的义务，作为旅行社代表的导游尤其应树立高度的法纪观念，自觉地遵守国家的法律、法规，遵守旅游行业的规章，严格执行导游服务质量标准，严守国家机密和商业秘密，维护国家和旅行社的利益。对于提供涉外导游服务的导游，还应牢记“内外有别”的原则，在工作中多请示汇报，切忌自作主张，更不能做违法乱纪的事。

（二）较全面的知识体系

旅游的本质是一种追求文化的活动。随着时代的发展，现代旅游活动更加趋向于对文化、知识的追求，人们出游除了消遣，还想通过旅游活动增长知识、扩大阅历、获取教益，这样就对导游提出了更高的要求。为了适应游客的需要，导游要知识面广，有真才实学，只有以渊博的知识作为后盾，讲解时才能做到内容丰富、言之有物。导游的知识体系包罗万象，主要包括以下几个方面。

1. **语言知识**

语言是导游最重要的基本功，是导游服务的工具。导游人员要没有过硬的语言能力，就根本谈不上做好服务工作。语言知识包括外语知识和汉语（或少数民族语言）知识。涉外导游至少应掌握并熟练运用一门外语，并了解或掌握两三门其他外语。掌握一门外语，了解一种外国文化，有助于接受新思想、新观念，开阔眼界，在传播中外文化中做贡献。

2. **史地文化知识**

史地文化知识包括历史、地理、宗教、民族、风俗民情、风物特产、文学艺术、古典建筑和园林等诸方面的知识。这些知识是导游讲解的素材，是导游服务的“原料”，是导游的看家本领。导游要对本地及邻近省、市、地区的旅游景点、风土人情、历史掌故、民间传说等了如指掌，对国内外的主要名胜景区、景点应有所了解，还要善于将本地的风景名胜与历史典故、文学名著、名人逸事等有机地联系在一起。

3. **政策法规知识**

政策法规是导游工作的指针，导游在导游讲解、回答游客的问题或同游客座谈有关问题时，必须以国家的方针政策和法规为指导，否则给游客造成误解，甚至给国家造成损失。旅游过程中出现的有关问题，导游必须根据国家的政策和有关的法律法规予以正确处理。导游自身的言行也要符合国家政策法规的要求，应自觉地遵纪守法。

学习笔记

4. 心理学知识

导游的工作对象主要是形形色色的游客，还要与各旅游服务部门的工作人员打交道，导游工作集体三成员（全陪、地陪和领队）之间的相处有时也很复杂。导游是做人的工作，而且往往是与之短暂相处，因而掌握必要的心理学知识具有特殊的重要性。导游要随时了解游客的心理活动，有的放矢地做好导游讲解和旅途生活服务工作，有针对性地提供心理服务，从而使游客在心理上得到满足，在精神上获得享受。

5. 美学知识

旅游活动是一项综合性的审美活动，导游不仅要向游客传播知识，也要传递美的信息，让他们获得美的享受。一名合格的导游要懂得什么是美，知道美在何处，并善于用生动形象的语言向具有不同审美情趣的游客介绍美；还要用美学知识来指导自己，使自己的仪表、仪容、仪态符合美的要求。因为导游代表着一个国家（或地区）的良好形象，其自身就是游客的审美对象。

6. 政治、经济、社会知识

由于游客来自不同国家（地区）的不同社会阶层，他们中一些人往往对旅游目的地的某些政治、经济和社会问题比较关注，喜欢询问一些相关的问题。有的人还常常把本国本地的社会问题同旅游目的地的社会问题进行比较。另外，在旅游过程中，游客随时可能见到或听到旅游目的地的某些社会现象，引发他们对某些社会问题的思考，这就要求导游给予相应的解释。所以，导游应掌握相关的政治、经济、社会知识，了解旅游目的地的风土民情、婚丧嫁娶习俗、宗教信仰和禁忌习俗等，以便更好地做好导游服务工作。

7. 国际知识

涉外导游还应掌握必要的国际知识，要了解国际形势和各时期国际上的热点问题，以及我国的外交政策和对有关国际问题的态度；要熟悉旅游客源国或旅游接待国的概况，知道其历史、地理、文化、民族、风土民情、宗教信仰、民俗禁忌等。了解和熟悉这些情况不仅有利于导游有的放矢地提供导游服务，而且可以加强与游客的沟通。

8. 旅行知识

导游率领游客在目的地旅游，在提供导游服务的同时，还应随时随地帮助游客解决旅行中的种种问题。因此，导游掌握必要的旅行知识，对旅游活动的顺利进行就显得十分重要。旅行知识主要包括出入境知

学习笔记

识、交通知识、通信知识、货币保险知识、卫生知识、旅游业知识等，必要的旅行知识往往能起到少出差错、事半功倍的作用。

（三）较强的独立工作能力

导游独立工作能力

导游工作是一项难度较大、复杂而艰巨的工作，导游的能力直接影响对客服务的效率和服务效果。导游接受任务后，要独立组织游客参观游览，要独立作出决定、独立处理问题。导游的工作对象形形色色，旅游活动丰富多彩，出现的问题和性质各不相同，因此导游工作时不能墨守成规；相反，必须根据不同的时空条件采取相应的措施，予以处理。因此，较强的独立工作能力和创新精神，对导游具有重要意义。导游的独立工作能力主要表现在以下四个方面。

1. 独立执行政策和宣传讲解的能力

导游必须具有高度的政策观念和法制观念，要以国家的有关政策和法律、法规指导自己的工作和言行；要积极主动地宣传社会主义中国，讲解我国现行的方针政策，介绍我国人民的伟大创造和社会主义建设的伟大成就；回答游客的种种询问，帮助他们尽可能全面、正确地认识我国。

2. 较强的组织协调能力

导游接受任务后要根据旅游合同安排旅游活动并严格执行旅游接待计划，带领全团游客游览好、生活好。这就要求导游具有较强的组织、协调能力，要求导游在安排旅游活动时有较强的针对性并留有余地，在组织各项活动时讲究方式方法并及时掌握变化的客观情况，灵活地采取相应的有效措施。

3. 善于和各种人打交道的能力

导游的工作对象甚为广泛，善于和各种人打交道是导游最重要的能力之一。与层次不同、品质各异、性格相左的中外人士交道，要求导游必须掌握一定的公共关系学知识并能熟练运用，具有灵活性、理解能力和适应不断变化的氛围的能力，随机应变地处理问题，搞好各方面的关系。导游具有相当的公关能力，就会在待人接物时更自然、得体，能动性和自主性必然会更高，有利于提高导游服务质量。

4. 独立处理问题和事故的能力

冷静分析、果断决定、正确处理意外事故是导游人员最重要的能力之一。旅游活动中意外事故在所难免、能否妥善地处理事故是对导游的一种严峻考验。临危不惧、头脑清醒、遇事不乱、处理果断、办事利索、积极主动、随机应变是导游处理意外事故时应具备的能力特质。

学习笔记

（四）较熟练的导游技能

服务技能可分为操作技能和智力技能两大类。导游服务需要的主要是智力技能，包括导游与同事协作共事，与游客成为伙伴，使旅游生活愉快的带团技能；根据旅游接待计划和实情，巧妙、合理地安排参观游览活动的技能；选择最佳的游览点、线，组织活动，当好导演的技能；触景生情、随机应变，进行生动精彩的导游讲解的技能；灵活回答游客的询问，帮助他们了解旅游目的地的宣讲技能；沉着、果断地处理意外事故的应急技能；合情、合理、合法地处理各种问题和旅游投诉的技能等。

语言、知识、服务技能构成了导游服务三要素，缺一不可，只有三者的和谐结合才称得上是高质量的导游服务。导游的服务技能与其工作能力和掌握的知识有很大的关系，需要在实践中培养和发展。导游要在掌握丰富知识的基础上，努力学习导游方法、技巧，并不断总结、提炼，形成适合自己特长的导游方法、技巧及自己独有的导游风格。

（五）积极的进取精神

导游职业是个充满竞争、充满挑战的职业。一方面，国际化和全球化发展的大背景下，中国的海外旅游客源地和目的地越来越多，截至2018年年底，我国正式开展组团业务的出境旅游目的地国家（地区）达到130个，旅游国际交往日趋密切，要求导游掌握的国际旅游知识成倍增加；与此同时，国内旅游发展方兴未艾，老景区改造频繁，新景区层出不穷，旅游方式不断变化，导游知识必须不断更新。另一方面，我国导游管理体制正在发生巨大变化，导游职业社会化的趋势不可逆转，导游面临的竞争和压力越来越大。加上游客越来越成熟，他们旅游的视野可能比导游更开阔，所掌握的“旅游攻略”可能比导游更详尽，通过手机查询到的景点资讯可能让导游讲解相形见绌。因此，导游应有居安思危、优胜劣汰的思想准备，要树立强烈的竞争意识，将压力变为动力，不断开拓进取、完善自我，才能更好地胜任本职工作。

（六）健康的身心

导游工作是一项脑力劳动和体力劳动高度结合的工作，工作繁杂、量大面广、流动性强、体力消耗大，而且工作对象复杂，诱惑性大。因此，导游必须是一个身心健康的人，否则很难胜任工作。导游的身心健康包括以下四个方面。

1. 身体健康

导游从事的工作要求他能走路，会爬山，能连续不间断地工作。全

学习笔记

陪导游、地陪导游和旅游团领队要陪同旅游团周游各地，不断变化的气候和各地的水土、饮食对其都是一个严峻的考验。

2. 心态平和

导游的精神要始终愉快、饱满，在游客面前应显示出良好的精神状态，进入“导游”角色要快，并且能始终保持而不受任何外来因素的影响。面对游客，导游应笑口常开，决不能把丝毫不悦的情绪带到导游工作中去。特别是现在，游客的自我保护意识越来越强，有时对导游的工作理解不够，导游要能受得起委屈，要学会调整自己的心态。

3. 头脑冷静

在旅游过程中，导游应始终保持清醒头脑，处事沉着、冷静、有条不紊；处理各方面关系时要机智、灵活、友好协作；处理突发事件以及游客的挑剔、投诉时要干净利索，要合情、合理、合法。

4. 思想健康

导游应具有高尚的情操和超强的自控能力，能够抵制形形色色的诱惑，清除各种腐朽思想的污染。

总之，一名合格的导游应精干、老练、沉着、果断、坚定，应时时处处展示出有能力领导旅游团，而且工作积极、耐心，会关心人、体谅人，富于幽默感，导游技能高超。正如加拿大导游专家帕特里克·克伦在《导游的成功秘诀》一书中概括的，导游应是“集专业技能和知识、机智、老练、圆滑于一身”的人。

想一想 在导游工作中，如何践行社会主义核心价值观？

三、导游的职业修养

导游为了提高导游业务水平，处理好导游服务中各方面的人际关系和各种复杂情况，应当加强自身的修养。导游需加强自身修养的方面很多，其中主要有情操修养、知识修养和气质修养。

（一）情操修养

情操是由情感和思想综合起来的、不易改变的心理状态或情感倾向。它通常表现为人们对事物的一种执着的信念和追求。所谓“富贵不能淫，贫贱不能移，威武不能屈”就是人们对高尚情操的赞誉和称颂。导游的情操培养应以导游服务为中心，围绕对国家、对集体、对游客和对自己从事的工作来进行。

学习笔记

1. 对国家要树立爱国心，即热爱祖国、热爱社会主义

导游在工作中要努力把个人的利益融于国家利益之中，将导游服务同国家旅游业的发展密切结合起来，具有强烈的事业心和社会责任感。

2. 对集体要树立集体主义精神

导游服务是旅游接待工作的一部分，而旅游接待是由旅行社和其他相关接待单位共同完成的。它们共同组成了一个接待体系，导游只是这个体系中的一分子。所以，导游应将自己融于这个体系之中，依靠集体，通力协作，发挥集体主义精神，才能把工作做好。

3. 要树立全心全意为游客服务的思想

游客是旅游活动的主体，没有游客就没有旅游接待，也就没有导游服务。游客的满意与否是检验旅游接待工作，也是检验导游服务好坏的最终标准。所以，导游只有全心全意地为游客服务，想游客之所想，急游客之所急，才会赢得游客的信赖、支持和配合，使他们旅途愉快，高兴而来，满意而归。

4. 对自己的工作要有爱业、敬业精神

首先，导游要热爱自己的工作，这是导游服务工作的前提。只有热爱，才能孜孜不倦地努力，才能有把工作做好的决心和信心。其次，要有敬业精神，要有理想和信念。这样，工作才有目标和方向，才能发愤图强，在工作中勇于实践、勇于创造，使自己成为有理想、有道德、有文化、有纪律的人。

（二）知识修养

渊博的知识是导游立业之基。导游的知识修养包括学风修养和文化修养。

1. 学风修养

学风即学习的风气。导游服务工作是一种知识密集型的工作，要把这项工作做好，为游客提供优质的服务，需要博而专的知识，因此，导游应该养成良好的学风。首先，导游要勤奋好学；其次，要善于学习，要讲究学习的方法；最后，要不耻下问。除向书本学习之外，还要向其他导游学习，向游客学习，向目的地的当地人员学习，要虚怀若谷，能者为师，将学习到的知识进行再加工，使之为我所用。

2. 文化修养

文化修养包含的内容甚为丰富，知识、艺术鉴赏能力、兴趣爱好、审美情趣和礼节礼貌等都用于文化修养的范畴。导游除了要不断地丰富和更新知识外，还应当提高自己的艺术鉴赏能力，培养高尚的情趣和美

学习笔记

好的情操，能引导游客赏景审美，能适时调动游客的游兴，使旅游活动充满情趣和愉悦，使自己成为受游客欢迎的导游。

（三）气质修养

气质是一个人相当稳定的个性特点，俗称气度、脾气、秉性或性情。气质对一个人的工作态度、工作方式和工作作风会产生影响。导游服务面自的是来自五湖四海、各行各业的游客，对导游的气质有其特定的职业要求。

一方面，导游的工作要严格按照旅游接待计划的安排和导游服务质量标准行事，不允许有明显的个性表现，不能因个人的情绪减少旅游服务项目、降低服务标准，更不能因对游客有看法、有意见，甩手不管或弃团而去。

另一方面，导游是旅行社的代表，对外还体现了旅游目的地国家的形象，它要求导游不仅对游客要彬彬有礼、落落大方，而且对客服务要主动、热情、勤勉、灵活。

因此，导游要能按照上述要求较快地使自己进入导游服务角色，为游客所认可、所信赖，应当加强自己的气质修养，在实践中经受磨炼，主动扬长避短，使自己的气质较快地适应导游服务工作特性的要求。

想一想 对照导游职业修养，自身还存在哪些不足？

四、导游的行为规范

导游的行为规范

为了保护国家利益，维护祖国的尊严和导游的荣誉，发展我国旅游业，导游必须加强法纪观念，遵守国家的法律法规和行纪行规，在带领游客旅游过程中自觉约束自己的行为。

（一）忠于祖国，坚持“内外有别”原则

导游不得有损害国家利益和民族尊严的言行，不得擅自带领游客进入保密禁区、军事要地参观、游览；不得泄露旅游团收费细目，在游客面前，不谈论内部情况；在涉外场合，不携带内部文件。

（二）严格遵守请示报告制度

导游应严格按照旅行社确定的接待计划安排旅行、游览活动，不得擅自增加、减少旅游项目或终止导游活动；遇到重大情况和问题（如治安事故、交通事故等），要及时汇报，非紧急情况不得擅自决定和处理；凡是自己没有把握的事情，都应向旅行社请示。

学习笔记

旅行、游览中遇到有可能危及游客人身安全的紧急情形时，需征得多数游客的同意，方可调整或变更接待计划，但应立即报告旅行社；在引导游客旅行、游览过程中，应就可能发生危及游客人身、财物安全的情况，向游客做出真实说明和明确警示，并按照旅行社的要求采取防止危害发生的措施。

（三）自觉遵纪守法

遵纪守法是每个公民的义务。导游作为旅游行业的形象和代表，在导游服务工作中应遵守国家和旅游行政部门的有关法规。

按照《旅行社条例》《导游人员管理条例》《中华人民共和国旅游法》等法规的规定，导游在进行导游活动时，应当佩戴导游身份标识，开启导游执业相关应用软件，携带旅游接待计划或电子行程单。10人以上团队应打接待社社旗；不得私自转借导游证供他人使用。导游不得私自承揽或者以其他任何方式承揽导游业务。

导游不得擅自改变旅游合同安排的行程（包括减少游览项目或者缩短游览时间、增加或者变更游览项目、增加购物次数或者延长购物时间以及其他擅自改变旅游合同安排的行为）；不得因游客拒绝参加旅行社安排的购物活动或者需要游客另行付费的旅游项目等情形，以任何借口、理由，拒绝继续履行合同、提供服务，或者以拒绝继续履行合同、提供服务相威胁。

导游不得向游客兜售物品或者购买游客的物品；不得以明示或者暗示的方式向游客索要小费；不得欺骗、胁迫游客消费或者与经营者串通欺骗、胁迫游客消费。

导游不得套汇、炒汇；也不得以任何形式向海外游客兑换、索取外汇；不得带客人到非定点餐馆、商店就餐、购物。

（四）自尊、自爱，不失人格、国格

导游不得“游而不导”，不擅离职守，不懒散松懈，不本位主义，不推诿责任。

导游要关心游客，不态度冷漠，不敷衍了事，不在紧要关头临阵脱逃。

导游不要与游客过分亲近；不介入游客内部的矛盾和纠纷，不在游客之间搬弄是非；对待游客一视同仁，不厚此薄彼。

导游有权拒绝游客提出的侮辱人格尊严或者违反其职业道德的不合理要求。

导游不得迎合个别游客的低级趣味，在讲解、介绍中掺杂庸俗、下流内容。

学习笔记

（五）注意一些小节

导游不要随便单独去游客的房间，更不要单独去异性游客的房间。

导游不得携带自己的亲友随旅游团活动。

导游不与同性外国旅游团领队同住一室。

导游饮酒量不要超过自己酒量的1/3。

导游不克扣游客餐费，不私自留用旅行社送给游客的礼品。

想一想 为什么导游必须加强法纪观念，遵守国家的法律法规和行纪行规，在带领游客旅游过程中如何自觉约束自己的行为？

任务检测

扫描二维码检测任务学习情况。

项目实施

步骤一 搜集全国优秀导游事迹素材，为演讲比赛做好准备。

步骤二 对素材进行加工整理，确立主题。

步骤三 撰写导游演说家演讲比赛讲稿，并进行演讲练习。

步骤四 导游小组之间进行导游演说家演讲比赛，并拍摄视频。

步骤五 在“我心目中的好导游”导游演说家演讲的基础上，导游小组讨论导游应承担的职责，可以情景剧的形式进行汇报展示。

步骤六 以“我心目中的好导游”导游演说家演讲的故事中，导游小组针对导游职业素养展开讨论，可以情景剧的形式进行汇报展示。

步骤七 将“我心目中的好导游”演讲稿和视频作品提交。

项目评价

按照认识导游项目的评分标准进行自评、学生互评和教师评价，并进行加权（权重由教师设置，参考权重设置：自评10%、学生互评30%、教师评价60%）计算，评选出最佳“演说家”导游小组，教师可根据实际情况给予适当物质和精神奖励。

学习笔记

项目	要求	分值	得分
导游演讲比赛	演讲主题是否正确；演讲内容是否丰富；语言表达是否流畅、富有感染力和感召力	40	
导游职责汇报展示	汇报展示形式是否新颖；小组分工是否合理，成员协作是否默契；观点是否正确、全面；主题是否明确，情景设置是否合理；语言表达是否流畅	30	
导游职业素养汇报展示	汇报展示形式是否创新；小组分工是否合理，成员协作是否默契；情景设置是否合理，主题是否突出；语言表达是否清晰、具有说服力和逻辑性	30	
合计			

项目小结

导游是导游服务的主体，在旅游工作中起着主导作用，是各项旅游接待工作联系的纽带和桥梁。要成为一名优秀导游，就必须牢记导游职责、提升导游职业素养、遵守导游职业道德。做新时代文化的传播者和创新者，是时代赋予导游的责任和使命，导游要树立高远的职业目标，向世界传播中国好声音，讲好中国故事。

项目拓展

情景剧展演：

搜集整理优秀导游带团实例或先进事迹，编写导游服务情景剧本，从正面或反面反映导游的职业素养要求，并进行排练，分小组进行展示。

项目检测

扫描二维码检测项目学习情况。

模块二

导游讲解

导游服务是一门艺术，它集表演艺术、语言艺术和综合艺术于一身，集中体现在导游讲解中。因此，导游讲解往往被看作衡量导游水平高低的最为重要的技能。通过导游精彩的讲解，可使祖国的大好河山的“静态”变为动态，更加生动形象；使各地的民俗风情更加绚丽多姿；使沉睡千百年的文物古迹再次复活；使造型奇巧的工艺品栩栩如生；使风味独特的名点佳肴内涵丰富；从而使游客感到旅游生活妙趣横生，留下经久难忘的深刻印象。要想成为一名优秀的导游，就应该不断提高自己的导游讲解水平。

本模块包括导游词创作和导游讲解技法运用两个项目，意在通过导游词创作和导游讲解比赛，并通过大量的导游实例，让学生能够独立创作导游词，并进行导游讲解，为模块三的学习与实训奠定基础。

项目一 导游词创作

学习笔记

项目概述

导游词是导游引导游客观光游览时的讲解词，是导游同游客交流思想，向游客传播文化知识的工具，也是吸引和招徕游客的重要手段。导游词是导游讲解的基础和脚本，它是根据实际的游览景观、按照一定的游览线路、模拟游览活动而创作的，通过对旅游景观的介绍、指点、评说，引导游客观景赏美，向游客传播文化，陶冶游客的情操。一篇高质量的导游词，既能体现旅游景观的文化品位，又能提高游客的审美情趣，还能增强导游的感染力。因此导游必须学会创作导游词。本项目分为导游词的编撰和导游词的加工两项任务，具体内容如图2-1所示。

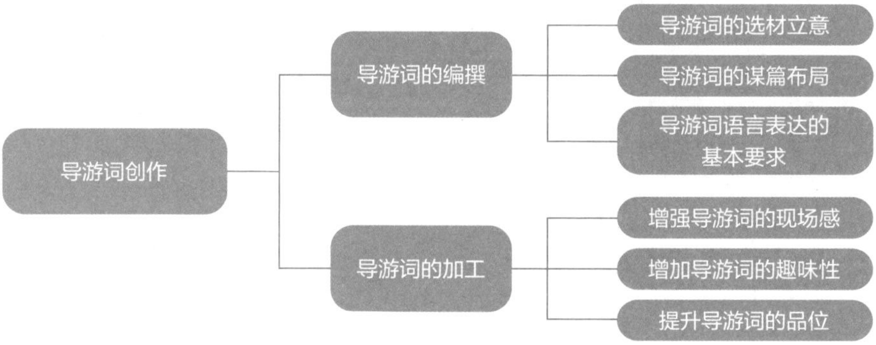

▲ 图2-1 导游词创作

项目任务

“家乡美”导游词创作比赛。以自己家乡的旅游资源为素材，包括标志性旅游景观、代表性美食、特色工艺品，以及具有时代风貌和深刻意义的事物等，重点是列入世界遗产名录的项目（包括非物质文化遗产）、国家5A级旅游景区，以及国家级历史文化名城、非物质文化遗产等。具体要求如下。

（1）内容充分体现爱祖国、爱家乡、爱旅游的情感，突出社会主义核心价值观念，宣传、歌颂我国优美的生态自然资源和厚重的历史民族文化。

学习笔记

（2）依据一定的线路或场景设计，具有地域环境、人文特色，突出知识性、文学性、趣味性；体现现场感、口语化；结构合理，重点突出，主题明确，条理清晰，语句通畅，角度新颖，有一定的思想性，具有时代感。

（3）字数要求800～1100字。

项目成果

“家乡美”导游词展示。

学习目标

素质目标	知识目标	能力目标
1. 通过搜集家乡的导游词创作素材，培养深厚的家国情怀和民族自豪感。 2. 通过编撰符合规范的导游词，树立规范的服务意识，培养社会责任感和锲而不舍的科学精神。 3. 通过对导游词的加工润色，培养精益求精的工匠精神和创新意识。	1. 深刻领会导游词的选材立意。 2. 掌握导游词的结构。 3. 把握导游词语言表达的基本要求。 4. 掌握导游词加工润色的各种方式方法。	1. 在掌握导游词谋篇布局的基础上，能够搜集创作导游词的素材，并模仿导游词范例，编撰出符合规范的导游词。 2. 在编撰规范导游词的基础上，综合运用导游词加工润色的方法，创作符合自己风格的导游词。 3. 按照导游词创作的要求，对导游词进行评价。

案例导入

南阳武侯祠导游词（节选）

河南省旅游局　李宗军

各位团友，大家来到历史文化名城南阳，您一定想看一看我们当地最有名气、最具特色的景点吧？今天，我就带大家去游览位于南阳市西郊卧龙岗上的武侯祠。

南阳武侯祠，又名诸葛亮草庐，是三国时期著名的政治家、军事家诸葛亮“躬耕于南阳”时留下的故址，当年刘皇叔三顾之处，

学习笔记

也是历代人们瞻仰和祭祀诸葛亮的地方。

好了，各位团友，现在我们已经来到了武侯祠的入口，大家看这座“千古人龙”石坊，遍体布满雕饰，您看坊额上浮雕的祥云瑞兽、丹凤朝阳、麒麟送宝，那边左右横额上的诸葛亮生平故事“躬耕南阳”“草庐对策”“舌战群儒”，雕刻多么生动！“千古人龙”的意思是指诸葛亮是人中之龙，隐喻卧龙岗是藏龙卧虎之地。

大家看这第二道坊为“三顾坊”，清道光年间所立，两面刻有“汉昭烈皇帝三顾处”和“真神人”，是为了纪念刘备三顾纳贤而立。正是由于刘备这诚恳的三顾，买住了诸葛亮的赤胆忠心，才使得诸葛亮离开隐居了十年的卧龙岗，辅佐刘备，戎马一生，鞠躬尽瘁，死而后已，刘备才能三分天下，成就帝业，诸葛亮因而功高盖世，万古流芳。刘备在尊重知识、尊重人才方面是实实在在，没有停留在口头上，这个优点可真的值得我们当今的一些领导学习呀！

各位团友，现在，让我们到三顾祠看一看。三顾祠门柱悬挂“两表酬三顾，一对足千秋”的对联，祠院内翠柏挺立，绿草如茵，庭院宏敞幽深，四周围墙嵌满碑刻，有“碑墙”之称，祠内有关张殿，殿内立关羽、张飞贴金塑像。关羽赤面凤眼，美髯垂胸，神安气闲，雄姿威风，张飞正色漆黑，豹头环眼，燕颔虎须，急不可耐。

要说这个张飞啊，他就不如刘备具有政治家的远见，看不到诸葛亮这个人才的价值。一顾茅庐时没有见到孔明，他说：“既不见，自归去便了”。也没发什么牢骚，表现还算一般，说得过去。到刘备准备二顾时，张飞说：“量一村夫，何必哥哥自去，可使人唤来便是了。”遭到刘备的呵斥，差点不让他去。没想到第二次哥仨又吃了闭门羹，到第三次刘备还要去时，他再也忍不住了，说“今番不需哥哥去，他如不来，我只用一条麻绳缚将来！”要是依他主意，用麻绳把诸葛亮绑来见刘备，那会是什么结果！

要说这个诸葛亮，也真有点太“摆谱”了，你道刘备是何等人？人家是皇室之后，有贵族血统，大小也是个县级干部，出入最少也有车马坐，有随从跟，更厉害的是有个侄子还在中央工作。而

学习笔记

你诸葛亮呢？能和人家比吗？布衣出身，草头百姓一个，结庐居住，荷锄躬耕，大不了你读过几天书，是个有知识的青年农民。再说，公元207年，刘备当年45岁，你诸葛亮才27岁，刘备比你净大18岁，论资历也比你老得多嘛！人家刘皇叔天寒地冻的，顶风冒雪，大老远的从新野带着两个兄弟赶过来，你前两次硬是躲着不见人家，到第三次，连关羽这个大好人都看不过眼了，说兄长连着两次亲往拜见，礼节太过分了，可能诸葛亮这个人，就是有虚名而无实学，所以才躲着不敢见我们。那张飞要不是看大哥面子，才不会低三下四的求你呢！这第三次虽然见着了，偏偏诸葛亮又拿架子，不识抬举，大白天的在草堂上高睡不起，怎不叫张飞大怒：这先生如何傲慢，等我去屋后放一把火，看他起不起！真是个猛张飞啊！也不怕以后诸葛亮给他穿小鞋。

……

各位团友，风和日丽，漫步武侯祠中，“从容细看平沙处，可有先生旧马蹄”，您有什么感受？我们中华民族有着五千年的文明史，五千年构成了漫长的历史长河，在这长河中出现了数不尽的风流人物。然而，大浪淘沙，淹没在历史河床中的，也同样数不清，道不尽，而极少有像诸葛亮这样不仅能沿着历史的河流从中古走向现代，而且还能走向千家万户，走进千千万万人的心里。

诸葛亮是中国人乃至东方人心目中智慧、忠诚、勇敢的化身，史学家称他为政治、军事、经济的三绝，在中华文明史上独领风骚，被后世喻作“千古第一完人”。

让人仰慕不已的诸葛亮，叫人说不完道不尽的武侯传奇……

其人虽已没，千载有余情！

各位团友，武侯祠导游到此结束，谢谢大家。

案例解读

这篇导游词中，最常用的手法是“以古喻今”，使我们今人听起来，获顿悟，受教益。在介绍刘备的“三顾处”“三顾坊”之后，别出心裁地道出了惊世之语：“刘备在尊重知识、尊重人才方面是实实在在，没有停留在口头上，这个优点可真的值得我们当今的一些领导学习呀！”在导游“三顾祠”时，“借古喻今”手法发挥出很高的水平，尤其是将张飞、刘备、诸葛亮介绍得活灵活现，入木三分，这让人读后回味无穷，令人深思！这种“以古喻今”法是我们在创作导游词时非常值得借鉴的。

学习笔记

案例思考

（1）一篇完整的导游词由几部分构成？

（2）“家乡美”导游词应如何创作？

任务1 导游词的编撰

任务导入

以自己家乡的旅游资源为素材，编写“家乡美”导游词，要求结构完整，内容正确，逻辑清晰，字数在1000字左右。

任务思考

（1）如何选取“家乡美”导游词的素材并确立主题？

（2）你的“家乡美”导游词如何谋篇布局？

任务学习

导游词是导游为引导游客游览而对游览对象所作的说明、讲解词。导游是语言表达的主体，游客是导游词的受众，介绍、说明、讲解旅游景观是导游词的基本内容。

一、导游词的选材立意

（一）选材

要编写导游词，首先要有素材，要素材就要搜集，一旦确定景物之后，就要搜集方方面面的相关素材，包括地理、历史、人文、掌故、轶闻趣事与民情风俗等，要尽可能地全面详细。

导游词素材可以通过专业书籍、文献档案、报纸杂志、上网搜索、

学习笔记

视频信息、实地调查等方式来搜集，尤其是网上搜索到的现成的导游词，必须要经过自己的消化与加工，才能创作出具有个性特色的导游词。

想一想 你的“家乡美”导游词的景观或事物确定下来了吗？

（二）立意

立意就是要提炼主题，对搜集到的素材进行认真阅读、分析、比较，筛选出科学的、符合时代精神的、富有艺术性的精华，即去伪存真、去粗取精，由表及里地梳理与提炼，然后确定一个主题。主题是一篇导游词的灵魂与主线，有主题可以围绕主题来选择材料，即只选取与主题有内在联系、能突出表现主题的材料。

确定了主题，导游词就成功了一半。主题确定之后，还要选好切入点，将突出主题的景观特色串联起来，即围绕主题进行导游词的编撰。主题可以放在开头、正文、结尾，一般以开头与结尾居多。

导游词实例：泰山

古人形容“泰山吞西华，压南衡，驾中岳，轶北恒，为五岳之长”。泰山海拔1545米，气势雄伟磅礴，在五岳中高度次于恒山、华山。但它为什么成为赫赫于古今的“五岳独尊”呢？

泰山之美不仅在其重叠山势的厚重，苍松巨石的烘托，浩渺云烟的变化，天人合一的格局，还在于它是天下安定、政权巩固、国家昌盛、民族团结的象征，是中华民族精神的家园。泰山精神蕴含积极向上的攀登精神，朝气蓬勃的旭日精神，重如泰山的奉献精神，傲视风雪的松柏精神，顶天立地的担当精神，是中华民族“自强不息，厚德载物”的集中体现。季羡林把泰山誉为“国之魂魄，民之肝胆”。泰山，从一座山，到自然山，文化山，精神山！这是世界独一无二，无法复制的。

这篇泰山导游词围绕“五岳独尊”主题来展开，使游客深切感受到泰山从自然山到文化山、精神山的独特魅力。

想一想 你的“家乡美”导游词确定什么样的主题？切入点如何选取？

学习笔记

二、导游词的谋篇布局

导游词的谋篇布局

谋篇布局是导游词创作的构思阶段，就是围绕主题，对梳理加工过的材料，按照一定的逻辑顺序，进行排列与组合，然后用恰当的语言表现出来。

谋篇布局的结构框架主要由开头、正文、结尾三大部分构成。一篇好的文章应该具有“凤头、猪肚、豹尾”，即开头应引人入胜，中间充实丰满，结尾铿锵有力。好的导游词也是一样，开篇要能吸引游客，中间应内容充实、层次分明、结构严谨，结尾应让人有意犹未尽的感觉。

（一）凤头——起要美丽

好的开头要做到亲切、热情、新颖6个字。导游词开头有很多种形式，主要有介绍式开头、故事式开头、朗诵式开头等。

1. 介绍式开头

介绍式开头，是一种常用的开头方式，特点是较为全面地介绍各方面情况，使游客尽快知晓。

导游词实例：山海关概况

山海关概况

各位游客朋友们，首先给大家介绍一下山海关的概况，让大家在游览之前对山海关有个初步的认识。山海关是河北省秦皇岛市的一个行政区，是连接华北与东北的咽喉要道，自古便为兵家必争之地。明洪武十四年即公元1381年，明开国元勋徐达在此建关设卫，留下了这座长城军事重镇，因其依山近海，故得名山海关。山海关北依燕山，南临渤海，山海间距仅8千米，如虎踞龙盘，扼海陆要塞，具有“一夫当关，万夫莫开”的独特防御体系，曾被明末清初的著名诗人顾炎武赞为“两京锁钥无双地，万里长城第一关”，因此有“天下第一关”之称，与嘉峪关、居庸关并称为长城的“三大名关”。我国最具权威的长城学界泰斗罗哲文先生，用“天然的长城博物馆”来赞美、评价山海关长城，这里的入海长城、滨海长城与天下第一关段的平原长城，以及角山一带的山地长城、三道关的山谷长城、九门口的河道长城，一起组成了中国长城建筑史上的神来之笔、明代万里长城的精华地段——山海关长城。现在就请大家随我来近距离感受山海关历史的沧桑和长城的威严吧！

学习笔记

2. 故事式开头

故事，能吸引人的注意力，能激发人的情感，能使人在潜移默化中受到启发与激励，可增加游兴和艺术感染力。

导游词实例：莫干山名称由来

莫干山
名称由来

各位游客朋友们，在游览莫干山之前，我先给大家讲个小故事。相传在我国春秋末期，吴王阖闾命令干将和莫邪夫妻俩在三个月内铸造一对宝剑。于是，夫妻俩来到一座山前开炉铸剑。可是，不知为什么炉中的铁总是不熔化，眼看期限已到，如不按期交出宝剑，就会招来杀身之祸。这时，妻子莫邪问道：“铁汁不下，有何妙计？”干将沉思良久说道：“先师欧冶子铸剑不销，是把爱妻嫁给炉神而炼成的。”说完，他好像突然想起了什么似的，立刻用刀割下自己的头发和指甲扔向炉中，这时奇迹出现了，只见炉中火光四溅，铁石熔化，夫妻俩赶快铸剑，一对绝世宝剑铸成了。夫妻俩把宝剑分为雌雄，雌剑称莫邪，雄剑称干将。后来，人们为了纪念这对聪明的夫妻，就把这座山取名为莫干山。

3. 朗诵式开头

朗诵式开头，句子要精美，经过精雕细琢，时间不宜太长，能够很快地吸引游客，而且要求朗诵时要有感情。

导游词实例：悬空寺

山川之美，古来共谈，大自然总是无私地把它的美奉献给您，但是当您正陶醉自己的足迹已踏遍大江南北时，请千万不要以为，您已经真正认识到我们中华九州千千万万个庐山真面目，因为当您顺着东方古老文化的摇篮黄河走来时，一定就会发现，彪炳千年的文物古迹在山西境内是星罗棋布。今天，我们游览的就是举世闻名的高空建筑——悬空寺。

导游词开头的方式还有很多，我们可根据游客的身份、职业、文化层次、兴趣爱好等分别采取不同的形式，一般情况下多采取介绍式开头方式，开门见山，能够使游客尽快知晓。

？想一想　你的“家乡美”导游词采用哪种方式开头？

学习笔记

（二）猪肚——中要浩荡

导游词最关键的部分还是中间正文部分，要有丰富饱满的内容，游刃有余的气度。导游词的正文部分要根据景观内容和具体情景而定，形式多种多样，但在结构安排上，一般有三种结构顺序，即空间顺序、时间顺序和逻辑顺序。

1. 空间顺序

空间顺序是以空间位移或转换的顺序来安排导游词的结构，这是最符合带团实际的。具体到某一景点，要看具体情况而定，一般总是由远及近，从上到下，从外到内，或者反其道而行之。

导游词实例：鸽子窝公园鹰角亭

鸽子窝公园鹰角亭

各位，我们现在就来到了鸽子窝公园的制高点“鹰角亭”。烟波浩渺，一望无际的大海美景就呈现在我们面前，我想大家此时的心情都在惊叹大自然的鬼斧神工，造就了如此奇妙的人间仙境，真是让人心旷神怡。

大家请看，这一大片滩涂就是北戴河最著名的大潮坪，这里每天一次的涨潮落潮，是千百年来不变的风景。这块大潮坪南北长700多米，外口大内口小，所以这里潮差不大，多在一米之内。“沙软潮平”是对这里最恰如其分的评价。在这里看大潮，与钱塘江大潮的排山倒海、汹涌澎湃、雷鸣轰响、气势磅礴不同，鸽子窝大潮一浪推一浪，后浪推前浪，展现的是一种从容不迫、志在必得的大家风范。在这里观海，大自然之壮美杰作，令人踌躇满志，充满希望和理想。

游客朋友们，相信大家已经被鸽子窝这美丽的景色所陶醉。但“鸽子窝公园”的得名这个问题我们还没有找到答案。好，现在就让我们一起来寻找答案。大家请向我手指的方向看，我们右侧的这块巨大的岩石，高达20米。大家仔细观察就会发现岩石上面遍布着各种走向的裂缝，以前经常有成群的海鸟白天在这巨石上停留，夜间在裂缝中栖息，我们当地人习惯把这些海鸟称海鸽子，鸽子窝因此而得名。

学习笔记

据有关专家考证，这块岩石既是一个断层壁，又是一个海蚀崖。由变质花岗岩及侵入其中的石英脉形成，年龄超过17.5亿年，是新太古时期的产物，是地球上最古老的岩石之一；现已严重高龄土化，剥蚀下凹，使其突兀直立在苍茫大海之旁，嶙峋苍劲，如雄鹰屹立海边，因此得名鹰角岩。鹰角岩突兀挺拔，多少年来，她独立于茫茫大海一旁，经历了多少次的裂变，阅历了多少人间的变幻，当是沧海桑田的见证。据史料记载，燕昭王、秦始皇、汉武帝、曹操、唐太宗等都曾在此观海抒情，留下千古名篇。您足下的土地，就有某位历史名人的脚印呢！

这段鸽子窝公园鹰角亭的导游词，先介绍远景——北戴河大潮坪，然后由远及近，再讲解“鸽子窝的得名”——鹰角岩。就是按照空间顺序组织的导游词，这是导游词中最常见的结构方式。

2. **时间顺序**

时间顺序一般有两种。

（1）景观形成的历程　如自然景观形成的时间、人文景观建造的年代、历史的沿革以及社会的变迁等。这种讲述主要表现为时间的延续性。

（2）事件发生的过程　如讲述事件的发生过程、礼仪过程等。

导游词实例：祭天大典

祭天大典是在每年的冬至日，当天凌晨四点多，各种坛灯点燃，圜丘坛西南的望灯杆望灯高悬，圜丘前燔柴炉上放置一牛犊，用松柏枝烧祭。台南广场排列200多人的乐队、舞队，在庄严的中和韶乐中，文武百官前呼后拥，皇帝登上圜丘坛，站在坛面中心的“天心石”上恭读致皇天上帝的祝文。礼仪完毕，各神位前所供的供品分别依次送到燔柴炉和铁燎炉焚烧，烟气腾空，以示送达天庭。大典结束，皇帝起驾回紫禁城。

3. **逻辑顺序**

逻辑是思维的规律，语言是思维的现实。所谓逻辑顺序，就是按照人们共同的思维规律来安排段落结构或语句顺序。条理性差的导游讲解词，随意发挥，讲述事件没有头绪，介绍说明毫无条理，使人听起来东

学习笔记

一句、西一句，没有完整的概念和具体的形象，造成理解上的困难。导游词中段落的逻辑性主要表现在总述部分。

导游词实例：北京故宫概况

北京故宫概况

北京故宫从明永乐四年，即公元1406年开始修建，于永乐十八年即公元1420年建成，前后共花费了15年的时间。故宫在建造过程中共征集工匠23万，民夫100万人。选用两湖、两广、江西、山西等地的木材，使用了北京房山的汉白玉、天津蓟县盘山的五色虎皮石和河北曲阳县的花岗石。

北京故宫占地面积72万多平方米，建筑面积16.3万平方米，有宫殿、楼阁等各种房间8704间。周围有9.9米高的围墙，城外设有52米宽的护城河。城四周各设有一座城门，城四角各建有一座结构精美、造型奇特的角楼。故宫的建筑格局是“前朝后寝、左祖右社”，这是遵从了《周礼·考工记》对帝王都城营建的原则。颜色基调为红黄两色，取意中国传统的“阴阳五行”学说，黄色代表尊贵权威；红色代表吉祥富贵。

这段北京故宫概况的导游词，先介绍了故宫的建造年代、时间，又介绍了建造中花费的人力、物力，然后介绍了建造的结果——建筑面积、规模等，最后介绍了建筑的文化含义和特点。这样的逻辑结构使人易于了解故宫的历史背景，听起来一环扣一环，条理性强，思路清晰，易于理解。

想一想　你的导游词中间部分采用哪种结构顺序？

（三）豹尾——结要响亮

结要响亮，是指文章的结尾要有力度和回味。好的导游词应做到简洁有力，干净利落，趣味盎然，耐人寻味，给人以美的享受。

导游词的结尾一般就是向游客致欢送词，以加深感情，获得锦上添花的效果。也可以用真诚的告别与祝福结束全篇，也可以根据景点的具体情况，采用个性化的结尾。

悬空寺导游词结尾就巧妙地运用了王维和苏轼的诗句，让人有意犹未尽的感觉。

学习笔记

导游词实例：悬空寺欢送词

悬空寺欢送词

各位，悬空寺的游览我们到这里就结束了，寺庙建在山上，使朝拜者如登天梯，而它坐落在西边，无形中又吻合了西方极乐净土，难怪王维会有“一生几许伤心事，不向空门何处销”的佳句。总之，不论你上看下看左看右看，悬空寺都有一种流动的美，正应了苏东坡的一名句，“横看成岭侧成峰，远近高低各不同”。这当中的奥妙你就慢慢去品味吧！

上下五千年，悠悠三晋史，历史的变迁给山西大地遗留了宝贵的文化遗产，至今仍迷醉着游客的双眼。俗话说“人惟求旧，物惟求新”。

让我们相约再聚龙城，最后，祝大家好花常开，好景常在。

想一想　你的“家乡美”导游词怎样结尾？

三、导游词语言表达的基本要求

语言表达是导游词写作中极为重要的一环。好的题材、主题和布局，最后都要归结到语言表达上。导游词语言表达的基本要求一般有两个方面：准确性和逻辑性。

（一）准确性

准确性，是指必须以客观现实为依据，在遣词造句、叙事上要以事实为基础，准确地反映客观实际。

1. 态度严肃认真

导游严肃认真的科学态度是语言准确性的前提。一方面，导游要有竭诚为游客服务的思想，有不断提高导游服务质量的意愿，才能抱着对游客、对自己、对旅行社、对国家负责的态度，实事求是地用恰当的语言予以表达；另一方面，导游要有锲而不舍、勤学苦练的科学精神。只有这样才能不断进取，认真地对待语言中的每一个词语，使之符合语境并贴切地反映客观实际。

2. 了解所讲内容

了解、熟悉所讲、所谈的事物和内容，是运用好语言的基础。导游对所讲、所谈的事物和内容有充分的准备，谙熟于胸，讲起来不仅侃侃而谈、旁征博引，而且遣词造句也会十分贴切，能准确地反映所讲、所谈事物的本来面目，易于为游客接受和理解。

学习笔记

3. 遣词造句准确

遣词造句准确是语言运用的关键。一个句子或一个意思要表达确切、清楚，首先在于用词，即词语的选择，如果词语用法不当，就会使信息失真。

譬如，导游在武汉归元寺向游客介绍《杨柳观音图》时说："这幅相传为唐代阎立本的壁画，它所体现的艺术手法值得我们珍惜"。

这里，"珍惜"属于用词不当，而应该用"珍视"。"珍惜"是爱惜的意思，而"珍视"则为看重的意思，即古画所体现的艺术手法值得仔细欣赏。

4. 词语组合得当

词语的组合、搭配要恰当。导游在选择贴切的词汇基础上，还要按照语法规律和语言习惯进行词语的有机组合和搭配，使之符合规范，搭配相宜，这样才能准确地表达意思。

譬如，导游在向游客介绍了某一自然景观之后说："这里的景色真叫人心旷神怡"。

这里的"叫"字同心旷神怡的搭配就不如用"令"字更好。因为，"令"字有"使"的含义，即客观事物使人们主观上产生一种感受。

想一想 你的"家乡美"导游词如何做到准确？

提示

导游词用词、词语搭配，要反复推敲，要保证恰当准确，要考虑所使用的词语易于被游客理解和接受，符合游客的表达和理解习惯。

（二）逻辑性

逻辑性，是指思维要符合逻辑规律，语言要保持连贯性，并且语言表达条理清晰，有层次感。

1. 思维要符合逻辑规律

逻辑分为形式逻辑和辩证逻辑。前者是孤立地、静止地研究思维的形式结构及其规律；后者是从事物本身矛盾的发展、运动、变化来观察、把握、研究事物的内在联系及其相互转化的规律性。

学习笔记

形式逻辑的思维规律主要有同一律、矛盾律和排中律。同一律的公式是：甲是甲，它要求在同一思维过程中，思想要保持自身同一；矛盾律的公式是：甲不是非甲，它要求在同一思维过程中，对同一对象不能作出两个矛盾的判断，不能同时既肯定又否定；排中律的公式是：或者是甲，或者是非甲，它要求对两个互相矛盾的判断，承认其中之一是真的，作出非此即彼的明确选择。

导游若能掌握并正确地运用这些思维规律，就会使自己的思维具有确定的、前后一致的、有条理的状态，从而在语言表达上保持前后一致，具有较强的逻辑性。

譬如，在讲解杭州西湖孤山时，导游说："孤山不孤、断桥不断、长桥不长"。

导游作出"孤山不孤"这一判断是从"孤"和"不孤"选择而来的，作出这一选择是由其思维逻辑决定的，即孤山是由火山喷出的流纹岩组成的，整个岛屿原来是和陆地连在一起的，所以说"孤山不孤"。那么，为什么又叫它孤山呢？一是因为自然的变迁，湖水将它与陆地分隔开来；二是因为这个风景优美的岛屿过去一直被自称为孤家寡人的皇帝所占有。同样，"断桥不断""长桥不长"也是如此。在这里，导游运用了形式逻辑中的排中律，从地质学的角度分析了孤山这个岛屿同陆地的内在联系及其转化。

2. 语言表达要有层次感

导游应根据思维逻辑，将要讲的内容划分前后次序，即先讲什么、后讲什么，使之层层递进，条理清楚，脉络清晰。

导游词实例：杭州美食

白居易说："未能抛得杭州去，一半勾留是此湖"。他认为，杭州的美妙西湖占了一半，这恐怕是很多人的心声。所谓"天下西湖三十六，就中最好是杭州"。但是，大家可能发现了一个问题：西湖虽好，也只占了白居易的"一半勾留"，那么杭州的另一半魅力又是什么呢？

人类学家张光直说："到达一个文化的核心的最好方法之一，就是通过它的肠胃"。其实，一个城市的魅力，也常常根植在人的肠胃里：那就是它的饮食。杭州的饮食充满了江南独特的文化色彩，它和其他地方饮食最大的不同不是口味，而是每个菜点都有

学习笔记

一个充满传奇色彩的传说或故事。于是，品尝者常常分不清自己吃的究竟是食物还是文化。

比如有这么一道菜，据说是受了苏轼《望江南》词中的一句“休对故人思故国，且将新火试新茶，诗酒趁年华”的启发。古代称寒食之后重新开始做饭为“新火”，时间就在清明前后，人们由此联想到这个季节中的时鲜河虾，于是将它与龙井新茶一起烹制，这就是著名的“龙井虾仁”，它结合了湖虾的鲜美、绿茶的清香，尊重原味、就地取材，体现出杭州崇尚清淡、自然的个性。

在杭州就连一道最普通的点心也有一个有趣的故事。1142年，民族英雄岳飞以“莫须有”的罪名被害于临安大理寺，杭州百姓十分痛恨秦桧夫妇。相传有一天，杭州有一家卖油炸食品的业主，捏了两个人形的面块比作秦桧夫妇，将他们揿到一块，用棒一压，投入油锅里炸，嘴里还念道：“油炸桧”。这就是油条的来历。后来又在此基础上发展为杭州风味小吃：葱包桧。这道点心体现的是杭州人最质朴的民族感情和善恶观念，也为杭州这个柔美的城市添上了阳刚的一笔……

这段导游词的语言表达层次分明。首先从白居易的诗引出杭州的饮食文化，再通过“龙井虾仁”与苏轼《望江南》词句的联系，普通点心因杭州百姓十分痛恨秦桧夫妇的原因起名“油炸桧”“葱包桧”，佐证出杭州的饮食充满了江南独特的文化色彩。由此可见，这位导游对杭州饮食介绍的成功与其具有严密的逻辑思维密不可分。

3. 掌握必要的逻辑方法

语言要具有逻辑性，导游必须学习和掌握一些基本的逻辑方法。

（1）比较法　比较法是对两种或两种以上同类的事物辨别其异同或高下的方法。人们常说“有比较才有鉴别”，只有通过比较，才能对事物有所区分。

譬如，“长江是中国第一长河，世界第三长河”。

这句导游词就是运用比较法得出的结论，因为长江的长度仅次于非洲的尼罗河和南美洲的亚马孙河。

（2）分析法和综合法　分析法是把一件事物、一种现象或一个概念分成较简单的组成部分，然后找出这些部分的本质属性和彼此之间的关系；综合法则是把分析的对象或现象的各个部分、各种属性联合成一个

学习笔记

统一的整体。

譬如，西安牛羊肉泡馍的传统做法有三：一曰“干泡”，通过煮制，汤汁完全入馍内，此馍筋而韧、黏而滑；二曰“口汤”，煮得馍酥绵光滑，吃完碗内只留汤一口；三曰“水围城”，宽汤煮馍，碗四周是汤，中间是馍，汤多馍散，清香绵滑……

这段导游词对西安牛羊肉泡馍做法的讲解用分析法进行了介绍，先将其做法分为三种类型，再分别介绍具体的做法。若将这些导游词倒过来叙述，即先讲牛羊肉泡馍的各种做法，再归纳为三种，这就是综合法的运用。

（3）抽象法　抽象法又称概括法，是从许多事物中舍弃个别的、非本质的属性，抽出共同的、本质的属性的方法。

譬如，正是由于人们对道教神仙的崇拜、敬仰和畏惧，才产生了道教文化。至今保存在龙虎山各宫观中大量的道教神仙造像、法器供器，既是中国古人对神仙信仰的生动体现，也是道教文化留给今人的可贵的艺术成果。道教思想文化，作为中华传统文化的重要组成部分，在悠久和精深博大的中华传统思想文化的哺育下，形成了具有自己特色的思想哲理和信仰体系，为历代有识之学者和方外之士所珍重，引导着历代悟道修真之士信仰修行、研究继承和弘扬发展。

这段导游词就高度概括出道教文化对江西龙虎山和中国传统文化的影响。

（4）演绎法和归纳法　演绎法和归纳法都是推理的方法，前者是由一般原理推出关于特殊情况下的结论，其中三段论就是演绎的一种形式；后者是由一系列具体的事实概括出一般原理。

导游词实例：神农架野人传说

关于野人的传说在我国流传几千年，且遍布全国，早在3000年前，我国西南少数民族靡国就将“野人”作为礼物献给周成王。战国时屈原曾在《九歌》中对“野人”进行过充满诗意的描写。而在1976年5月14日，神农架林区副主任就曾在神农架大龙潭亲眼见到“红毛野人”，后又有人再次发现野人的毛发、粪便及野人窝。从毛发的表皮来看，无论是髓质形态还是细胞结构都优于高等灵长目动物。最令人惊叹的是“野人窝”，它用20根箭竹扭成，人躺在上面视野开阔，舒服如靠椅。其制造与使用者是介于人和高等灵长目动物之间的奇异动物或野人。

这段导游词首先介绍我国关于野人的传说，然后叙述神农架林区有关野人的情况，最后得出野人窝证明了这一情况的结论。导游在这里采用的逻辑方法正是从一般到特殊的演绎法。归纳法则与此相反，即从特殊到一般。

学习笔记

想一想　你的“家乡美”导游词会运用哪些逻辑方法？

任务检测

扫描二维码检测任务学习情况。

任务 2　导游词的加工

任务导入

在编写的“家乡美”导游词基础上，按照导游词创作比赛的要求对导游词进行修改润色，要求主题明确，语言生动形象，现场感强，具有一定的思想和文学品位。

任务思考

（1）你的“家乡美”导游词是否能让人身临其境？
（2）你的“家乡美”导游词如何修改，才能吸引游客？

任务学习

好的导游词都是修改出来的，一篇内容丰富、妙趣横生的导游词，不仅能让游客了解更多的相关知识，对景观产生浓厚的兴趣，而且能帮助游客获得极大的审美感受，给游客留下深刻而美好的印象。

一、增强导游词的现场感

导游词是根据实际的游览景观、按照一定的游览线路、模拟游览活动而创作的。因此导游词应具有现场感，仿佛游客就在眼前，造成很强烈的现场效果。

增强导游词的现场感

学习笔记

导游词的现场感是通过一系列表达手段实现的，主要有以下三种。

（一）使用具有鲜明现场感的词语

具有现场感的词语主要包括两个方面：一是时间名词、副词，如现在、此时此刻、正在、将要等；二是指示代词，如这里、那边、这样等。

导游词实例：桂林两江四湖

现在，我们已经从桃花江进入四湖了。这里是榕杉湖，以阳桥为界，东边是杉湖，西边是榕湖。在榕湖湖面上，我们依次可以看到不同造型的桥。看，这座桥上灯柱布局与天上北斗七星布局相同的是北斗桥，还有这座晶莹剔透，在灯光照映下变幻出不同色彩的，是我国第一座水晶玻璃桥。是不是还没看够？最美的还在后头呢！大家请看前方：矗立在杉湖上的就是我们桂林的地标：日月双塔。那座闪烁着金黄色灯光的铜塔是日塔，它创下了三项世界纪录——世界上最高的铜塔、最高的铜质建筑、最高的水中塔。那座银色灯光的为月塔。这一金一银两座宝塔，相依相偎，宛如一对不离不弃的恋人。

桂林两江四湖

（二）使用现场导引语

现场导引语主要包括提示语和引导参与的语言两类。

提示语，如“请大家顺着我手指的方向看……”“现在大家看到的是或我们现在所在的位置是……”“我们面前的……”等。

引导参与的语言，如“……请大家试看，这像不像……”“现在请大家猜一猜……”等。

导游词实例：桂林象山

好了，我们游览完木龙湖后，现在已经进入了漓江的最后一站景点，也是大家最期待的景点象鼻山了。请大家顺着我手指的方向看，这是不是很像一头大象驻足漓江边饮水呢？精华景点水月洞就在象鼻和象腿之间，清澈的江水从洞中穿鼻而过。在明月当空的夜晚，天上月、洞中月、水中月相互辉映，形成著名的“象山水月”。象鼻山独特的山形和悠久的历史早已成为桂林城徽的标志。

桂林象山

（三）使用面对面设问

学习笔记

面对面设问，如“来到这里，大家可能会问，或大家一定会产生这样的疑问……”“刚才有朋友问……”等。

导游词实例：趵突泉待月峰

趵突泉
待月峰

大家请看，我们面前的这座空窍通透、玲珑俊秀的太湖石就是著名的待月峰了，它是宋代遗物。每当皓月当空的时候，您如果来到这里，便会在水面上看到一个大月亮和许多小月亮。讲到这里，大家可能会问，怎么可能会有多个月亮呢？还是让我们从这块石头上找一找原因吧……对，刚才这位朋友说得好，原因就在于石峰上面这些月牙形的小洞，皎洁的月光透过小洞，便在水面上形成无数个小月亮，变化多端，妙趣横生。还曾有人专门写了一首诗赞颂说：“精灵俊逸玉玲珑，神斧鬼工浑天成。一年三十六轮月，变幻俱在此石中。”

想一想 你编撰的“家乡美”导游词是否具有现场感？如果缺乏，运用哪种方式进行修改？

二、增加导游词的趣味性

提升导游词的趣味性

导游词应该生动形象、通俗易懂，并能够多方调动游客的注意力，激发游客的游兴，这就需要在导游词的趣味性上做文章。

（一）使用生动形象的语言，丰富多变的词汇

生动形象是导游语言美之所在。生动形象的语言可以将游客导入意境，给他们留下深刻印象。词汇贫乏的导游词让人听了昏昏欲睡，而词汇丰富多变的导游词的效果则截然相反，它会让游客感到优美动听，从而激起盎然兴趣。

学习笔记

导游词实例：丹霞山长老峰

丹霞山长老峰

来到丹霞山，或许您什么都记不住，您也可以什么都记不住，但不可以不知道丹霞山的“一山二石三宝贝，四个景区五个最”。

这么多宝贝，丹霞山怎么就能装得下呢？如果说丹霞山是广东省面积最大的风景区，总面积达292平方千米，相当于40800多个标准足球场的大小，是我国澳门总面积的10倍，那您是否还会有这样的疑问呢？当然，丹霞山可不仅仅大，在内外应力的共同作用下，形成了“顶平、身陡、麓缓”的特点，被当地人形象地称为“顶着绿帽子、挺着大肚子、穿着花裙子”。

这一段导游词轻松活泼，趣味性很强。这主要是它用“顶着绿帽子、挺着大肚子、穿着花裙子”来描绘丹霞山的形态特点，非常通俗易懂而且生动形象。

（二）巧妙编织故事情节

介绍、说明一个景观，不能只用干巴巴的枯燥的文字介绍眼前的实体，要不失时机地穿插趣味盎然的民间传说和小故事，以激起游客的兴趣和好奇心。但是需要注意的是，选用的传说和故事必须是内容健康的，并与景观密切相关的，切忌胡编乱造；使用时要灵活，要与讲解内容紧密结合，切忌生搬硬套。

导游词实例：黄鹤楼

黄鹤楼

“黄鹤楼中吹玉笛，江城五月落梅花”。黄鹤楼坐落于武汉蛇山，是长江之滨的三大名楼之一，其特点可以用五个字来概括：高、奇、险、美、妙。关于黄鹤楼的雄伟，曾经有这么一个趣闻：说是乾隆年间，河南、四川、湖北三地的进士相会于江上，攀谈间，三人竞相夸赞自己的家乡。河南进士说：河南有座开封塔，离天只有一丈八；四川进士得意地说：四川有座峨眉山，离天只有三尺三；湖北进士笑道：湖北有座黄鹤楼，半截插在云里头。惊得河南、四川两地的进士是无言以对！当然，这个故事可能言过其实，但黄鹤楼确实以其壮丽的景观、动人的传说及浓郁的文化气息吸引着中外游人。

学习笔记

这段导游词巧妙地插入了民间传说故事，并运用夸张的手法使得黄鹤楼的形象更加高大雄伟，从而使游客对黄鹤楼产生浓厚的兴趣。

（三）恰当运用修辞手法

导游词虽然要体现出丰富的知识性，但是绝不应该为突出知识而大量地引经据典，做烦琐枯燥的说教，使游客感到乏味无趣。导游词中，要恰当地运用各种修辞手法，如比喻、比拟、排比、夸张、映衬、引用、双关和示现等，将知识内容用生动形象、活泼有趣的方式表达出来，将静止的景观深化为生动鲜活的画面，将抽象的事物变为可感知的形象，揭示出事物的内在美，从而使游客陶醉其中。

1. 比喻

比喻就是用类似的事物来打比方的一种修辞手法，它包括五种形式。

（1）使抽象事物形象化的比喻。

譬如，“壮族姑娘山歌唱得特别好，她们的歌声就像百灵鸟鸣叫的声音一样优美动听。”

壮族姑娘的歌声是抽象的，这里将其比喻为百灵鸟鸣叫的声音就形象化了。

（2）使自然景物形象化的比喻。

譬如，“玉龙雪山在碧蓝天幕的映衬下，像一条银色的玉龙在永恒地飞舞，故名玉龙山。”

这里将玉龙雪山比喻为一条银色的玉龙，显得既贴切又形象。

（3）使人物形象更加鲜明的比喻。

譬如，“屈原的爱国主义精神和《离骚》《九歌》《天问》等伟大的诗篇与日月同辉！”

这里将屈原的精神和成就比喻为“日月”，使其形象更加突出。

（4）使语言简洁明快的比喻。

譬如，“鄂南龙潭是九宫山森林公园的一处三级瀑布，其形态特征各异，一叠仿佛白练悬空；二叠恰似银缎铺地；三叠如同玉龙走潭。”

这里将瀑布比喻为白练、银缎和玉龙，言辞十分简洁明快。

（5）激发丰富想象的比喻。

譬如，从桂林到阳朔，83千米水程的漓江，不仅山水如画，而且水声淙淙，悦耳动听，仿佛是天宫中的仙乐，听了叫人飘飘欲仙。其实这哪里是仙乐，这是漓江的音乐。大家请看，左岸边有两块大石头，一个像圆鼓，一个像金锣，当地的村民们都叫它们锣鼓石。右岸边两座挺拔秀丽的小山柱，仿佛是一对锣锤和鼓棍，大家仔细听，仿佛还有一对鸳

学习笔记

鸯在唱歌呢。

这里将桂林漓江的流水声比喻为天宫中的仙乐，令人产生无尽的遐想。

2. 比拟

比拟是通过想象把物拟作人或把甲物拟作乙物的修辞手法。在导游词中，最常用的是拟人。

譬如，“迎客松的主干高大挺直，修长的翠枝向一侧倾斜，如同一位面带微笑的美丽少女向上山的游客热情招手。”

迎客松是植物，赋予人的思想感情后，会“面带微笑”，能“热情招手”，显得既贴切又生动形象。

提示

运用比拟手法时，导游要注意表达恰当、贴切，要符合事物的特征，不能牵强附会；另外，还要注意使用场合。

3. 排比

排比是将几个内容相关、结构相同或相似、语气连贯的词语或句子组合在一起，以增强语势的一种修辞手法。导游词中运用得当，可产生朗朗上口、一气呵成的效果，增添感人力量。

譬如，一段关于上海南浦大桥的导游词：“大桥的建成已成为上海又一重要的标志。它仿佛一把钥匙，打开上海与世界的大门；它仿佛一面镜子，反映着代表中国最先进生产力水平的大都市的现代文明；它仿佛一部史册，叙述着中国的未来；它仿佛一本资质证书，充分证明中国完全可以参与和完成世界上的任何工程项目；它仿佛一曲优美的交响乐，奏出时代的最强音。”

4. 夸张

夸张是在客观真实的基础上，用夸大的词句来描述事物，以唤起人们丰富想象的一种修辞手法。在导游词中，夸张可以强调景物的特征，表达导游的情感，激起游客的共鸣。

譬如，化用黄鹤楼导游词：“相传四川、湖北两地客人会于江上舟中，攀谈间竞相夸耀家乡风物。四川客人说‘四川有座峨眉山，离天只有三尺三’。湖北客人笑道‘峨眉山高则高矣，但不及黄鹤楼的烟云缥缈，湖北有座黄鹤楼，半截插在云里头’。惊得四川客人无言以对。”

这里用夸张的手法形容黄鹤楼的雄伟壮观，使游客对黄鹤楼“云横九派”“气吞云梦”的磅礴气势有了更深的认识。

学习笔记

提示

导游运用夸张手法应注意两点：一是要以客观现实为基础，使夸张具有真实感；二是要鲜明生动，能激起游客的共鸣。

5. **映衬**

映衬是把两个相关或相对的事物，或者同一事物的两个方面并列在一起，形成鲜明对比的修辞手法。在导游词中运用映衬的手法，可以增强表达效果，激发游客的兴趣。

譬如，“溶洞厅堂宽敞、长廊曲折，石笋耸立、钟乳倒悬，特别是洞中多暗流，时隐时现、时急时缓，水声时如蛟龙咆哮，令人惊心动魄；时如深夜鸣琴，令人心旷神怡。”

这里“宽敞”与“曲折”，“耸立”与“倒悬”，“隐”与“现”，“急”与“缓”，“蛟龙咆哮”与“深夜鸣琴”形成强烈的对比，更加深了游客对洞穴景观的印象。

6. **引用**

引用是指用一些现成的语句或材料（如名人名言、成语典故、诗词寓言等）作为根据来说明问题的一种修辞手法。在导游词中经常运用这种方法来增强语言的表达效果。引用包括明引、意引和暗引三种形式。

（1）明引　是指直接引用原话、原文。其特点是出处明确，说服力强。

譬如，“山西平遥古城作为世界文化遗产，它的特点是什么？联合国教科文组织给予高度总结：‘平遥古城是中国汉民族城市在明清时期的杰出范例，平遥古城保存了其所有特征，而且在中国历史的发展中为人们展示了一幅非同寻常的文化、社会、经济及宗教发展的完整画卷’。”

由于是联合国教科文组织的评价，引用后会给游客更强的信服感。

（2）意引　是指不直接引用原话、原文而只引用其主要意思。

譬如，“国内外洞穴专家考察后确认，湖北利川的腾龙洞不仅是中国目前已知最大的岩溶洞穴，而且是世界特级洞穴之一，极具旅游和科研价值。”

这里引用的专家对腾龙洞的评价虽不是原话，但同样具有较强的说服力。

学习笔记

（3）暗引　是指把别人的话语融入自己的话语中，而不注明出处。

譬如，“东坡赤壁的西面石壁更峻峭，就像刀劈的一样。留在壁面上的层层水迹，表明当年这儿确乎有过‘惊涛拍岸，卷起千堆雪’的雄奇景象。”

这里引用的苏轼《念奴娇·赤壁怀古》中的词句虽没有点明出处，但却是对赤壁景观最形象的描写和绝妙的概括，让游客听后产生遐想。

提示

导游在运用引用手法时，既要注意为我所用、恰到好处，不能断章取义，又要注意不可过多引用，更不能滥引。还要注意引用要准确。一方面是引经据典要准确，引用的内容与景观应有直接关系或内在联系，可以清楚有力地说明或论证旅游景观的名称、历史和由来，不能含糊其辞。另一方面是引用的数字要准确，数字是旅游景观中一项带有直观性介绍的内容，它涉及旅游客体的历史背景、生成年代、面积规模、尺寸规格等。

7. 双关

双关是利用词语同音或者多义条件，使一个语言片段同时兼有表、里两层意思，并以里层意思为表意重点。双关有谐音、谐义两种，在导游词中运用比较多的是谐音双关技巧。

譬如，“皇帝是了不起的‘爷们儿’，这中间的门也是了不起的‘爷门儿’。每当皇帝经过这午门时，都要敲响大钟、大鼓伴奏才行……”

这里的“爷们儿”和“爷门儿”就是谐音双关，将两个不同的词义连在一起，使人通过联想产生幽默感。

我国民俗文化内容异常丰富，各种用谐音双关手段表现的生活内容必然要反映在语言表达中。如果在导游词中巧妙地加以利用，不仅能够为表达增色，而且还能够将一些民俗知识巧妙地传达给游客，从而十分生动形象地反映当地的民俗风貌，给游客留下深刻的印象。

8. 示现

示现是把已经过去的事情、将要发生的事情或想象中的事情活灵活现地描述出来的修辞手法。示现一般有回忆、追述、预想、悬想等形式。

示现具有极强的表现力，回忆、追述是使过去的事情再现出来，如

学习笔记

在眼前，给人以身临其境的感觉；预想是将未来移至眼前，生动形象，给人以活灵活现的感受。不论是哪种示现，都使人“未见如见”“未闻如闻”，具有较强的艺术魅力与感染力。

导游词实例：南湖红船

最初中共一大的会议地点是在上海法租界李汉俊哥哥的寓所，党的一大前后共开了7次会议，举行到第六次时，突然有一个陌生男子闯进了会场。这个陌生男子的出现，引起了与会人员的高度警觉。中共国际代表马林立即宣布休会，代表们迅速分头离开。十几分钟后，法国巡捕赶来搜捕，结果扑了空。原来那个人是法租界巡捕房的一个暗探。当晚，代表们商量改换会议地点，当时提议到南湖的，是一大代表李达的夫人，浙江嘉兴人——王会悟。就这样，13个有外地口音的人，跳上了这条红色的游船。而王会悟女士当时就坐在船头，一边和船主闲聊，一边望风。13位代表则装作打麻将，继续开会。从上午九点到下午六点，中国共产党就在这样一次好像是文人雅聚的游赏中成立了！

（四）采用幽默风趣的述说

幽默风趣是导游词艺术性的重要体现，可使导游词锦上添花，可使游客欢笑，轻松愉快，使旅游气氛活跃，增强游客的游兴。

导游词实例：悬空寺三教殿

悬空寺三教殿

据雁北地方史有关专家统计，历史曾经有24个皇帝到过恒山一带，有13个皇帝曾亲自带兵在这里打过仗，仅大的战争就不下十次，那么为什么悬空寺却千年无毁且容颜依旧呢？让我们一起到悬空寺的最高处——三教殿，去寻找答案。殿内，中尊是佛教创始人释迦牟尼，左边是儒家学说代表孔子，右边是道教教圣老子，三个人都是丰臂润面，端坐莲台。但是如果你仔细观察他们的面部表情，就不难窥探到他们隐秘的内心世界，释迦牟尼对自己居中似乎认为理所应当，看上去泰然自若，悠然自得。是的，佛陀一生历劫成道，证悟出高深的思想智慧，成为三界的导师，四生的慈父，确实是功德巍巍。而我们的孔老夫子却一脸的不满

学习笔记

意，“我主张的儒家思想是东方文化的代表，直至今天仍安富尊荣，同天并老，现在，怎么能让你一个外国人居中呢?”与他同样屈居次坐的老子却神态安详，笑意盎然，一副与世无争的道家本色，认为世事难测，还是顺其自然吧。看来，他们的矛盾已结了1400年都没有头绪，我们局外人也就免开尊口吧，但佛、道、儒三教始祖同居一室世所罕见，这正是古人的聪明之处，历代统治者所信仰的不外乎这三种，因此不论怎样改朝换代，悬空寺都能迎合统治者的需要，因此它所受到的庇护是其他寺庙所不及的，正所谓“自古佛门多虔诚，暮鼓晨钟诵太平”。

这段导游词对于三教殿中的佛、道、儒三教始祖介绍得别出心裁、风趣幽默、含蓄深刻而又耐人寻味。在创作导游词时，非常值得我们借鉴。

? 想一想 你编撰的“家乡美”导游词是否具有趣味性？如果缺乏，从哪些方面进行修改？

三、提升导游词的品位

（一）强调思想品位

导游词是向国内外游客介绍我国壮丽的山河大地、勤劳的中国人民及其伟大创造；宣传古老中华文明和各地民族风情；还要宣传中国特色社会主义建设的伟大成就，以帮助国外游客更多地了解中国，帮助国内游客更好地认识祖国和人民，因此，弘扬爱国主义精神是导游义不容辞的责任。

导游词实例：长春伪满皇宫博物院

勤民殿中发生的这一出出的闹剧，究其原因还是因为那个时代我们羸弱的国家难以抵御帝国主义的侵略，而今天，我们的祖国锦绣河山，国泰民安，屹立于世界强国之林。建筑是凝固的历史，我们不能忘记这段屈辱的历史，但更为重要的是镜鉴，它激励我们更加热爱祖国，更加努力地建设国家。如今我们可以骄傲地说：壮哉，我泱泱华夏；壮哉，我悠悠中华！

学习笔记

（二）讲究文学品位

语言规范、文字准确、结构严谨、层次分明，是导游词的基本要求。在导游词中，适当地引经据典，恰当得体地引用一些著名诗词名句和名人警句等，更能为导游词增色添彩。

导游词实例：井冈山

井冈山，位于江西省西南部，地处湘赣两省交界的罗霄山脉中段，最高峰江西坳海拔1841米。这里群山巍峨，林海茫茫，更有云锦杜鹃，梯田风光。“四面重峦障，五溪曲水萦。红根已深植，今日正繁荣”，是今天井冈山的真实写照。

……

“犹记当时烽火里，九死一生如昨日。”如今战火硝烟虽已烟消云散，我们再也不需要像革命前辈那样经历枪林弹雨的考验，更不需要做出生与死的艰难抉择，但当年井冈山军民英勇顽强、不怕牺牲的井冈山精神值得我们永远铭记。

这篇井冈山的导游词开头和结尾都引用诗文，不仅能激起游客浓厚的兴趣，而且让游客深刻感受到井冈山的文化底蕴。

（三）体现“玩”的品位

现在人们“出门”以“玩”为主，享受“玩”的乐趣、追求“玩”的层次与品位。因此创作导游词时所选素材要紧扣中心思想，内容要“渐入佳境”，层层深入，扣人心弦。在知识的选取和“传授”上，要注意寓教于乐，“玩”中传播知识与文化。

导游词实例：趵突泉

趵突泉

听完泉，我们再来赏泉。究竟是怎样的喷涌才可以有如此浩大的声势呢？循着泉声望去，泉池中三窟迸发，水涌若轮，势如鼎沸。趵突泉，古称泺水，宋熙宁五年，文学家曾巩在《齐州二堂记》中史称趵突泉。“趵”是跳跃的样子，“突”是喷涌的声音，两字结合描绘了泉水奔腾不息的气势。

趵突泉泉水甘美，用以沏茶，色如琥珀，幽香袭人，极为爽口。想当年乾隆皇帝就在这望鹤亭茶社中临水静坐，品茗赏泉，

学习笔记

更留下了“不饮趵突水，空负济南游”之说。

朋友们，您是不是已经跃跃欲试，要来品一品乾隆皇帝的最爱了呢？尝一口泉水浸泡的茉莉花茶，细细品味，您会感受到自己的心灵也像那泉水一样澄澈。正如当代诗人孔孚先生所说：“掬一捧泉水，洗一洗眼睛——心也绿了”。

想一想 你编撰的“家乡美”导游词是否有品位？如果缺乏，从哪方面进行修改？

提示

在创作导游词时，要注意以下四个方面：一是传奇不传谣。导游词故事性强、富有传奇色彩，会让游客听得津津有味，但编造一些稀奇古怪、子虚乌有的故事，就会降低可信度，给人上当受骗之感。二是幽默而不油滑。幽默风趣的导游词，会让游客欢声笑语，创造出其乐融融的美好氛围，但如果为了博取游客的欢心，一味地为幽默而幽默，为笑话而笑话，为滑稽而滑稽，就会滑进油滑的泥潭。三是通俗而不庸俗。导游词应通俗易懂，追求口语化，但绝不能像白开水一样淡而无味，苍白肤浅，给人俗不可耐之感。四是有的放矢而不千篇一律。导游词不能以一代百、千篇一律，必须从实际出发，因人、因时而异，根据不同游客及当时情绪和周围的环境适当变换内容。

任务检测

扫描二维码检测任务学习情况。

项目实施

学习笔记

步骤一 选择要撰写导游词的自己家乡的景点景观或事物。

步骤二 查阅相关资料，收集相关素材，尽可能全面。

步骤三 对素材进行加工整理，确立主题。

步骤四 按照导游词的篇章结构，编撰“家乡美”导游词。

步骤五 对编写的导游词进行反复推敲，确保字词、内容准确，思路清晰、表达连贯，符合逻辑规律。

步骤六 对编撰的导游词再进行加工，使导游词口语化，并具有现场感。

步骤七 对导游词进行再创作，运用修辞手法进行润色。

步骤八 对导游词再进行主题升华，提升品位。

步骤九 将创作的导游词提交。

项目评价

按照导游词创作比赛的评分标准进行自评、学生互评和教师评价，并进行加权（权重由教师设置，参考权重设置：自评10%、学生互评30%、教师评价60%）计算，评选“家乡美”最佳导游词及一等奖、二等奖、三等奖（数量根据学生人数而设置），教师可根据实际情况给予适当物质和精神奖励。

项目	要求	分值	得分
主题	主题明确；所选主题有新内容、新见解、新材料、新角度；富有鲜明的时代精神；具有深刻的思想性、独特的创新性	30	
内容	内容充实、健康完整；准确切题、重点突出、主次分明；体现深厚文化内涵，能够借题发挥；具有一定的知识性、文学性和针对性	40	
结构	结构完整、层次分明；条理清晰、逻辑性强	10	
语言	行文流畅；语言生动形象、口语化；富有情感；有指示语，具有现场感，能从审美角度引导游客欣赏	20	
合计			

学习笔记

项目小结

导游词创作是导游讲解的基础，本项目引领我们学会创作导游词。首先要搜集整理创作导游词的有关素材，确立导游词的主题和切入点；然后在掌握导游词的谋篇布局和语言表达基本要求的基础上编撰符合规范的导游词；最后再根据自己的语言风格特点，在充分分析景观特色和价值的基础上，运用各种修辞手法，创作出具有个性化的实用导游词。

项目拓展

一、导游词再创作

针对不同的旅游团队，对完成的“家乡美”导游词进行再创作。旅游团队类型可选取以下一种：①政务考察团；②商务考察团；③亲子旅游团；④中学生研学团；⑤老年旅游团；⑥女性观光团；⑦作家采风团；⑧教师度假团。

二、导游讲解

对创作完成的“家乡美”导游词进行脱稿讲解练习。

项目检测

扫描二维码检测项目学习情况。

项目二　导游讲解技法运用

学习笔记

项目概述

“祖国山河美不美，全靠导游一张嘴”“看景不如听景”。这些话充分表明了导游讲解对于旅游活动的重要意义。导游讲解是导游以丰富多彩的社会生活和绚丽多姿的景观景物为题材，以兴趣爱好不同、审美情趣各异的游客为对象，对自己掌握的各类知识进行整理、加工和提炼，用简洁明快的语言进行的一种意境的再创造。

“只有不会讲解的导游，没有不听讲解的游客。”导游讲解技法决定着讲解的成败。导游只有根据游客的不同情况，灵活地运用导游语言表达技巧和导游讲解技法，提高导游讲解水平、增强讲解吸引力，才能使导游讲解内容生动而又富有生命力，真正让游客在旅游活动中获得知识和审美的享受，领略到旅游的乐趣。因此，导游必须做好导游讲解工作。

本项目分为把握导游讲解的原则和要求、学会导游讲解的语言表达技巧、运用导游讲解的常用方法和领会旅游景观的导游讲解技巧四项任务，具体内容如图2-2所示。

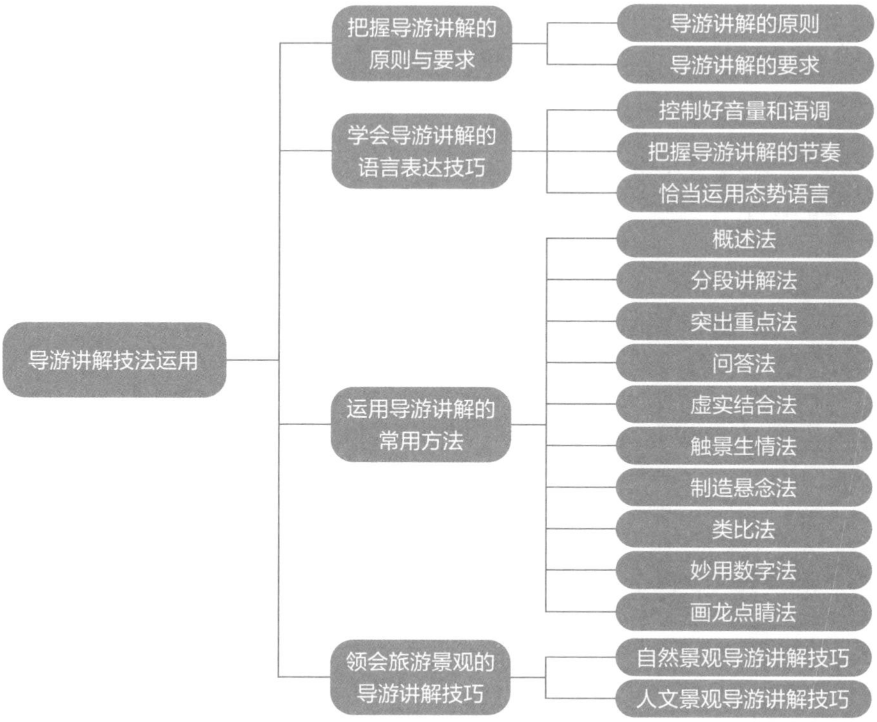

▲ 图2-2　导游讲解技法运用

学习笔记

项目任务

导游讲解比赛："我的家乡，我代言"。以自己家乡的旅游资源为素材，针对不同的旅游团队，进行导游讲解。具体要求如下。

（1）针对一种旅游团型，对"家乡美"导游词进行再创作。旅游团队类型从以下类型中选取一种：政务考察团；商务考察团；亲子旅游团；中学生研学团；老年旅游团；女性观光团；作家采风团；教师度假团。

（2）内容正确，尊重史实和现实，充分体现爱祖国、爱家乡、爱旅游的情感。

（3）以创作的导游词为基础，进行模拟导游讲解，时间不超过5分钟，不少于4分钟。

（4）制作辅助讲解的PPT，讲解内容与PPT基本同步，PPT不得人为添加文字、背景音乐和视频。

（5）讲解要紧扣团型和主题，条理清晰，逻辑通顺，结构合理，重点突出；语言流畅规范，肢体语言符合导游规范；导游讲解方法和技巧运用恰当，讲解富有感染力、亲和力和渗透力。

项目成果

"我的家乡，我代言"导游讲解视频展示。

学习目标

素质目标	知识目标	能力目标
1. 通过"我的家乡，我代言"导游讲解比赛，培养深厚的家国情怀和民族自豪感。 2. 通过对不同旅游团的导游讲解，树立社会责任感和服务意识。 3. 通过对导游讲解的反复修改和训练，培养精益求精的工匠精神和创新意识。	1. 遵循导游讲解的原则。 2. 把握导游讲解的要求。 3. 掌握导游语言表达技巧。 4. 掌握导游讲解常用方法。 5. 领会自然景观和人文景观的导游讲解技巧。	1. 根据不同的旅游团性质和特点，对导游词进行再创作。 2. 模仿优秀导游讲解范例，独立进行导游讲解，使之符合导游讲解的原则和要求。 3. 灵活运用导游语言表达技巧、导游讲解方法以及自然景观和人文景观导游讲解技巧，不断提高导游讲解水平，形成自己的导游讲解风格。 4. 按照导游讲解比赛的要求，对导游讲解进行评价。

学习笔记

案例导入

在一次去丽江的旅游中，组团社领导为了尊重游客，安排一名优秀导游做全陪服务，并交代“必要时可协助地陪做好讲解服务”。到丽江的头一天游览中，地陪的讲解实在太平凡，尤其是毫无表情，干巴巴的没有一点生趣。怎么办？全陪决定次日在玉龙雪山一线游中由自己做途中的讲解，以此给地陪一个示范。

头天晚上他先用文字的方式整理出讲稿，经修改试讲并在镜子前结合体态语言反复演练。次日，当团队开始出发，地陪介绍完当天的行程后，他走到车厢前面，从地陪手中接过麦克风，十分风趣而又谦虚地说：“大家都知道我姓马，因常到丽江，也算是一匹识途的老马，我这匹不成器的老马也想用自己的感受给大家介绍一下美丽的玉龙雪山”。在大家的欢迎声中，他以诗歌般的语言优美地开始讲解：“现在我们正向着玉龙雪山行进。美丽的玉龙雪山已渐渐屹立在我们眼前”，他深情地凝视着车窗外的雪山停顿一会儿，挥展手臂，继续道：“大家请看：这犹如玉龙腾空的雪山在今晨的碧空中，群峰如洗，闪烁着晶莹的银光，在欢迎着大家的到来。其实更多的时候，玉龙雪山似乎深奥莫测，它伟岸的身躯包裹在厚厚的云中，偶尔云雾上下俱开，白云横腰一围，另具一番风姿；即使在一天之中，玉龙雪山也是千变万化的。凌晨，山村尚在酣眠，而雪山却已早迎曙光，峰顶初上晨曦，朝霞映着雪峰，霞光雪光相互辉映；傍晚，夕阳西下，余晖洒在山顶，雪山像一位披着红纱巾的少女，亭亭玉立；月夜，星光闪烁、月光柔和，使雪山似躲进白纱帐中，渐渐进入甜蜜的梦乡……”他的讲解时而婉转，时而起伏，时而低沉，时而激扬，配合着自然的手势、深情的目光和丰富的表情，还有那富有哲理和风趣的措辞以及寓意引得团友们阵阵掌声，站在一边的地陪在发愣，心里琢磨着：这位导游靠什么把“讲解词”说得像诗歌那样迷人动听呢？

案例解读

导游讲解要获得良好的效果，除了掌握有关旅游景观的资料，创作出好的导游词之外，还需要运用好导游讲解技法。案例中的全

学习笔记

> 陪导游在地陪导游讲解无趣的情况下，自己创作导游讲解词，面对气象万千的玉龙雪山，用优美的语音、语调，并配合良好的手势、目光和表情，娓娓动听地向游客进行讲解，为游客指点迷津，使游客得到最大的满足，为地陪导游上了一节生动的导游讲解示范课。

案例思考

导游讲解如何能吸引游客？

任务 1　把握导游讲解的原则和要求

任务导入

有旅游团到你的家乡参观游览，请你为其导游讲解。旅游团队有以下类型：政务考察团；商务考察团；亲子旅游团；中学生研学团；老年旅游团；女性观光团；作家采风团；教师度假团。

（1）你可以选取其中一种旅游团型，对“家乡美”导游词进行再创作。

（2）熟练背诵导游词，进行“我的家乡，我代言”导游讲解，并录制视频。

任务思考

（1）针对不同类型的旅游团，如何进行导游词再创作？

（2）导游讲解应把握哪些原则和要求？

任务学习

导游讲解是导游的一种创造性的劳动，因而在导游实践中其方式方法可谓千差万别，但这并不意味着导游讲解可以随心所欲、异想天开。相反，要保证导游讲解的质量，无论导游采用何种讲解方式方法，都必须符合导游讲解的基本规律和要求，遵循导游讲解的基本原则。

一、导游讲解的原则

学习笔记

（一）客观性原则

隆兴寺
转轮藏阁

客观性是指导游讲解要以客观现实为依据，在客观现实的基础上进行意境的再创造。

客观现实是指独立于人的意识之外，又能为人的意识所反映的客观存在，它包括自然界的万事万物和人类社会的各种事物，这些客观存在的事物既有有形的，如自然景观和名胜古迹；也有无形的，如社会制度和旅游目的地居民对游客的态度等。在导游讲解中，导游无论采用什么方法或运用何种技巧，都必须以客观存在为依托，必须建立在自然界或人类社会某种客观现实的基础上，切忌无中生有，胡编乱造。

譬如，向游客介绍河南偃师二里头遗址宫城区，虽然游客看到的只是宫城城墙以及大型夯土基址、车辙、绿松石器及其制造作坊等遗存，但导游以此为基础来创造意境，通过讲解再现距今3850—3550年前“华夏第一都”的盛景，既让游客惊叹不已，又使游客感到真实可信。

（二）针对性原则

针对性是指导游从游客的实际情况出发，因人而异、有的放矢地进行导游讲解。游客来自四面八方，审美情趣各不相同，因此，导游要根据不同游客的具体情况，在讲解内容、语言运用、讲解方法上有所区别。通俗地说，就是要看人说话，投其所好，导游讲的正是游客希望知道的并感兴趣的内容。

譬如，带领建筑业的旅游团参观北京故宫和天坛的祈年殿，导游应多讲我国古建筑的特色、风格和设计方面的独到之处，甚至还要同他们交流有关建筑业方面的专业知识。如果是带领一般的游客参观这些地方，就应将重点转到讲述封建帝王的宫廷轶事和民间有关的传说。

（三）计划性原则

泰山无字碑、
玉皇顶

计划性是要求导游在特定的工作对象和时空条件下发挥主观能动性，科学地安排游客的活动日程，有计划地进行导游讲解。

1. 旅游团在目的地的活动日程和时间安排是计划性原则的中心

导游按计划带团进行每一天的旅游活动时，要特别注意科学地分配时间。如酒店至各参观游览点的距离及行车所需时间、出发时间、各条参观游览线所需时间、途中购物时间、午间就餐时间等。如果在时间安

学习笔记

排上缺乏计划性，就会出现“前松后紧”或“前紧后松”的被动局面，甚至有的活动被挤掉，影响计划的实施而导致游客的不满甚至投诉。

2. 计划性的另一个具体体现是每个参观游览点的导游方案

导游应根据游客的具体情况合理安排在景点内的活动时间，选择最佳游览线路，导游讲解内容也要做适当取舍。什么时间讲什么内容、什么地点讲什么内容以及重点介绍什么内容都应该有所计划，这样才能达到最佳的导游效果。

譬如，武汉黄鹤楼的讲解一般以一、三、五楼为重点，导游通过一楼大厅《白云黄鹤图》的壁画可向游客介绍黄鹤楼“因仙得名”的传说故事；通过三楼的陶板瓷画《人文荟萃图》向游客介绍历代文人墨客来黄鹤楼吟诗作赋的情景；通过五楼的大型壁画《江天浩瀚》的组画向游客介绍长江的古老文化和自然风光，也可引导游客登高望远，欣赏武汉三镇的秀丽景色。当然，如果游客对历史和古建筑有兴趣，导游也可以二楼为重点，为游客讲解《黄鹤楼记》，介绍历代黄鹤楼的模型和建筑特色。

（四）灵活性原则

灵活性是指导游讲解要因人而异、因时制宜、因地制宜。旅游活动往往受到天气、季节、交通以及游客情绪等因素的影响，我们所讲的最佳时间、最佳线路、最佳景点都是相对而言的，客观上的最佳条件缺乏，主观上完美导游艺术的运用就不可能有很好的导游效果。因此，导游在讲解时要根据游客的具体情况以及天气、季节的变化和时间的不同，灵活地运用导游知识，采用切合实际的导游内容和导游方法。

导游讲解以客观现实为依托，针对性、计划性和灵活性体现了导游活动的本质，也反映了导游方法的规律。导游应灵活运用这四个基本原则，自然而巧妙地将其融于导游讲解之中，这样才能不断提高自己的讲解水平。

导游讲解实例：游览金鞭溪

不同天气的金鞭溪

（晴天）今天真是个好天气，秋高气爽，阳光明媚。在这样的好天气之下，相信大家的心情也不错！带着这样一份好心情，让我们走进金鞭溪，领略一下“名山大川处处有，唯有金鞭奇上奇”的美丽风景吧!

（小雨）今天老天爷不太赏脸，有点儿小雨。可能他也在嫉妒

学习笔记

我们来到张家界这个美丽的人间仙境吧。这倒正好，这霏霏细雨就像轻纱一样，给金鞭溪这位美女更增添了一份妩媚。各位这次来得真是物超所值呀!

（大雨）好大的雨呀！各位可能有点儿担心这瓢泼大雨会不会影响我们欣赏金鞭溪美丽的风景呢？您尽管放一百个心，大家如果细心一点就会注意到，前面刚刚游完金鞭溪的游客身上淋湿的地方并不多。这就要归功于我们张家界98%以上的森林覆盖率了！正是这茂密的森林给我们撑起了一把巨伞，让我们就像作家李健吾所写的《雨中登泰山》一样，“有雨趣而无淋漓之苦”，去好好欣赏一下雨中的金鞭溪吧！

（雪天）各位今天一早起来就发现，张家界下了今年第一场雪。大雪虽然给我们的旅行带来了一定的影响，但也未尝不是一件好事。您知道张家界什么时候最美吗？对了！就是雪中的张家界最美。这可不是我瞎说，许多摄影师专门到冬天下大雪才来拍风景照片呢！不信的话，我们就亲自去体验一下雪后的金鞭溪是什么样子吧！

想一想　你的“我的家乡，我代言”导游讲解是否符合这些原则？如果不符合，请思考如何修改？

二、导游讲解的要求

（一）言之友好

导游在讲解时用词、声调、语气和态势语言都应该表现出友好的感情。“有朋自远方来，不亦乐乎”“能认识大家是我的荣幸”“很高兴与大家有缘在这里相识”等，都是表达友好的语言，作为友谊的载体，友好的语言可以使游客感到温暖。

（二）言之有物

导游讲解要有具体的指向，不能空洞无物。讲解资料应突出景观特点，简洁而充分。可以充分准备，细致讲解，不要东拉西扯，缺乏主题，缺乏思想，满嘴空话、套话。导游应把讲解内容最大限度地“物化”，使所要传递的知识深深地烙在游客的脑海中，实现旅游的最大价值。

岱庙东御座

学习笔记

（三）言之有据

导游讲解要有依据，不能没有根据而胡乱地讲解。对游客讲话、谈问题，对参观游览点的讲解，对外宣传都要从实际出发，要有根据。

（四）言之有理

导游讲解的内容、景点和事物等都要以事实为依据，要以理服人，不要言过其实和弄虚作假，更不要信口开河。那些不以事实为依据的讲解，一旦游客得知事实真相，即会感到自己受了嘲弄和欺骗，导游的形象在游客的心目中就会一落千丈。

（五）言之有趣

导游讲解要生动、形象、幽默和风趣，要使游客紧紧地以导游为核心，在听讲解的过程中，感受到一种美好的享受。需要指出的是，导游在讲解中的风趣和幽默，要自然、贴切，决不可牵强附会，不正确的比拟往往会伤害游客的自尊心，并对其他游客产生不良的影响，让其反感。

导游讲解实例：苏州西山石公山

苏州西山石公山

导游对游客这样描绘："朋友们，我们现在身在仙山妙境，请看，我们的背后是一片葱翠的丛林，面前是无边无垠的太湖。青山绕着湖水，湖水映着青山。山石伸进了湖面，湖水'咬'住了山石，头上有山，脚下有水。真是天外有天、山外有山、岛中有岛、湖中有湖，山如青龙伏水，水似碧海浮动。"这确是：茫茫三千顷，日夜浩青葱，骨立风云外，孤撑涛声中。

导游讲解实例：苏州西园五百罗汉堂

苏州西园五百罗汉堂

导游指着那尊"疯僧"塑像逗趣说："朋友们，这个疯和尚有个雅号叫'九不全'，就是说，有九样毛病：歪嘴、驼背、斗鸡眼、招风耳、癞痢头、跷脚、鸡胸、斜肩胛，外加一个歪鼻头。大家别看他相貌不完美，但残而不丑，从正面、左面、右面看，你会找到喜、怒、哀、乐等多种感觉。另外，那边还有五百罗汉，大家不妨去找找看，也许能发现酷似自己的'光辉形象'。"风趣的话，逗得游客哈哈大笑，游兴顿增。

学习笔记

（六）言之有神

导游讲解应尽量突出景观的文化内涵，使游客领略其内在的神韵。其讲解内容要经过综合性的提炼并形成一种艺术，让游客得到一种艺术享受。同时，导游要善于掌握游客的神情变化，分析哪些内容游客感兴趣，哪些内容游客不愿听，游客的眼神是否转移，游客是否有人打呵欠……对这些情况都需随时掌握，并及时调整所讲内容。

导游讲解实例：杭州六一泉

杭州六一泉

请大家随我到这边来看。在孤山南麓，与俞楼、西泠印社和楼外楼比邻，边上还矗立着画家潘天寿像的地方，就是我们这位千年老人“六一泉”之所在。这小小的六一泉，泉池不过2平方米，上面是依山而修筑的半个亭子，亭上匾额是苏轼亲题的“六一泉”三个大字。所以在常人眼里，静静隐在孤山脚下的这座老泉，好比西湖这个满汉全席中的一碟小菜，一点也不起眼。来往孤山与白堤的游人更少有知晓这里的，这片树林似乎将热闹的白堤孤山与这里隔绝成了两个世界。但是，大家可不要忘记，山不在高，有仙则灵，这眼泉水却是西湖诸景中最富传奇的长者。

（七）言之有力

泰山帝王封禅

导游在讲解时要正确掌握语音、语气和语调，既要有鲜明生动的语言，又要注意语言的音乐性和节奏感。此外，导游在讲解结尾时，语音要响亮，让游客有心理准备。

（八）言之有情

导游要善于通过自己的语言、表情、神态等传情达意。讲解时，应既充满激情和热情，又充满温情和友情，富含感情和人情的讲解更容易被游客接受。

（九）言之有喻

导游在讲解时要善于运用比喻的语言、用游客熟悉的事物，来介绍、比喻参观游览的事物，使游客对自己生疏的事物能很快地理解并产生亲切感。恰当地运用比喻手法，可以降低游客理解的难度，增加旅游审美中的形象和兴趣。

学习笔记

（十）言之有礼

导游讲解的用语和动作、行为要文雅、谦恭，让游客获得美的享受。

想一想 你的“我的家乡，我代言”导游讲解是否达到这些要求？如果未达到，请思考如何改进？

提示

导游在进行导游讲解时，要注意克服不良的讲解习惯。一是含混不清，讲解时切忌用“大概、好像、可能”之类的模糊语言，要使用准确、肯定的言辞，才能赢得游客的信任。二是啰嗦无趣，如果导游讲解反反复复、颠来倒去解释、说明，啰嗦的话会耗尽游客的耐心；还有的导游讲解故意用一些琐碎的话做铺垫，用不必要的旁征博引东拉西扯，结果要么言不及义，要么离题太远，使人感到啰嗦无趣。三是艰涩难懂，导游讲解如果用生涩的装饰语、倒装句、专用术语，或艰涩、冷僻的词语，以及故意引用一些古文诗词，又不做解释，故作高深，会导致游客听不进去，也无法理解消化。四是不良语言习惯，导游讲解时如果使用平时的口头禅，如“这个、那个、可能、嗯、差不多、结果呢、反正、嗯那”等，就会妨碍整个讲解内容的连贯性，游客听起来就会感觉很不舒服。

想一想 你的“我的家乡，我代言”导游讲解是否有这些不良的讲解习惯？如果有，请思考如何克服？

任务检测

扫描二维码检测任务学习情况。

任务 2　学会导游讲解的语言表达技巧

学习笔记

任务导入

在遵循导游讲解原则、达到导游讲解基本要求的基础上，再进行“我的家乡，我代言”导游讲解，并录制视频。

任务思考

（1）导游讲解如何具有亲和力？

（2）导游讲解如何吸引游客注意力？

任务学习

导游讲解是导游的基本功。在讲解时，导游不仅要有优美的语音、语调，还要配合恰当的手势、目光和表情，再加以娓娓动听的讲解，才能吸引游客的注意力，为游客指点迷津，使游客得到最大的满足。

一、控制好音量和语调

（一）音量大小适度

音量是指一个人讲话时声音的强弱程度。导游在进行导游讲解时要注意控制自己的音量，力求做到音量大小适度。

清东陵之慈禧陵

1. 音量的要求

导游讲话时音量的大小有两点要求。

（1）恰当、适度　声音当大则大，当小则小，当平则平。大，不可大到声嘶力竭的程度；小，不可小到别人没法听清的地步。

（2）顺畅、自然　音量不可没有根据地忽大忽小。生硬地变换音量，不仅听起来不自然、不舒服，还会引起误会。

总之，音量的大小变化是由思想情感决定的，而恰当的音量又会有助于思想感情的表达。

2. 音量的调节

一般来说，导游音量的大小应以每位游客都能听清为宜。但在游览过程中，音量大小往往会受到游客人数、讲解内容和所处环境的影响，导游应根据具体情况适当进行调节。

学习笔记

（1）当游客人数较多时，导游应适当调高音量，反之则应把音量调低一点。

（2）在室外嘈杂的环境中讲解，导游的音量应适当放大，而在室内宁静的环境中则应适当放小一些。

（3）对于导游讲解中的一些重要内容、关键性词语或要特别强调的信息，导游要加大音量，以提醒游客注意，加深游客的印象。

譬如，“明天早晨我们将于八点出发。请大家记住，【大声】八点出发。”

这里通过必要重复和提高音量强调了出发时间，以提醒游客注意。讲解时先故意压低嗓门，再放大音量，先抑后扬，可造成一种紧张气氛，增强感染力。

又如，“【轻声】这天晚上，天黑得不见五指，庙里静得出奇，【大声】突然，一阵电闪雷鸣划破夜空……”

这里音量的变化可让游客有身临其境的感觉。

提示

音量调节得当，能增强语言的表达效果，但要注意的是，音量调节要以讲解内容及情节的需要为基准，该大时大，该小时小，决不能无缘无故用高声、尖声或低声，否则便会令游客感到疲惫和厌恶。

（二）语调高低有序

语调是指一个人讲话的腔调，即讲话时语音的高低起伏和升降变化。语调一般分为升调、降调和直调三种，高低不同的语调往往伴随着人们不同的感情状态。

1. 升调

升调多用于表达兴奋、激动、惊叹、疑问等感情状态。

譬如，“大家快看，前面就是三峡工程建设工地！”（表示兴奋、激动）

又如，“你也知道我们湖北咸宁有个神秘的‘131’军事工程？”（表示惊叹、疑问）

2. 降调

降调多用于表达肯定、赞许、期待、同情等感情状态。

譬如，“我们明天早晨8点准时出发。”（表示肯定）

学习笔记

又如，“希望大家有机会再来我们厦门，再来鼓浪屿。”（表示期待）

3. **直调**

直调多用于表达庄严、稳重、平静等感情状态。

譬如，“这儿的人们都很友好。”（表示平静状态）

又如，“武汉红楼是中华民族推翻帝制、建立共和的历史里程碑。”（表示庄严、稳重）

语调有着十分重要的表达情感的作用，被称为“情感的晴雨表”。导游如果能根据讲解的具体内容对语调进行创造性的处理，使语调随着讲解内容的变化而呈现高潮、低潮的升降起伏，就会使讲解声情并茂。但是，在实地导游讲解中，也要注意避免因一味地追求“抑扬顿挫”而造成“诗歌朗诵式讲解”的倾向。

想一想 你的“家乡美”导游讲解音量和语调是否合适？如果不合适，请思考如何完善？

二、把握导游讲解的节奏

（一）语速快慢相宜

把握导游讲解的节奏

语速是指一个人讲话速度的快慢程度。导游在讲解或同游客谈话时，要力求做到徐疾有致、快慢相宜。如果语速过快，会使游客感到听起来很吃力，甚至跟不上导游的节奏，对讲解内容印象不深甚至遗忘；如果语速过慢，会使游客感到厌烦，注意力容易分散，导游讲解也不流畅；当然，导游如果一直用同一种语速往下讲，像背书一样，不仅缺乏感情色彩，而且沉闷乏味，令人昏昏欲睡。

在导游讲解中，较为理想的语速应控制在每分钟200字左右。当然，具体情况不同，语速也应适当调整。譬如，对中青年游客，导游讲解的速度可稍快些，而对老年游客则要适当放慢；对讲解中涉及的重要或要特别强调的内容，语速可以适当放慢一些，以加深游客的印象，如重要景观、年代、规模、人名、集合时间和地点等，而对那些不太重要的或众所周知的事情，则要适当加快讲解速度，以免浪费时间，令游客不快。

想一想 你的“我的家乡，我代言”导游讲解语速是否合适？如果不合适，请思考如何调整？

学习笔记

（二）停顿长短合理

隆兴寺铜铸大菩萨像

停顿是一个人讲话时语音的间歇或语流的暂时中断。这里所说的停顿不是讲话时的自然换气，而是语句之间、层次之间、段落之间的有意间歇。其目的是集中游客注意力，增强导游语言的节奏感。常用的停顿的类型主要有以下四种。

1. 语义停顿

语义停顿，是指导游根据语句的含义所做的停顿。一般来说，一句话说完要有较短的停顿，一个意思说完则要有较长的停顿。

譬如，泰山至今保护较好的古建筑群有22处，/总建筑面积达14万多平方米。//在古建筑群之间，/还有12处石坊、6座石桥、7座石亭、1座铜亭和1座铁塔。//泰山刻石有2200多处，/被誉为“中国摩崖刻石博物馆”，//这里有中国碑刻最早的刻石——/泰山秦刻石；/有珍贵的汉代张迁碑、衡方碑和晋孙夫人碑；/有被誉为“大字鼻祖”“榜书之宗”的北齐经石峪刻石；/有天下洋洋大观的唐玄宗《纪泰山铭》和唐代双束碑等。//

这里的/表示一个短停顿，而//则表示一个长停顿。有了这些长短不一的停顿，导游就把泰山的特点娓娓道来，游客听起来也比较自然。

2. 暗示省略停顿

暗示省略停顿，是指导游不直接表示肯定或否定，而是用停顿来暗示，让游客自己去判断。

譬如，“请看，江对面的那座山像不像一只巨龟？//黄鹤楼所在的这座山像不像一条长蛇？//这就是‘龟蛇锁大江’的自然奇观。//”

这里通过停顿让游客去思考、判断，从而留下深刻的印象。

3. 等待反应停顿

等待反应停顿，是指导游先说出令人感兴趣的话，然后故意停顿下来以激起游客的反应。

譬如，“每当慈禧用膳之时，太监们总要临时搭上两个餐案，将菜品一一摆好，其数量竟达128道之多。”这时导游故意停顿下来，看到游客惊疑、不可思议的神情，于是导游接着说：“她一顿哪里能吃这么多，只不过是为了炫耀其皇权和威风而已。”

这里，导游通过停顿，让游客有一个猜想的过程，当游客通过导游的讲解知道答案后，对答案的印象是极为深刻的。

学习笔记

4. 强调语气停顿

强调语气停顿，是指导游讲解时，每讲到重要的内容，为了加深游客内心的印象所做的停顿。

譬如，“我国园林专家们说，整个避暑山庄就是我国锦绣河山的缩影。专家们为什么会这样说呢？这个问题我还是请各位游览了避暑山庄之后再来回答。不过，我这里先给大家提个醒，/这原因与避暑山庄的地形有关。”//

讲到这里，故意把问题打住，然后带领游客游览，使游客在游览过程中联系这个问题进行思考。

想一想　你的“我的家乡，我代言”导游讲解停顿是否合理？如果不合理，请思考如何改进完善？

三、恰当运用态势语言

态势语言也称体态语言、人体语言或动作语言，它是通过人的表情、动作、姿态等来表达语义和传递信息的一种无声语言。这种态势语言常常在导游讲解时对口头语言起着辅助作用，有时甚至还能达到口头语言难以企及的效果。

（一）首语

首语是通过人的头部动作来表达语义和传递信息的一种态势语言，它包括点头和摇头。

一般来说，世界上大多数国家和地区都以点头表示肯定，以摇头表示否定。实际上，首语有更多的具体含义，如点头可以表示肯定、同意、承认、认可、满意、理解、顺从、感谢、应允、赞同、致意等。

另外，因民族习惯的差异，首语在有些国家和地区还有不同的含义，如印度、泰国等地某些少数民族奉行的是“点头不算摇头算”的规则，即同意对方意见用摇头来表示，不同意则用点头表示。因此在实际导游讲解服务中要注意游客的民族生活习惯，以免表达错误，引起不必要的误解。

（二）表情语

表情语是指通过眉、眼、耳、鼻、口及面部肌肉运动来表达情感和传递信息的一种态势语言。导游的面部表情要给游客一种平静、放松、自然的感觉，要尽量使自己的目光显得自然、诚挚；额头平滑不起皱纹；面部

岱庙登泰观海石刻

学习笔记

两侧笑肌略有收缩；下唇方肌和口轮肌处于自然放松的状态；嘴唇微闭。这样，才能使游客产生亲切感。

表情语有助于丰富讲解时的情感表达，如果导游讲解时神情漠然、麻木不仁，那么他只是一部“说话的机器”，即使他的言辞优美，也是无法打动游客的；同时，导游讲解时，面部表情要与口语所表达的情感同时产生并同时结束，即在时间上同步，表情时间过长或过短、稍前或稍后表达的效果都不太好。对导游来说，控制自己的面部表情要注意以下四点。

1. 灵敏

导游面部表情的变化要随着讲解内容的需要迅速表现出来。这对一般人而言，不会有太大的问题，但对导游来说，就有必要强调一下了。因为导游所讲解的内容可能已经无数遍地重复过了。在这种情况下，导游很可能会面无表情，甚至表情麻木，这样就会引起游客的不满，很难再与游客沟通了。

2. 鲜明

表情的鲜明是与敏感联系在一起的，先有了敏感的表情，进一步才是鲜明的表情。讲解的内容是明快的，就眉舒目展；是沉重的，就严肃凝重；是快乐的，就笑逐颜开；是郁闷的，就紧皱眉头等。

3. 真诚

导游讲解时的面部表情要表现出真情实感，要让游客感到导游的表情是真诚的，否则任何虚情假意或者做作的姿态都会引起游客的反感。

4. 有分寸

导游在讲解过程中的各种表情还要有分寸，要自然、合理、和谐，千万不能夸饰。

总之，导游的面部表情应随着具体讲解内容的需要或随着游客的反应而变化，与表达同步，要有真情实感。

譬如，导游讲到“悬空寺是恒山的骄傲，也是我们每个中国人的骄傲。它建于北魏后期，大约公元6世纪。牛顿力学尚需孕育上千年才能问世，而恒山人却半插飞梁，巧借岩石，在峭壁上创造了这一惊世之作，其智慧的火花是何等绚丽，胸中的气魄又是何等伟大！”

随着这段导游词的讲解，导游的脸上就应该流露出喜悦、自豪的神色，并且面部的这种表情也应伴随讲解内容同时产生并结束，这样，才会打动游客，引起游客的共鸣。

微笑是一种富有特殊魅力的面部表情，人们称之为“交际世界

学习笔记

语”。微笑可以美化人的形象，是导游良好修养和文雅气质的体现，是塑造良好形象必不可少的手段。

导游的微笑要给游客一种明朗、甜美的感觉。微笑时要使自己的眼轮肌放松，面部两侧笑肌收缩，口轮肌放松，嘴角含笑。嘴唇似闭非闭，以露出半牙为宜。这样才能使游客感到和蔼亲切。

想一想 你的“我的家乡，我代言”导游讲解表情是否自然合理？如果不合理，请思考如何改进完善？

（三）目光语

目光语是通过人与人之间的视线接触来传遍信息的一种态势语言。艺术大师达·芬奇说“眼睛是心灵的窗户”，意思是透过人的眼睛，可以看到他的内心情感。

孔庙金声玉振牌坊与棂星门

1. 目光语的构成

目光主要由瞳孔变化、目光接触的长度和目光接触的向度三个方面组成。

（1）瞳孔变化　瞳孔变化是指目光接触瞳孔的放大或缩小，一般来说，当一个人处在愉悦状态时，瞳孔就自然放大，目光有神。反之，当一个人处在沮丧状态时，则瞳孔自然缩小，目光暗淡。

（2）目光接触的长度　目光接触的长度是指目光接触时间的长短。导游一般连续注视游客的时间应在1～2秒钟，以免引起游客的反感和误解。

（3）目光接触的向度　目光接触的向度是指视线接触的方向。一般来说，目光接触的向度有三种。

仰视，即人的视线向上接触，表示“期待”“盼望”或“傲慢”等含义。

俯视，即人的视线向下接触，表示“爱护”“宽容”或“轻视”等含义。

正视，即人的视线平行接触，表示“理性”“平等”等含义。

导游常用的目光语应是“正视”，让游客从中感到自信、坦诚、亲切和友好。

2. 目光语的运用方法

导游讲解是导游与游客之间的一种面对面的交流。游客往往可以通过视觉交往从导游的一个微笑、一种眼神、一个动作、一种手势中加强对讲解内容的认识和理解。在导游讲解时，运用目光的方法很多，常用

学习笔记

的有以下四种。

（1）目光的联结　导游在讲解时，应用热情而又诚挚的目光看着游客。正如德国导游专家哈拉尔德·巴特尔所说的：导游的目光应该是“开诚布公的、对人表示关切的，是一种可以从中看出谅解和诚意的目光”。那种一直低头或望着毫不相干处，翻着眼睛只顾自己口若悬河的导游是无法与游客沟通的。

因此，导游应注意与游客目光的联结，切忌目光呆滞（无表情）、眼帘低垂（心不在焉）、目光向上（傲慢）、视而不见（轻视）和目光专注而无反应（轻佻）等不正确的目光联结方式。

（2）目光的移动　导游在讲解某一景物时，首先要用目光把游客的目光牵引过去，然后再及时收回目光，并继续投向游客。这种方法可使游客集中注意力，并使讲解内容与具体景物和谐统一，给游客留下深刻的印象。

（3）目光的分配　导游在讲解时，应注意自己的目光要统摄全部听讲解的游客，既可把视线落点放在最后边两端游客的头部，也可不时环顾周围的游客，但切忌只用目光注意面前的部分游客，使其他的游客感到自己被冷落，产生遗弃感。

（4）目光与讲解的统一　导游在讲解传说故事和逸闻趣事时，讲解内容中常常会出现甲、乙两人对话的场景，需要加以区别，导游应在说甲的话时把视线略微移向一方，在说乙的话时把视线略微移向另一方，这样可使游客产生一种逼真的临场感，犹如身临其境一般。

想一想　你的“我的家乡，我代言”导游讲解时的目光是否能统摄全部游客？如果没有，请思考如何改进？

（四）手势语

手势语是通过手的挥动及手指动作来传递信息的一种态势语言。

1. 手指语

手指语是一种较为复杂的伴随语言，是通过手指的各种动作来传递不同信息的手势语。由于文化传统和生活习俗的差异，在不同的国家、不同的民族中手指动作的话义也有较大区别，导游在工作中要根据游客所在国和民族的特点，选用恰当的手指语，以免引起误会和尴尬。

（1）竖起大拇指　在世界上许多国家包括中国都表示“好”，用来称赞对方高明、了不起、干得好。但在有些国家还有另外的意思，如在

学习笔记

韩国表示“首领”“部长”“队长”或“自己的父亲”；在日本表示“最高”“男人”或“您的父亲”；在美国、墨西哥、澳大利亚等国则表示“祈祷幸运”；在希腊表示叫对方“滚开”；在法国、英国、新西兰等国是请求“搭车”的意思。

（2）伸出食指　在新加坡表示“最重要”；在缅甸表示“拜托”“请求”；在美国表示“让对方稍等”；在澳大利亚则是“请再来一杯啤酒”的意思。

（3）伸出中指　在墨西哥表示“不满”；在法国表示“下流的行为”；在澳大利亚表示“侮辱”；在美国和新加坡则是“被激怒和极度的不愉快”的意思。

（4）伸出小指　在韩国表示“女朋友”“妻子”；在菲律宾表示“小个子”；在日本表示“恋人”“女人”；在印度和缅甸表示“要去厕所”；在美国和尼日利亚则是“打赌”的意思。

（5）伸出食指往下弯曲　在中国表示数字“9”；在墨西哥表示“钱”；在日本表示“偷窃”；在东南亚一带则是“死亡”的意思。

（6）用拇指与食指尖形成一个圆圈并手心向前　这是美国人爱用的“OK”手势；在中国表示数字“0”；在日本表示“金钱”；希腊人、巴西人和阿拉伯人用这个手势表示“诅咒”。

（7）伸出食指和中指构成英语“Victory”（胜利）的第一个字母“V”　西方人常用这个手势来预祝或庆祝胜利，但应注意把手心对着观众，如把手背对着观众做这一手势，则被视为下流的动作。

在导游服务中，导游要特别注意不能用手指指点游客，这在西方国家是很不礼貌的动作，如导游在清点人数时用食指来点数，就会引起游客的反感。

2. 讲解手势

在导游讲解中，手势不仅能强调或解释讲解的内容，而且还能生动地表达口头语言所无法表达的内容，使导游讲解生动形象，富有感染力。导游讲解中运用的手势主要有三种：情意手势、指示手势和象形手势。

导游讲解的手势

（1）情意手势　情意手势是用来表达导游讲解的情感的一种手势。

譬如，当讲解“我们中华民族伟大复兴的梦想一定能实现”时，用握拳的手有力地挥动一下。

这种情意手势既可以渲染气氛，又能够加强情感的表达。

学习笔记

（2）指示手势　指示手势是用来指示讲解的具体对象的一种手势。

譬如，当讲解老龙头澄海楼一楼的楹联：“日曜月华从太始，天容海色本澄清”。用指示手势来一字一字地加以说明。

这种指示手势便于游客准确欣赏导游讲解的内容。

导游讲解用得最多的是指示手势，指示手势要指引到位，要让感觉很舒服得体。用指示手势时，要用手掌，要求掌心向上，这样表示有诚意，尊重他人。具体要领为：

①手掌自然伸直，手指自然并拢，拇指稍稍自然分开，手腕伸直，使手与小臂呈一条直线；以肘部为轴伸出手臂，手臂轻微向一旁摆出，指尖朝向所要指引的方向。

②掌心向斜上方，手掌与水平呈45°；肘关节自然弯曲，大小臂的角度一般以140°为宜。

③当指示道路方向时，手的高度大约齐腰；当指示景观时，手的高度根据景观来定，一般是小臂、手臂和景观呈直线。

提示

特别要注意，指示手势幅度不宜过大，当要指示时，手臂轻微摆出即可，小臂与大臂有一定的角度，一般以140°以宜，切忌伸直。

（3）象形手势　象形手势是用来模拟讲解对象大小、形状等的一种手势。

譬如，当讲解“四川有座峨眉山，离天只有三尺三。”用手的模拟动作来形容峨眉山的高；当讲解“颐和园昆明湖的形状就像是一个寿桃，而万寿山的形状像一只蝙蝠，寓意就是福山寿海”时，用手的动作模拟寿桃和蝙蝠的形状。

这种象形手势有助于游客理解导游讲解的内容，增强导游讲解效果。

3. 手势运用的注意事项

导游讲解时，无论用何种手势，都要根据讲解内容而定，在手势运用上必须注意：一要简洁易懂；二要协调合拍；三要富于变化；四要节制使用，手势运用过多会破坏讲解的完整性；五要避免使用游客忌讳的手势。

学习笔记

提示

在导游讲解中，要避免使用这些手势：用手指着谈话伙伴——这意味着破坏了谈话双方的距离，是对对方的挑衅；手掌心向下——表示贬低对方；手掌贴在额头上——是对谈话对象的侮辱；把手贴在嘴上——表示无把握；摸头发或抓耳挠腮——表示不知所措；把手插进衣袋里——表示瞧不起对方，有时还包含着某种意图或威胁；用手摸脸——表示拒绝与疲惫。

想一想 你的“我的家乡，我代言”导游讲解的手势语运用是否恰当？如果不够恰当，请思考如何改进？

任务检测

扫描二维码检测任务学习情况。

任务3 运用导游讲解的常用方法

任务导入

综合运用导游讲解的常用方法，再进行“我的家乡，我代言”导游讲解，并录制视频。

任务思考

（1）导游讲解如何达到生动形象？

（2）导游讲解如何感染游客？

任务学习

导游在讲解时，要使自己成为游客的注意中心并将他们吸引在自己周围，就要善于针对不同的讲解内容，灵活运用导游讲解方法，或启发联想，或制造悬念，因势利导，增加讲解的生动性，感染游客，把游客带入美的意境。

学习笔记

一、概述法

导游讲解方法之概述法

概述法是导游就旅游城市或景区的地理、历史、社会、经济等情况向游客进行概括性的介绍，使其对即将参观游览的城市或景区有一个大致的了解和轮廓性认识的一种导游方法。概述法多用于导游接到旅游团后坐车驶往下榻酒店的首次沿途导游中，也适用于游览较大的景点之前，在入口处示意图前进行的讲解。概述法好比是交响乐中的序曲，能起到引导游客进入特定的旅游意境，初步领略游览的奥秘的作用。

导游讲解实例：颐和园概况

颐和园概况

颐和园位于北京西北郊，距市区10多千米，是我国保存最完整的皇家园林。它始建于1750年，当时的中国清朝正值盛世时期，执掌朝政的是清朝乾隆皇帝，他凭借自己对中国园林的理解和至高无上的权力，耗费大量国库银两，以“兴修水利和为母祝寿”之名，连续施工15年，建成了这座规模巨大的皇家御园“清漪园”。1860年，它与圆明园一起，被侵入北京的英法联军焚毁，1888年，慈禧皇太后又将其重建，并改名为“颐和园”。

颐和园主要由万寿山和昆明湖组成，占地面积290公顷，其中水面面积约占四分之三。园内有大小建筑3000套间，约7万平方米。园林布局分为三个部分，即朝政办公区、帝后生活区和风景游览区。

我们今天的游览线路是：从东宫门进，首先进入朝政办公区，然后绕过仁寿殿，游览帝后生活区。从乐寿堂西侧进长廊，到达排云门后上山，到佛香阁、智慧海，再从原路返回。不愿上山的，可在排云殿前等候。全团集合好后，再沿长廊西行，游览昆明湖，从南湖岛上岸，过十七孔桥，到新建宫门。

二、分段讲解法

导游讲解方法之分段讲解法

分段讲解法就是对那些规模较大、内容较丰富的景点，导游将其分为前后衔接的若干部分来逐段进行讲解的导游方法。

学习笔记

一般来说，导游可首先在前往景点的途中或在景点入口处的示意图前介绍景点概况（包括历史沿革、占地面积、主要景观名称、观赏价值等），使游客对即将游览的景点有个初步印象，达到“见树先见林”的效果。然后带团到景点按顺序进行游览，进行分段导游讲解。

采用分段讲解法的关键有两点：一是要善于把景区科学合理地划分为不同的部分，并设置相应的主题；二是要注意景点与景点之间的过渡，过渡一定要自然，在讲解这一部分的景物时注意不要过多涉及下一部分的景物，而是要在快结束时恰当合理地引出下一部分的内容，以使导游讲解环环相扣、景景相连，并引起游客的兴趣。

导游讲解实例：长江三峡分段讲解

长江三峡

乘船自西往东游览长江三峡，导游就可将其分为五个部分来讲解。

（1）在游船观景台上介绍长江三峡概况：“长江三峡是瞿塘峡、巫峡和西陵峡三段峡谷的总称，西起重庆奉节的白帝城，东至湖北宜昌的南津关，全长约193千米。峡谷两岸悬崖绝壁，奇峰林立，江流逶迤湍急，风光绮丽。瞿塘峡素以雄伟险峻著称，巫峡一向以幽深秀丽为特色，西陵峡过去则以滩多水急而闻名。这种山环水绕、峡深水急的自然风光是由历次造山运动，特别是‘燕山运动’使地壳上升、河流深切而形成的，是大自然的鬼斧神工留下的经典之作。它与峡谷沿岸众多的名胜古迹相互融合，使长江三峡成为闻名遐迩的中国十大风景名胜区之一，并被中外游客评为‘中国旅游胜地40佳’之首。”

（2）船进入瞿塘峡时，导游介绍“瞿塘峡是长江三峡第一峡，从重庆奉节的白帝城到巫山的大溪镇，全长约8千米，是长江三峡中最短也是最雄奇险峻的峡谷。瞿塘峡中，高达1300多米的赤甲山、白盐山耸峙峡口两岸，形成一陡峻的峡门，称为夔门，素有‘夔门天下雄’之称……”

（3）船过巫峡时，导游再讲解“巫峡是长江三峡的第二峡，从重庆巫山县大宁河口到湖北巴东县官渡口，绵延44千米。巫峡口的长江支流大宁河全长300多千米，著名的‘小三峡’就位于其中。‘放舟下巫峡，心在十二峰’，巫峡中景色最秀丽、神话传说最多的就是十二峰，其中最为挺拔秀丽的是神女峰，峰顶有一突

学习笔记

几石柱，恰似亭亭玉立的少女……”

（4）船到西陵峡时，导游进一步介绍“西陵峡为长江三峡的第三峡，西起湖北秭归县的香溪口，东至湖北宜昌的南津关，全长66千米，历来以滩多水急著称，西陵峡西段自西向东依次为兵书宝剑峡、牛肝马肺峡和崆岭峡三个峡谷；西陵峡东段由灯影峡和黄猫峡组成……”

（5）最后再向游客讲解举世闻名的三峡工程。

三、突出重点法

导游讲解方法之突出重点法

突出重点法就是在导游讲解中不面面俱到，而是突出某一方面的导游方法。一处景点，要讲解的内容很多，导游必须根据不同的时空条件和对象区别对待，有的放矢地做到轻重搭配、重点突出、详略得当、疏密有致。导游讲解时一般要突出以下四个方面。

（一）突出景点的独特之处

游客来到目的地旅游，要参观游览的景点很多，其中不乏一些与国内其他地方类似的景点。导游在讲解时必须讲清这些景点的特征及与众不同之处，尤其在同一次旅游活动中参观多处类似景观时，更要突出介绍其特征。

譬如，西岳华山虽不是五岳之首，但在五岳中却独具特色。首先，华山是五岳中海拔最高的山峰，其主峰南峰落雁峰海拔2154.9米。其次，华山以险而闻名于天下，其陡峭险峻位居五岳之首。常言道“自古华山一条路”，一路行过，必经千尺幢、百尺峡、老君犁沟、上天梯、苍龙岭、擦耳岩等绝险要道，不少地方真可谓是“一夫当关，万夫莫开”。另外，华山也是五岳中唯一为道教所独占的名山。导游在讲解时可突出华山在五岳中的这些独特之处。

（二）突出具有代表性的景观

游览规模大的景点，导游必须事先确定好重点景观。这些景观既要有自己的特征，又能概括全貌，实地参观游览时，导游应主要向游客讲解这些具有代表性的景观。譬如，去云冈石窟游览，主要是参观第五窟、第六窟及五华洞和昙曜五窟。如果把第六窟的艺术特色讲解透彻了，就可以使游客对云冈石窟的整体艺术特色有基本的了解。

导游讲解实例：沈阳故宫

沈阳故宫
凤凰楼

学习笔记

各位，现在我们看到的这座三层楼阁就是凤凰楼，它位于内廷的正前方，建于清太宗天聪年间，三滴水歇山式建筑。楼高18.31米，是清代盛京城中最高最漂亮的建筑，也是俯瞰全城的最佳处所。

凤凰楼共三层，第一层是走廊，第二层是宴会厅，第三层是书房。整个建筑面阔进深均为五间，周围有回廊。凤凰楼是皇家宴饮、歌舞、赏月的场所。在炎热的夏秋季节里，清太宗皇太极和后妃们经常在楼上消暑纳凉，召集诸王贝勒读书讲史。

请各位随我来，穿过一楼走廊，请大家抬头往上看，门洞上方悬挂着“紫气东来”金字匾额，是由乾隆皇帝亲笔题写的。“紫气东来”的典故，出自汉朝刘向的《列仙传》中老子过函谷关的故事。乾隆皇帝借用“紫气东来”寓意大清国力强盛的福气是从东方盛京而来，表达了对祖先创业之地的顶礼膜拜。

站在这里，我们可以看到凤凰楼位于沈阳故宫建筑群的中轴线上，建在3.8米高的青砖台基上，是整个宫殿建筑群的制高点。凤凰楼是帝后居住区的主要通道，在这里可以很容易看到沈阳故宫区别于北京故宫的三大特色。第一，北京故宫“殿高宫低”，北京故宫的三大殿——太和殿、中和殿和保和殿都建在高大的须弥座台基之上；而沈阳故宫是“宫高殿低”，帝后居住的寝宫建在高台之上，高于前朝的崇政殿，体现了满族的特色。第二，北京故宫的宫殿屋顶铺满了黄色琉璃瓦，俗称“一堂黄”；而沈阳故宫的宫殿屋顶则是黄琉璃瓦镶绿剪边，这与满族早期生活在北方的森林、绿色草原有着直接的渊源，是对绿色的眷恋不忘。第三个特色就是北京故宫的匾额书写方式是汉文在左，满文在右；而沈阳故宫匾额书写方式则恰恰相反，是满文在左，汉文在右，突出了清初时期满文的重要地位。

凤凰楼是沈阳故宫后宫的总门户。1643年，年仅6岁的福临走出永福宫，下凤凰楼高台的台阶，到崇政殿前登上龙辇，出大清门，到大政殿举行登基典礼，开始了做皇帝的生涯。第二年，清军入关，福临成为清王朝统治全国的第一个皇帝。清朝入关以后，历代皇帝东巡盛京时，都要登楼远眺，一览故都景色。

学习笔记

（三）突出游客感兴趣的内容

游客的兴趣爱好各不相同，但从事同一职业的人、文化层次相同的人往往有共同的爱好。导游在研究旅游团的资料时要注意游客的职业和文化层次，以便在游览时重点讲解旅游团内大多数成员感兴趣的内容。

譬如，在游览故宫时，如游客对中国古代建筑感兴趣，导游应重点介绍故宫的建筑物及其特征、建筑布局和建筑艺术，并将中国古代宫殿建筑与民间建筑乃至西方国家的宫殿建筑进行比较；如果游客对中国历史尤其是明、清的历史感兴趣，导游应重点讲解故宫的历史沿革和在故宫发生的重大事件，使游客从故宫的介绍中加深对明、清历史的了解。

（四）突出“……之最”

面对某一景点，导游可根据实际情况，介绍这是世界或中国最大（最长、最古老、最高，甚至可以说是最小）的……因为这也是在介绍景点的特征，很能引起游客的兴致。

譬如，三峡工程是世界上施工期最长、建筑规模最大的水利工程；三峡水电站是世界上最大的水电站；三峡工程泄洪闸是世界上泄洪能力最强的泄洪闸；三峡工程对外专用公路是国内工程项目最齐全的公路。这样的导游讲解突出了三峡工程的价值，使国内游客产生自豪感、外国游客产生敬佩感，从而留下深刻的印象。

提示

在使用“……之最”进行导游讲解时，必须实事求是，言之有据，绝不能杜撰，也不要张冠李戴。

四、问答法

问答法就是在导游讲解时，导游向游客提问题或启发他们提问题的导游方法。使用问答的目的是为了活跃游览气氛，激发游客的想象思维，促使游客和导游之间产生思想交流，使游客获得参与感或自我成就感的愉悦。

导游讲解方法之问答法

导游讲解实例：岳阳楼

各位，现在耸立在我们面前的便是江南三大名楼唯一保持原貌的岳阳楼了。岳阳楼的主楼高19.42米，分三层，大家可能不禁

学习笔记

要问，既然是天下名楼，为什么只建三层呢？其实这是取天时、地利、人和之意。大家抬头请看这些飞檐，一楼雕的是凤，二楼雕的是龙，三楼是祥云，这就是龙凤呈祥，这使得整个建筑更加精美而庄重。再往顶上看，大家觉得这个屋顶像什么呢，是不是像古代将军的头盔呀？对了，这就是盔顶，在中国建筑史上非常罕见。

岳阳楼

岳阳楼是没有打地基的，整栋建筑也没有一根铁钉和横梁，那么它是靠什么来承重呢？就让我们一起进入楼内一探究竟吧。

进入楼内，我们首先就看到了四根楠木大柱，秘密就藏在这里，就是这四根楠木大柱承负着全楼重量，从楼底直贯楼顶，再结合内外共24根柱子，顶起飞檐，彼此牵制，相互咬合，稳如磐石。可见岳阳楼的建筑在力学上的惊人成就。楼堂正中的这幅雕屏是岳阳楼的灵魂，它是由12块紫檀木拼起来的，是由清代书法家张照，也就是乾隆皇帝的书法老师所写的范仲淹的千古名篇《岳阳楼记》。它启迪人们不以物喜，不以己悲，昭示了先天下之忧而忧，后天下之乐而乐这一崇高的人生哲理。先忧后乐，掷地有声，它是我们中华民族优秀知识分子崇高人格与文化精华的积淀，滋养着一代又一代人的心灵。不过请大家睁大眼睛瞧仔细了，这样的雕屏岳阳楼内有两幅，其中一真一假，哪幅才是张大人的真迹呢？我们一起去二楼看看吧！

大家请看，这幅雕屏与一楼的有什么不同吗？仔细瞧瞧，对了，一楼的是黑底绿字，而这幅是金字！我们都知道金色是高贵、皇族的象征，所以啊，二楼的这一幅才是真迹。大家有没有发现整幅作品的字体不同呢？张照在书写时结合文章的情感变化用到了楷书、行书、行楷和草书四种书体，独具匠心，乃是传世精品。

导游运用问答法进行讲解时要根据不同的情况，有意识地创造一些情景，巧妙地提出问题。问答法包括自问自答法、我问客答法、客问我答法和客问客答法四种形式。

（一）自问自答法

导游自己提出问题，并做适当停顿，让游客猜想，但并不期待他们

学习笔记

回答，只是为了吸引他们的注意力，促使他们思考，激起兴趣，然后做简洁明了的回答或生动形象的介绍，还可以借题发挥，给游客留下深刻的印象。

（二）我问客答法

北京故宫概况

导游要善于提问，所提问题要问得恰当，估计游客不会一无所知，也要估计到会有不同答案。同时还要引导游客回答，但不要强迫他们回答，以免使游客感到尴尬。游客的回答不论对错，导游都不应打断，更不能笑话，而要给予鼓励。最后由导游讲解，并引出更多、更广的话题。

此外，导游提问的时机也要把握好。导游应该懂得，与游客在一起的时候提问不能太随便也不能没有目的，只有懂得把握时机，才能收到较好的效果。

一般来说，游客在静想和思考问题的时候，导游不宜打扰游客；游客在欣赏美景和节目的时候，导游不提与此无关的事情和问题。

（三）客问我答法

导游要善于调动游客的积极性和他们的想象思维，欢迎他们提问题。游客提出问题，说明他们对某一景物产生了兴趣，进入了审美角色。对他们提出的问题，即使是幼稚可笑的，导游也绝不能置若罔闻，千万不要笑话他们，更不能显示出不耐烦，而是要有选择地将回答和讲解有机结合起来。不过，对游客的提问，导游不要他们问什么就回答什么，一般只回答一些与景点有关的问题，注意不要让游客的提问冲击你的讲解，打乱你的安排。

在导游实践中，导游要学会认真倾听游客的提问，善于思考，掌握游客提问的一般规律，并总结出一套相应的“客问我答”的导游技巧，以求随时满足游客的好奇心。

（四）客问客答法

导游对游客提出的问题并不直截了当地回答，而是有意识地请其他游客来回答问题，也称“借花献佛法”。

导游在为“专业团”讲解专业性较强的内容时可运用此法，但前提是必须对游客的专业情况和声望有较深入的了解，并事先打好招呼，切忌安排不当，引起其他游客的不满。如果发现游客回答问题时所讲的内容有偏差或不足之处，导游也应见机行事，适当指出，但注意不要使其自尊心受到伤害。需要注意的是，这种导游方法不宜多用，以免游客对导游的能力产生怀疑，产生不信任感。

学习笔记

譬如，游览无锡蠡园时，导游让游客先看春、夏、秋、冬四个亭中的春亭，指着匾说：“春亭挂的匾额是‘翠滴’，表达了春天的形象，有特色。那么，夏、秋、冬三个亭子会用什么题匾呢？各位朋友是否能猜中？”一石激起千层浪，游客边猜边看，猜中的笑逐颜开，未猜中的纷纷敬佩题匾者的文笔之妙。

又如，有位导游带领游客游览杭州九溪十八涧时，对游客说：“这儿的路处处曲，路边的溪水叮咚响，远近的山峦绿葱葱。清代文人俞樾到这里时，诗兴大发，挥笔写道：‘重重叠叠山，曲曲环环路，叮叮咚咚泉……’前面已用了叠词，朋友们猜猜看，第四句写树时，俞樾用的什么叠词？”游客们议论纷纷，有的说“郁郁葱葱树”，有的说“大大小小树”，最后在导游的启发下猜出是“高高下下树”。大家都惊叹俞樾用词的精妙。这“高”和“下”贴切传神，写活了沿山而长的树林。

问答法主要用于四种情境：一是需要提请游客注意时，在讲解关键内容前先设问，引起游客关注，然后进行讲解；二是当游客精神萎靡时，通过问答法激励游客主动思考，使其振奋起来，以达到较好的观赏效果；三是景点之间的衔接，当讲解完某处景点后，通过提问进行过渡，顺势导入下一处景点；四是将大段的陈述改为问答（一般自问自答）可以增强讲解的生动性，提高吸引力。采用问答法讲解时要注意所提的问题应该独特新颖，能够抓住问题的本质，有一定的难度，有一定的知识性和趣味性，能够引起游客足够的关注。

五、虚实结合法

虚实结合法就是在导游讲解中将典故、传说与景物介绍有机结合，即编织故事情节的导游方法。

岱庙汉柏

所谓“实”是指景观的实体、实物、史实、艺术价值等，而“虚”则指与景观有关的民间传说、神话故事、趣闻逸事等。“虚”与“实”必须有机结合，但以“实”为主，以“虚”为辅，“虚”为“实”服务，以“虚”烘托情节，以“虚”加深“实”的存在，努力将无情的景物变成有情的讲解内容。

譬如，提起阿诗玛，人们就不由自主地想起云南石林风景名胜区内那块高约20米，仿佛头戴彩帽、身背篓筐的美丽少女的岩石，同时又会想起阿诗玛的动人故事：相传在很久很久以前，阿著底山上的撒尼人格路日明家有两兄妹，哥哥叫阿黑，妹妹就是聪明、勤劳又美丽的阿诗玛。一天，大财主热布巴拉见阿诗玛长得漂亮，顿生歹念，想娶回家……

学习笔记

在实地导游讲解中，导游一定要注意不能“为了讲故事而讲故事”，任何“虚”的内容都必须落到“实”处。导游在讲解时还应该注意选择“虚”的内容要“精”、要“活”。所谓“精”，就是所选传说故事是精华，与讲解的景观密切相关；所谓“活”，就是使用时要灵活，见景而用，即兴而发。

六、触景生情法

触景生情法就是在导游讲解中见物生情、借题发挥的一种导游方法。在导游讲解时，导游不能就事论事地介绍景物，而是要借题发挥，利用所见景物制造意境，引人入胜，使游客产生联想，从而领略其中之妙趣。

泰山南天门

导游讲解实例：上海新外滩

上海黄浦江畔的新外滩共有五条旅游线路，在您的左手边是被誉为“万国建筑博览”的建筑群和宽敞的中山路，在您的右手边是波光粼粼的黄浦江以及前程似锦的浦东陆家嘴金融贸易区，眼前是新颖独特的观光游览区。这建筑群、中山路、观光区、黄浦江、陆家嘴仿佛音乐谱中的五线谱，勤劳勇敢的上海人民则好似串串音符，正组成最新最美的乐章，欢迎着各位来宾的光临……

这段导游讲解十分精彩地叙述了上海一年一个样、三年大变样的高速发展，生动形象地描绘了新外滩宛如五线谱，使游客在这跳动的“音符”中深受感染，身临其“景”，景中怀情。

触景生情法要求导游讲解内容与所见景物和谐统一，使其情景交融，让游客感到景中有情，情中有景。

导游讲解实例：北京故宫太和殿广场

我们面前的这个广场是太和殿广场，面积达3万平方米。整个广场无一草一木，空旷宁静，给人以森严肃穆的感觉……举行大典时，全场鸦雀无声。皇帝登上宝座时，鼓乐齐鸣，文武大臣按

北京故宫太和殿广场

学习笔记

品级跪伏在广场，仰望着云中楼阁山呼万岁，以显示皇帝无上权威和尊严。

清朝末代皇帝溥仪在1908年年底登基时，年仅3岁，由他父亲摄政王载沣把他抱扶到宝座上。当大典开始时，突然鼓乐齐鸣，吓得小皇帝哭闹不止，嚷着要回家去。载沣急得满头大汗，只好哄着小皇帝说："别哭，别哭，快完了，快完了，快完了！"大臣们认为此话不吉祥，说来也巧，3年后清朝果真就灭亡了，从而结束了我国2000多年的封建统治。

触景生情贵在发挥，要自然、正确、切题地发挥。导游要通过生动形象的讲解、有趣而感人的语言，赋予死的景物以生命，注入情感，引导游客进入审美对象的特定意境，从而使他们获得更多的知识和美的感受。

七、制造悬念法

制造悬念法是指导游在导游讲解时提出令人感兴趣的话题，但故意引而不发，激起游客急于知道答案的欲望，使其产生悬念的导游方法，俗称"吊胃口""卖关子"。这种"先藏后露、欲扬先抑、引而不发"的手法，一旦"发（讲）"出来，会给游客留下特别深刻的印象。

导游讲解实例：湖北钟祥明显陵

湖北钟祥明显陵

导游在带领游客游览明显陵时，游客看到陵前的外明塘往往困惑不解，导游这样讲解："明塘是显陵的独特设置，不仅有外明塘，里面还有内明塘，那么显陵为什么要在陵前设置明塘呢？请大家边参观边思考，等到了明楼我再告诉大家答案。"这就给游客留下了一个悬念。

游客登上明楼后，导游再告诉游客："一方面，按风水理论：山为龙的骨肉，水为龙的气血，水有截止龙气流逝的作用。于陵前设置明塘，就满足了吉壤中穴对水的基本要求；另一方面，明塘含有龙珠喻义，如果说神道犹如一条旱龙，那么九曲河就好似一条水龙，两龙交汇于明塘，构成了双龙戏珠的奇特景观。"

学习笔记

制造悬念是导游讲解的重要手段，在活跃气氛、制造意境、激发游客游兴等方面往往能起到重要作用，所以导游都比较喜欢用这一手法。

导游讲解实例：苏州网师园月到风来亭

苏州网师园的月到风来亭，依水傍池，面东而立，亭后装一大镜，将对面的树石檐墙尽映其中。对这个亭子的介绍有两种方法，效果完全不同。

一位导游这样讲解："如果在晚上，当月亮从东墙上徐徐升起，另一个月亮也在水波中荡漾，这镜子安置得十分巧妙，从里面还可以看到一个月亮。"游客们看了看镜子，并未引起多大兴趣。

另一位导游将游客带到亭中，这样讲解："当月亮升起的时候，在这里可以看到三个月亮。"他微笑着，望着游客，并没有立即往下讲。游客们好生奇怪，都以为是听错了或是导游讲错了，最多只有两个月亮：天上一个，水池里一个，怎么可能会有第三个呢？大家的脸上都露出了迷惑不解的表情。这时，导游才点出：天上、池中，还有镜里共有三个月亮，大家才恍然大悟，在响起一阵掌声、叫好声之后，也更领悟到镜子安置之巧妙，印象特别深刻。

同是一地，前者介绍虽很热情，也富有诗意，但因是平铺直叙，听者不以为然；而后者虽用词简朴，却能做到出其不意，异峰突起，引起了游客的注意、思考、怀疑和猜测，兴趣顿起。后者的成功之处，还在于掌握了游客的心理，不是一下子把话讲完，而是留有余地，让大家去体验、回味，然后由自己做出补充，因此效果尤佳。

八、类比法

类比法就是在导游讲解中同物对比，以熟喻生，以达到类比旁通的一种导游方法。导游用游客熟悉的事物与眼前景物进行比较，既便于游客理解，又使他们感到亲切，从而达到事半功倍的导游效果。类比法可分为以下两种。

正定古城
著名景观

（一）同类相似类比

同类相似类比是将相似的两个事物进行比较，便于游客理解并使其产生亲切感。

学习笔记

譬如，将北京的王府井比作日本东京的银座、美国纽约的第五大街；将上海的城隍庙比作日本东京的浅草；参观苏州时，将其称作“东方威尼斯”；讲到梁山伯和祝英台的故事时，可以将其称为“中国的罗密欧和朱丽叶”等。

（二）同类相异类比

同类相异类比是将两种同类但有明显差异的风物进行比较，比出规模、质量、风格、水平、价值等方面的不同，以加深游客的印象。

导游讲解实例：楚文化与古希腊文化

楚文化与古希腊文化

在世界范围内，从公元前6世纪到公元前3世纪的300年间，东西方文化竞相争辉。我们完全可以把楚文化与同时期的古希腊文化并列为世界文明的代表。

楚国的青铜冶炼、铸铁、丝绸、漆器早于古希腊，许多科学技术处于领先地位。在音乐艺术方面，楚人也在古希腊人之上。在哲学方面，二者各有所长。中国传统哲学的重要根基在老子和庄子，而老子和庄子都是楚国人。1993年，湖北荆门出土的竹简本《老子》甲、乙、丙三种，受到国际汉学界的高度关注。在国家政体建设、货币制度方面，楚国则比古希腊更为完善。古希腊人在理论科学、造船航海、体育竞技、写实艺术、建筑技术等方面要比楚人擅长。可以这么说，楚文化和古希腊文化从不同方向登上了世界古文明的光辉殿堂。

要正确、熟练地使用类比法，要求导游掌握丰富的知识，熟悉客源国（地），对相比较的事物有比较深刻的了解。面对来自不同国家和地区的游客，要将他们知道的风物与眼前的景物相比较，切忌做不相宜的比较。

九、妙用数字法

导游讲解方法之妙用数字法

妙用数字法就是在导游讲解中巧妙地运用数字来说明景观内容，以促使游客更好地理解的一种导游方法。导游讲解中离不开数字，因为数字是帮助导游精确地说明景物的历史、年代、形状、大小、角度、功能、特性等方面内容的重要手段之一，但是使用数字必须恰当、得法，如果运用得当，就会使平淡的数字发出光彩；否则会令人产生索然寡味的感觉。

学习笔记

运用数字忌讳平铺直叙，大量的枯燥数字会使游客厌烦。所以使用数字要讲究“妙用”。

譬如，当导游向游客介绍北京故宫的建筑年代时，如果介绍它建成于明永乐十八年，对国内游客来说，说到明朝，大家心里还明白，至于永乐十八年可能就不那么清楚了。若是外国游客，可能连明朝是什么朝代都不知道，更不用说永乐十八年了。这时，导游若把它换算成游客所熟悉的数字，游客便会心领神会。如对法国游客讲解时，将其换算成公历年（1420年）后，再加上一句“比巴黎凡尔赛宫建成早269年”。效果便大不相同。

在实地导游中，导游常用数字换算来帮助游客了解景观内容。导游运用数学分析可以更准确地说明景观内容。导游还可以通过数字来暗喻中国传统文化。

导游讲解实例：天坛祈年殿柱子

大家请看，祈年殿殿内的这28根柱子，据说也是按照天象建立起来的。其中内围的四根“龙井柱”象征一年四季春、夏、秋、冬；中围的十二根“金柱”象征一年十二个月；外围的十二根“檐柱”象征一天十二个时辰。中层和外层相加的二十四根，象征一年二十四个节气。三层总共二十八根象征天上二十八星宿。再加上柱顶端的八根铜柱，总共三十六根，则象征三十六天罡。

十、画龙点睛法

岱庙概况

画龙点睛法是指导游用凝练的词句概括所游览景点的独特之处，给游客留下突出印象的导游方法。游客听了导游讲解，观赏了景观，既看到了“林”，又欣赏了“树”，一般都会有一番议论。导游可趁机给予适当的总结，以简练的语言，甚至几个字，点出景物精华之所在，帮助游客进一步领略其奥妙，获得更多更高的精神享受。

譬如，游客游览云南后，导游可用“美丽、富饶、古老、神奇”来赞美云南风光；参观南京后，可用“古、大、重、绿”四个字来描绘南京风光特色；总结青岛风光特色可用“蓝天、绿树、红瓦、金沙、碧海”五种景观来概括。

又如，游览颐和园后，游客可能会对中国的园林大加赞赏。这时

学习笔记

导游可指出，中国古代园林的造园艺术可用“抑、透、添、夹、对、借、障、框、漏”九个字概括，并帮助游客回忆在颐和园中所见到的相应景观。

导游讲解常用的方法技巧还有很多，如点面结合法、引人入胜法、启示联想法、谜语竞猜法、知识渗透法等，它们都是导游在工作实践中提炼、总结出来的。在具体工作中，各种导游方法和技巧都不是孤立的，而是相互依存、相互联系的。导游在学习众家之长的同时，还应结合自己的特点融会贯通，在实践中形成自己的导游风格和导游方法，并视具体的时空条件和对象，灵活、熟练地运用，这样才能获得良好的导游效果。

想一想 你的“我的家乡，我代言”导游讲解运用了哪些导游讲解方法，如果方法比较单一，请思考如何在你的讲解中灵活运用这些方法？

任务检测

扫描二维码检测任务学习情况。

任务 4 领会旅游景观的导游讲解技巧

任务导入

灵活运用导游讲解方法和导游语言表达技巧，再进行“我的家乡，我代言”导游讲解，并录制视频。

任务思考

（1）针对自然景观和人文景观，如何进行导游讲解？

（2）导游讲解如何具有渗透力？

任务学习

参观游览是旅游活动的核心内容，是导游服务，特别是导游讲解服务的核心。景观是游客观赏审美的主要内容，带领游客观景赏景，向游客讲解科学知识、传播文化精髓、引导游客娱乐与休闲是导游员的核心任务。

学习笔记

一、自然景观导游讲解技巧

自然景观导游讲解技巧

自然景观是由自然地理要素（包括土壤、植被、地貌、气候等）为主体构景要素，这些要素巧妙组合，构成了千变万化的景象和环境，游客们称其为自然风景，这种“风景”具有美学和科学价值，具有旅游吸引功能和游览观赏价值。自然景观包括地质构造景观、山石景观、水体景观、生物景观、天象景观、气象景观等，游客在旅游活动中，通过其视觉、听觉、嗅觉、味觉、触觉、联想等，通过理念的感知和综合分析，从而产生美感并获得精神和物质上的享受。因此，要做好自然景观导游讲解，满足游客审美的需要。

导游讲解实例：神农溪

神农溪

游客朋友们，大家好！非常高兴为大家提供导游讲解服务，相信我们会有一段美好而难忘的神农溪之旅。

神农溪全长60千米，沿途接纳60条溪涧，8处百米瀑布。沿途的两个小山村将20千米的地段分为绵竹峡、鹦鹉峡、神农峡和龙昌峡。整个景区的风光特色可以用三个“神”来概括：神秘的悬棺葬、神奇的纤夫文化和令人神往的自然风光。

我们现在所处地的峡段就是龙昌峡，全长5.7千米，两岸山峰对峙，我们从宽度来看，平均宽度不足20米；从山峰的陡峭程度来看，大多呈80°～90°。因此，龙昌峡以“雄”著称。放眼望去，青山绿水迂回曲折的峡谷在我们面前构成了一幅令人神往的美丽画卷。

现在，大家向我手指的方向看，大约在50米高的峭壁上有悬棺一座，这是土家族的祖先巴人的一种葬仪，又称洞葬、拾骨葬和洗骨葬，距今已经有4000多年的历史了。这种葬俗一是源于土家人“葬至高则孝至纯”的思想，二是为了防止逝者受到人和虫兽的伤害，让逝者能够永远安息。说到这里，相信大家肯定会有一个疑问：那时候的巴人究竟用什么方式将棺木放到如此陡峭的峭壁上的呢？这个啊，就需要大家展开丰富的联想了，因为至今这依旧是神农溪的千古之谜。

好了，游客朋友们，我们经过了以秀著称的鹦鹉峡后，现在就来到了神农溪的最后一个峡段——神农峡。在这个峡段我们将

学习笔记

感受神奇的纤夫文化。

大家请看前方正在拉纤的纤夫们。首先看到他们拉的扁舟，这个又称“豌豆角”，是最古老的水上运载工具。现在纤夫们正在下水，所以，大家可以看到他们采用的是倒拉纤，来限制速度。那上水的时候就全靠六名纤夫合力拉纤。纤夫们团结一致，逆流而上的精神不仅在古代征服了自然，更在今天征服了每一位游客的心。16年前纯真的日本少女，在看到充满阳刚之力的纤夫后，心生爱慕之意，冲破了地域和文化的限制，和古朴的纤夫谱写了一曲动人的神农溪之恋。唯美空灵的峡谷、空谷回荡的号子声让我们每一个人置身于人与自然完美结合的神奇当中。

好了，游客朋友们，今天的神农溪之旅马上要结束了。在结束之前呢，我要告诉大家，我们每一个人在游览神农溪的过程中，都悄悄地带走了两样东西，还不经意地留下了一样东西。那这是什么呢？其实我们每个人带走的是神农溪神奇绚丽的峡谷风光和纤夫们团结一心的力量，留下的则是对古代巴人生活的一份思考和探索。而神农溪也期待着更多的人来揭开它神秘的面纱！

神农溪的这段导游讲解，仿佛身临其境，让游客感受到了神农溪的神奇与美丽。

要做好自然景观的导游讲解，就要掌握游客观赏自然景观的规律，把握好自然景观导游讲解技巧，用自己的语言为游客进行讲解。

（一）抓住自然景观的特点

自然景观的导游讲解，最重要的就是要抓住景观的核心，也就是景观的特点。

神农溪的这段导游讲解就是抓住了神农溪景观“神”的特征，从神秘的悬棺葬、神奇的纤夫文化和令人神往的自然风光三个方面进行讲解。

（二）抓住自然景观的美学要素

自然景观的导游讲解，还要抓住自然景观的美学要素，引导游客观察，引导游客审美。自然景观的美，包括视觉美、听觉美、嗅觉美、味觉美等，能给人感官上的愉悦、心理上惬意的感受。在讲解时要全面调动自己和游客的各种感觉器官，启发游客产生联想，进而获得精神上的享受。

学习笔记

神农溪的这段导游讲解，抓住了龙昌峡的“雄”和鹦鹉峡的“秀”的视觉美，引导游客“审读”神农溪景观的神奇绚丽之美。

（三）抓住自然景观的文化内涵

自然景观的导游讲解，还要抓住它所包含的文化内涵，通过具体的物象和意境表现出的一定文化思想，并与中国传统文化相结合，引导游客赏析自然景观的文化美。

神农溪的这段导游讲解，抓住了“神秘的悬棺葬”和“神奇的纤夫文化”，引导游客“品读”神农溪景观的文化之美。

（四）抓住自然景观的象征意义

自然景观的导游讲解，还要抓住它所包含的象征意义，引导游客赏析自然景观的象征美。象征是一种寓意或隐喻，如莲花象征高洁，竹子象征刚直、虚心，苍松象征刚强、长寿等。象征美主要体现在景物自身的寓意上，它向审美者暗示景物本身以外的某一较大的、普遍的意义，因此它处在自然景观美的最深层次上。

神农溪的这段导游讲解，抓住了“纤夫文化”所体现出的“阳刚之美”和“团结一致，逆流而上”的精神，引导游客“享受”神农溪景观的象征美。

导游讲解实例：白石山红桦林

白石山红桦林

白石山除了“北方第一名山”这样一个美誉之外，为世人所知的还有一个十分著名的别称“北方享誉盛名的爱情圣山”。大家知道为什么吗？一会儿我们就会知道答案了。

各位，我们现在走的这条路就是白石山的著名爱情漫步景观大道。大家请看，道路两侧是漫山遍野的红桦树，红桦树枝干挺拔修长，树皮深红，翠盖遮天，看上去十分儒雅高贵，有如红妆出浴。红桦树是一种濒临灭绝的古树种，在哈萨克斯坦已被列为珍宝树种，所以极其罕见。在海拔1600～2000米的白石山上，生长着万亩的红桦林，这得益于白石山得天独厚的自然条件。白石山属于暖温带半湿润季风气候，山中降水丰富，海拔高，昼夜温差大，植物生长迅速，再加上特殊的海拔和地理位置，红桦叶会随着时间的推移变化，红、黄、绿等色彩交替变换，因而使得生长在这里的红桦林极具观赏价值。

学习笔记

走进秋天的白石山红桦林，秋风袭来，枝叶婆娑，叶子随风飘落，踏着满地金黄的桦叶，仿佛置身于童话王国之中。红桦树枝干挺拔，树皮深红，象征着爱情火热而圣洁，自古以来就被称为“爱情树”。红桦的树皮薄如纸，古人还用来写情书。据说，有情人在树下围树牵手，定下终身，便可以得到白石山爱情守护神的美好庇佑，情定终身百年好合。这万亩红桦林，就是我们白石山爱情圣地名号的典型代表。我们走进这红桦林，踏着满地金黄的桦叶，一定会感受到刘禹锡《秋词》中“自古逢秋悲寂寥，我言秋日胜春朝”的美丽意境。

二、人文景观导游讲解技巧

人文景观导游讲解技巧

人文景观是人类对社会发展过程所创造的文化产品的美感展现，包括历史遗迹景观、宗教景观、园林景观、建筑景观、社会风情以及现代产业景观等，在内容、形式、结构、格调等方面都具有历史特点，同时还表现出明显的地域性和民族性。中国的人文景观是一道绚丽的风景，以其多姿多彩的造型、宏伟有序的布局、神秘奥妙的物象，展示人类活动的大千世界，给游客带来美的享受。因此在人文景观的讲解中，除了对其外在形象进行讲解外，更重要的是对其文化内涵、历史价值等内在因素进行准确而深刻的讲解。

人文景观中包含着博大精深的文化内涵，要做好人文景观的导游讲解，就要把握人文景观导游讲解要领，将景观中所包含的、游客不能直观看到的内容，通过不同的导游讲解方法，传递给游客。

导游讲解实例：黄鹤楼

“黄鹤楼中吹玉笛，江城五月落梅花。”游客朋友们，大家好！欢迎大家来到享有“天下江山第一楼”美誉的黄鹤楼，非常高兴为大家提供导游讲解服务，陪同大家一起登上黄鹤楼。

黄鹤楼始建于三国时期，是孙权为实现“以武治国而昌”修建的军事楼，至今已经有1800年的历史了，在这期间，屡毁屡建，不绝于世。

现在展现在我们眼前的黄鹤楼，是1981年破土重修、1985年

学习笔记

落成的，以清代同治楼为蓝本，平面为四边套八边形，谓之“四面八方”，整个楼高51.4米，采用的是钢筋混凝土仿木结构框架。《人民日报》刊发了《中国建筑要有文化自信》的评论，再次将中国传统建筑之美展现在国人面前。您看，眼前的黄鹤楼，72根大柱拔地而起，60个翘脚层层凌空，五层飞檐斗拱，攒尖楼顶，金色琉璃瓦屋面，富丽堂皇，尽显中国古典建筑之美。让我们一起走进黄鹤楼，来领略黄鹤楼的建筑文化吧！

刚刚欣赏了一楼大厅的《白云黄鹤图》，领略了黄鹤楼因仙得名的神话。现在我们一起登上黄鹤楼二楼，去欣赏唐、宋、元、明、清及现代六个时期的黄鹤楼模型。

大家请看，左边的第一个模型就是唐代黄鹤楼，它主要是根据唐朝阎伯理《黄鹤楼记》中的记载而复原的，这座楼阁规模宏大，巍然耸立于长江之滨，讲究中轴对称，已经从军事楼向观赏楼过渡了。

接着，我们看到的这个庭院式的建筑群体，就是宋代的黄鹤楼了，它以清新雅致为风格，主要由楼、台、轩、廊组合而成，屋顶的瓦面由绿色改为黄色，是“皇权至上”的象征。

第三个模型是元代的黄鹤楼，它以奇特著称，左边的主楼是南方楼阁的形制，保留了宋楼是十字脊歇山顶的设计，并由单层改为双层重檐，再现了“重檐为尊”这一说法。右边是一座具有北方特色的观景台，中间有一道旱桥连接，从整体设计来看，南北文化相交融，表达了元代统治者希望南北人民和平共处的愿望。

右手边的这个模型是明代的黄鹤楼，它外形虽小，但建筑群的布置更为成熟。大家请看，它增加了长廊、亭、台、轩、牌坊等附属建筑，并且与高大雄伟的主建筑相结合，既不失北方园林的雄浑，又显现江南园林的秀美。

眼前的这座是清代的黄鹤楼，是历代黄鹤楼中最具特色的一座了。清同治年间，清王朝内忧外患，为了安定民心，清政府耗费大量的物资和人力建造了这座楼阁。因此，清代的黄鹤楼在楼阁的建筑上非常讲究，楼体分三层，以应天、地、人三才；第一层的十二个角，对应一天的十二个时辰，第二层的十二个角，对应一年的十二个月，而顶层的二十八个角，则对应天上的二十八

学习笔记

星宿，表达了神圣庄严的礼制思想。

好了，游客朋友们，参观完二楼的黄鹤楼模型，您是否领略到了中国传统建筑之美呢？那么接下来，让我们更上一层楼，去领略黄鹤楼的“人文荟萃”吧！

（一）抓住人文景观的核心特征，突出其重要特性

人文景观的导游讲解，最重要的就是要抓住景观的核心特征，突出其重要特性进行讲解。

黄鹤楼的这段导游讲解就是抓住了“天下江山第一楼”的特征，突出讲解了黄鹤楼从军事楼向观赏楼转变，从屡毁屡建，不绝于世的历史发展脉络进行讲解，让游客深刻感受到黄鹤楼作为中国古建筑的典型代表带给我们的文化自信。

（二）抓住人文景观的时代特征，突出其文化内涵

人文景观与自然景观相比，最大的特点之一就是文化内涵的延伸性。自然景观往往可以直观赏析，但人文景观却不能。因此对人文景观的导游讲解，关键是要抓其时代特征，突出文化内涵，要深入浅出，合理组织语言，引导游客赏析其人文之美。

黄鹤楼的这段导游讲解，从黄鹤楼的历史发展，通过讲解唐、宋、元、明、清五个朝代的黄鹤楼模型，抓住每个时代黄鹤楼的建筑特征，突出了黄鹤楼所承载的文化内涵，使游客领略到了黄鹤楼的建筑文化。

（三）抓住人文景观的审美要素，突出其思想特征

人文景观具有特殊的协调美、统一美、艺术美和创造美。因此人文景观的导游讲解，还要抓住其审美要素，突出思想特征，客观地介绍历史，并恰当地结合现实，巧妙借题发挥，将人文景观所蕴含的思想价值展现给游客，使游客的思想得到升华。

黄鹤楼的这段导游讲解，抓住了“黄鹤楼”的色彩美、布局美、造型美等审美要素，突出了“皇权至上”“南北人民和平共处”以及“神圣庄严的礼制思想”等思想特征，使游客深刻领会到了中国古代建筑所承载的厚重文化思想。

导游讲解实例：天下第一关广场

各位游客朋友们，现在我们就来到了天下第一关广场，我们眼前的这座雄伟的建筑就是山海关古城的镇东楼，即天下第一关城楼。

学习笔记

天下第一关山海关

请大家先来看一看城楼的下面，有一个砖砌的拱券门，券门洞高7.5米，宽5.8米，它在高大巍峨的城楼之下显得很小，大家可别小看它，它可是威名远扬的天下第一关的关口，也就是山海关城的东门，又称镇东门。明初建关时，这里是朝鲜等国入贡和商旅往来的重要通道，平时城门大开供车马人流通行，战时紧闭固若金汤，大有“一夫当关、万夫莫开”之势。这镇东门可以说是一道厚重的历史之门，由于这道门，才有了关内关外之别，有了闯关东之说；由于这道门，才有了清军入关、中华历史改写。这看似古朴老旧的门洞却见识过风云变幻、朝代更替；体会过血雨腥风、悲欢离合；见证过历史的沧桑，也见证了我们伟大的中华民族的智慧与骄傲。

好，现在我们再抬头看一下天下第一关城楼，又称镇东楼，俗称箭楼。整个建筑坐东面西，规模雄伟，气势浩然，分上下两层，下部为城台，呈长方形，城台之上的箭楼，建筑结构为我国传统的砖木结构，九脊歇山式重檐顶，为仅次于皇家和庙宇的建筑风格，展现了古代森严的等级制度和山海关城的重要地位。

大家在欣赏镇东楼时，肯定会被“天下第一关”这个巨大的匾额所吸引。这块匾长5.9米，宽1.55米，其中“一”字一笔长1.09米，繁写的“关”字一竖长1.45米，大家看一字虽有一笔却不显单薄，关字笔画虽多却不显臃肿，这五个大字结构合理，笔力苍劲浑厚，精神贯通，与这座建筑风格浑然一体，堪称古今巨作。“天下第一关”这五个字，看起来是楷书，可让人觉得又不尽是楷书，特像行书，因为每个字都是活的，都很灵动，并且力度很大。康有为品评榜书的标准是“安静简穆为上，雄深雅健次之”。我们仔细端详，认真品味，天下第一关这块匾既“安静简穆”又“雄深雅健”，真正是气夺雄关。如果山海关的这个箭楼没有这块匾，肯定会黯然失色的。可以说，天下第一关这块匾额是镇东楼的眼睛，是山海关的灵魂。

任务检测

学习笔记

扫描二维码检测任务学习情况。

项目实施

步骤一 选取一类旅游团对“家乡美”导游词进行再创作，在讲解内容、语言和方法上进行修改。

步骤二 “家乡美”导游词定稿，并将导游词熟练背诵下来。

步骤三 “我的家乡，我代言”脱稿导游讲解自主练习，并录制视频。

步骤四 观看讲解视频，看一看音量、语调是否合适，语速和停顿是否合理。

步骤五 在导游词上标注停顿、语调等，重新进行导游讲解练习，再录制视频。

步骤六 观看讲解视频，看一看语音语调、讲解节奏是否合理，表情、目光和手势是否运用得当。

步骤七 对导游讲解语言表达进行修正，再进行导游讲解视频录制。

步骤八 观看讲解视频，看一看导游讲解方法以及自然景观和人文景观技巧是否巧妙运用。

步骤九 继续完善导游讲解，反复练习修正，录制“我的家乡，我代言”导游讲解视频。

步骤十 将最后完善的完整的“我的家乡，我代言”导游讲解视频提交。

项目评价

按照导游讲解比赛的评分标准进行自评、学生互评和教师评价，并进行加权（权重由教师设置，参考权重设置：自评10%、学生互评30%、教师评价60%）计算，评选“我的家乡，我代言”最佳讲解风范及一等奖、二等奖、三等奖（数量根据学生人数而设置），教师可根据实际情况给予适当物质和精神奖励。

学习笔记

项目	要求	分值	得分
讲解规范	着装得体，符合职业情景或讲解主题特色；语言（普通话）规范流畅，口齿清晰；音量、语调恰当，讲解节奏控制合理；仪态自然、肢体语言丰富	25	
讲解内容	紧扣团型，针对性强，主题特色鲜明；内容正确，结构合理、尊重史实和现实；角度新颖，重点突出，文化底蕴深厚，内涵丰富；具有创新性和时代特色	25	
讲解技法	语言组织运用艺术和能力强；导游讲解方法和技巧运用恰当	25	
讲解风范	语言富有文采，讲解生动有趣；富有感染力、亲和力和渗透力	25	
合计			

项目小结

导游讲解是衡量导游水平高低的一项最为重要的技能，本项目引领我们提高导游讲解能力。首先要在遵循导游讲解的四条原则、把握导游讲解的十项要求的基础上，学会导游语言表达技巧——善于控制音量和语调、运用语速和停顿把握好讲解节奏，并充分发挥态势语言的作用，提高语言表达能力；同时灵活运用导游讲解常用方法及自然景观和人文景观导游讲解技巧，不断提高导游讲解水平。

项目拓展

导游讲解水平提升：变换旅游团型，再进行“我的家乡，我代言”导游讲解训练，并录制导游讲解视频。旅游团队类型可从以下团型中选取：①政务考察团；②商务考察团；③亲子旅游团；④中学生研学团；⑤老年旅游团；⑥女性观光团；⑦作家采风团；⑧教师度假团。

项目检测

扫描二维码检测项目学习情况。

模块三

导游服务

导游服务质量不仅关系旅游服务质量，而且关系国家或地区旅游业的声誉和形象。导游服务的关键是让游客满意，优质的导游服务，能使游客增长见识，使旅游活动充满情趣，让游客获得愉快开心的旅游经历。要向游客提供优质的导游服务，既要按照服务规范的要求提供规范化的服务，又要为游客提供个性化的服务，同时还要及时妥善处理带团过程中出现的各种问题与事故。

本模块包括接团准备、迎接服务、住宿服务、核商日程、餐饮服务、游览服务、娱乐服务、购物服务和送团服务共九个项目，意在通过完成导游带团的各项任务和成果展示竞赛活动，并通过大量导游服务实例，让学生充分认识到导游在旅游活动中的地位和作用，使学生能够按照导游服务规范的要求做好每个环节工作，同时处理好游客的个别要求和出现的各种问题，基本具备导游服务的综合素质和职业能力。

学习笔记

项目一 接团准备

项目概述

“凡事预则立，不预则废”，导游做好前期的准备工作是向游客提供良好服务的重要前提。导游在接到接待任务之后，必须要做好充分而完备的准备工作，才能让自己自信地投入到导游服务工作中去，才能有计划、有步骤地开展各项服务工作，才能保障旅游活动的顺利进行。本项目分为分析接待计划、落实接待事宜、知识和物质准备、形象和心理准备四项任务，具体内容如图3-1所示。

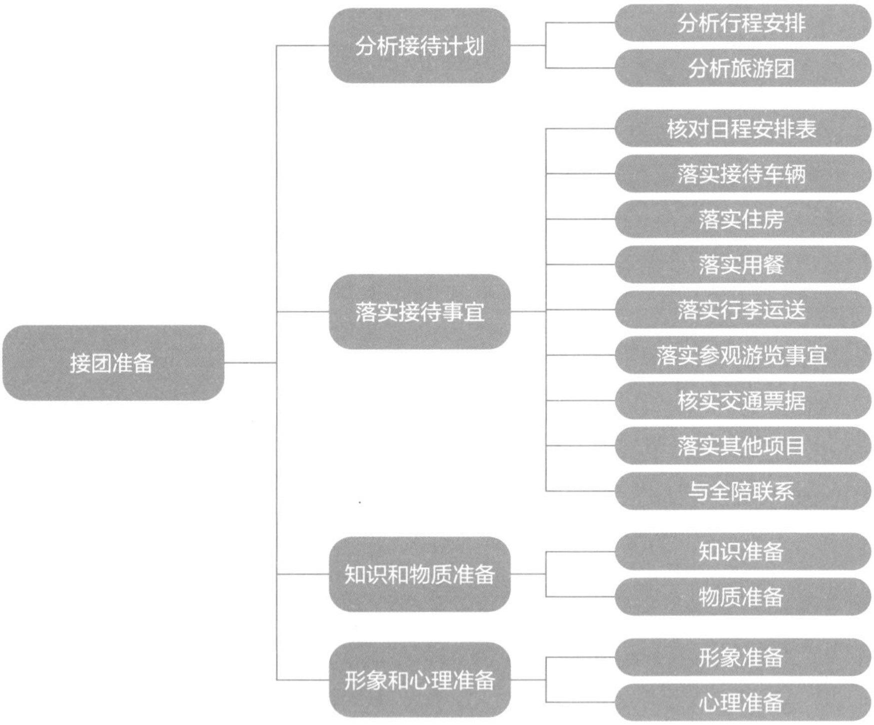

▲ 图3-1 接团准备

项目任务

接团准备事项和导游职业形象比赛。以导游小组为单位，领取一份旅游团接待计划，根据接待计划进行接团准备。旅游团接待计划可分为

学习笔记

几种不同类型：汽车团（自带车团）、火车团、飞机团；教师度假团、亲子旅游团、中学生研学团、商务考察团、老年康养团、医护修养团等。具体要求如下。

（1）导游小组一起研讨接待计划，记录行程安排中的特殊要求，分析旅游团特点和特殊游客情况，确定旅游团行程安排或者行程变更预案以及接待中的特殊要求和注意事项，编制旅游团日程安排表。

（2）导游小组协作，分配角色，编写落实接待事宜情景对话并模拟整个工作过程，完成落实接待事宜情景模拟视频。

（3）导游小组一起商讨，针对旅游团性质和特点，列举出需要准备的相关知识和注意事项，形成知识准备文案。

（4）按照导游职业形象要求，导游小组每个成员都要按照导游带团要求做好形象准备，并进行导游职业形象展示。

（5）导游小组一起分析并列举出导游带团中可能遇到的问题以及对导游情绪的影响和变化情况，制订心理准备预案。

项目成果

（1）拟定旅游日程安排表。

（2）落实接待事宜情景模拟视频。

（3）知识准备文案，物质准备展示。

（4）导游职业形象展示，心理准备预案。

学习目标

素质目标	知识目标	能力目标
1. 通过分析旅游接待计划，培养认真细致的工作态度，树立规范化和精细化服务意识。 2. 通过分析旅游团的性质和特点，树立责任意识和安全意识。	1. 熟知接待计划的具体内容。 2. 掌握分析接待计划的方式方法。 3. 把握不同游客的心理特征和导游服务工作要点。	1. 运用分析行程计划的方法，学会科学合理安排行程，并做好变更行程安排的预案。 2. 根据接待计划，记录接待工作中的重点和难点，注明在住宿、用车、游览方面的特殊要求和注意事项。

学习笔记

续表

素质目标	知识目标	能力目标
3. 通过角色扮演、角色互换、情景模拟，导游小组协作完成任务，具有责任担当意识和质量意识，形成热爱劳动和自主学习的良好习惯。 4. 通过开展接团准备事项和导游职业形象比赛活动，培养具有职业和专业精神以及力争上游的竞争意识。	4. 把握特殊游客的接待技巧和注意事项。 5. 掌握卫生和安全常识。 6. 掌握导游带团必备的物品。 7. 掌握导游职业形象要求。 8. 掌握调节情绪的方法。	3. 学会分析不同游客的特点，分析出接待计划中特殊游客的情况，记录服务要求，标注出注意事项。 4. 根据接待计划，针对旅游团特点，备好相关话题，制订好安全预案。 5. 按照导游规范要求，并针对旅游团特点，做好形象准备。 6. 运用调节情绪的方法进行自我调节，调控好自己的心态。

案例导入

秦皇岛某旅行社导游小郝接到了旅行社的带团任务，旅游团的接待计划如表3-1所示。

表 3-1　旅游团接待计划

<table>
<tr><td colspan="4">团号：QHDGL20190701BA01</td><td colspan="3">线路：大庆—北戴河—大庆</td><td>导游：郝××</td></tr>
<tr><td colspan="8">组团社名称：大庆某旅行社</td></tr>
<tr><td colspan="4">全陪：李×</td><td colspan="4">联系方式：135××××××××</td></tr>
<tr><td colspan="2">人数</td><td colspan="3">30（夫妇2对，儿童3个）</td><td colspan="2">客房数</td><td>15</td></tr>
<tr><td colspan="2">市内用车</td><td>车型车号</td><td>金龙
冀C×××××</td><td>座位</td><td>33</td><td>司机</td><td>王师傅
（139××××××××）</td></tr>
<tr><td colspan="2">接团时间</td><td colspan="2">2019年7月1日7时40分</td><td>班次</td><td>K50</td><td>地点</td><td>山海关站</td></tr>
<tr><td colspan="2">送团时间</td><td colspan="2">2019年7月3日17时16分</td><td>班次</td><td>K49</td><td>地点</td><td>北戴河站</td></tr>
<tr><td colspan="2" rowspan="2">日期</td><td colspan="2" rowspan="2">行程内容</td><td colspan="3">餐（餐标）</td><td rowspan="2">入住宾馆</td></tr>
<tr><td>早</td><td>中</td><td>晚</td></tr>
<tr><td>D1</td><td>7.1</td><td colspan="2">接团，老龙头，山海关，市容游览</td><td>—</td><td>福临门</td><td>宾馆</td><td>财政家园宾馆</td></tr>
<tr><td>D2</td><td>7.2</td><td colspan="2">渔岛海洋温泉景区</td><td>宾馆</td><td>自助餐</td><td>宾馆</td><td>同上</td></tr>
<tr><td>D3</td><td>7.3</td><td colspan="2">鸽子窝日出，长城号游船，石塘路市场购物，送团</td><td>宾馆</td><td>宾馆</td><td>—</td><td>—</td></tr>
<tr><td colspan="8">备注：此团为大庆石油学院为退休教师而组织的疗养活动，由工会主席带队。团队中有已退休的老校长，有一名腿脚不太方便的游客；三名儿童均5～8岁，不单独占床</td></tr>
</table>

学习笔记

小郝拿到旅游团接待计划后，发现此团乘坐的是夜车，尤其对于老人来讲，肯定会很疲劳，而第一天的行程安排是接团后直接游览山海关、老龙头景区，不入住宾馆，这样对于老年人团队来讲身体可能会吃不消。于是小郝建议将行程安排做如下调整：D1，接团后直接入住宾馆，然后游览渔岛海洋温泉景区；D2，鸽子窝看日出，长城号游船，石塘路市场购物；D3，山海关、老龙头，山海关火车站送站。调整后山海关老龙头作为高潮留在最后一天游览，也便于送站，这样的行程更为合理。小郝将上述线路安排调整建议告诉了旅行社计调。旅行社计调告知小郝，组团社和游客都已确认了此线路安排，这个行程调整作为变更预案。

接着，小郝看到此次接待的旅游团是高校退休教师，是高学历知识分子，他们拥有较高收入，文化素质高，对于导游讲解要求会很高，因此要在讲解方面多下功夫；教师是比较挑剔的团队，尤其要注意一些事项的说明，尤其是需要自费的项目，还要注意与他们交流的语气。同时这还是个老人团，老年人小心谨慎，身体行动不敏捷，要充当一个全职保姆，生活上、讲解上，都要做到细心：出团前要提醒他们带好常用药，并放在容易找到的位置，对有心血管等疾病的游客，要做到心中有数，全程留意他们的身体状况；大多数老人都有三高（高血压、高血脂、高血糖），在饮食方面需要提前与餐厅说明情况，饮食安排尽量清淡少糖；老年人如同小孩子，要时时注意他们的行踪。老年人还非常敏感，不想成为别人的拖累，这需要察言观色，主动提供服务；他们还健忘，在一些注意事项和行程说明上要反复说明强调。

接下来，小郝又发现团队中有一人腿脚不太方便，需要重点关注，在游览和上下车过程中要重点照顾；工会主席和退休的老校长是团队中的核心人物，有什么事情需要与其商量，让其感受到对他们的尊重；团队中的3名儿童，需要问清楚其身高，是否需要加床，其餐费、房费、门票如何结算，都事先向旅行社计调了解清楚。此外，旅游景点对于不同年龄层次的人有优惠政策，因此还要告知全陪提醒游客带好身份证、学生证（或户口簿）、离退休证等相关证件；还可以通过全陪或游客身份证了解旅游活动期间是否有

学习笔记

游客过生日的，有可能的话，午餐或晚餐时准备一份生日蛋糕或一份生日礼物代表旅行社给予祝福。

案例解读

导游小郝在接到带团任务后，对旅游团的接待计划进行了认真研读。首先发现旅游团乘坐的是夜车，接待计划中的第一天行程可能会让游客吃不消，于是对行程提出了更改建议并告知旅行社计调，对行程计划制订了变更预案。然后仔细分析旅游团的特点以及旅游团中需要重点关注的游客，针对教师和老年人的特点，注明了需要与旅行社确认的相关问题以及带团时的注意事项。小郝对于接待计划的研读可谓仔细而周全，为后续的顺利带团工作奠定了良好的基础。

案例思考

（1）如何分析行程计划？

（2）如何分析旅游团的特点？

（3）针对不同游客的注意事项有哪些？

任务 1　分析接待计划

任务导入

每个导游小组领取一份旅游接待计划，接待计划如表3–2所示，小组成员一起研读分析接待计划。

接待计划可根据导游小组数量设计不同类型，类型建议包含汽车团（自带车团）、飞机团、火车团、老年团、夏令营团、教师团等。

学习笔记

表 3-2　秦皇岛某国际旅行社旅游接待计划

作业部门（公章）：国内部　　　　编号：　　　　　　时间：

<table>
<tr><td>组团社</td><td>上海某旅行社</td><td>团号</td><td colspan="2">QKH20190712BA35</td><td>客源地</td><td>上海</td><td>团队类别</td><td>标准</td></tr>
<tr><td>人数</td><td colspan="4">18　儿童：4</td><td>全陪</td><td colspan="3">陈导　13××××××678</td></tr>
<tr><td rowspan="2">抵离时间</td><td colspan="8">7月12日乘飞机FW9141从上海抵北戴河机场</td></tr>
<tr><td colspan="8">7月14日8时，乘飞机FW9142从北戴河机场返上海</td></tr>
<tr><td>用车安排</td><td>车型</td><td>依维柯20座</td><td>车号</td><td>冀C×××××</td><td>司机</td><td colspan="3">王师傅
15××××××693</td></tr>
<tr><td>用房安排</td><td>房间数</td><td>9</td><td>陪同</td><td>1</td><td>酒店</td><td colspan="3">北戴河海滨花园酒店</td></tr>
<tr><td rowspan="2">日期</td><td colspan="3">行程安排</td><td colspan="5">餐标：酒店含早餐　中30　晚30</td></tr>
<tr><td>上午</td><td colspan="2">下午</td><td colspan="3">用餐地点</td><td>购物</td><td colspan="2">酒店</td></tr>
<tr><td>D1
7月12日</td><td>接团
金沙湾沙雕
大世界</td><td colspan="2">长城号游船</td><td>午：
沙雕自助</td><td colspan="2">晚：
酒店</td><td>—</td><td>海滨花园酒店</td></tr>
<tr><td>D2
7月13日</td><td>鸽子窝
（日出）
山海关</td><td colspan="2">老龙头
碧螺塔（晚上）</td><td>午：
酒店</td><td colspan="2">晚：
酒店</td><td>石塘路
市场</td><td>海滨花园酒店</td></tr>
<tr><td>D3
7月14日</td><td>送团</td><td colspan="2">—</td><td>—</td><td colspan="2">—</td><td>—</td><td>—</td></tr>
<tr><td>备注</td><td colspan="8">此旅游团为上海某医院医护人员，办公室主任为带队领导，其中4名儿童为5～8岁，未说明是否需要加床</td></tr>
<tr><td>计调</td><td></td><td>地陪</td><td colspan="2"></td><td>全陪</td><td colspan="3"></td></tr>
</table>

任务思考

（1）旅游接待计划包括哪些内容？

（2）从哪些方面分析接待计划？

（3）如何分析游客的特点及注意事项？

任务学习

旅游团接待计划既是组团社根据同客源地旅行社签订的旅游合同（或协议）制订的旅游团在旅游线路上各地方的活动安排，又是组团社委托有关地方接待旅行社组织落实旅游团活动的契约性文件，同时也是导游了解旅游团基本情况和安排当天活动日程的主要依据。

地陪导游领取接待计划

接待计划分为入境旅游团接待计划和国内旅游团接待计划。其中，

学习笔记

前者是国内组团社根据同境外旅行社所签旅游合同或协议的要求制订的旅游团在我国境内旅游活动的安排计划；后者是国内组团社根据同游客所签旅游合同的内容制订的旅游线路上各地的旅游团活动安排计划。

一、分析行程安排

读懂接待计划

接待计划是旅行社落实旅游合同的契约性安排，是导游为旅游团提供导游服务的主要依据。导游在接到旅游团接待计划后，应认真分析通读一遍，检查前后是否有矛盾之处，以及行车、用餐和游览观光的时间限制，准确地了解旅游团在当地的活动项目和要求，对其中的重点、疑难之点要做记录。导游和司机知道哪些地方可能会耽误时间，有一些和现实情况有差异的接待计划，要及时向旅行社提出，可以在旅游团出发前进一步调整、修改。

地陪导游在查看行程计划时，一定要非常仔细。一方面，可以提前熟悉团队的各种情况，对不了解的问题，诸如餐厅、酒店的地理位置、景点与景点之间的距离等，都可以向计调询问，以免接到团队后手足无措；另一方面，如果行程有问题，可以向旅行社计调提出，堵塞漏洞、纠正错误，减少不必要的损失。对行程安排进行分析，一般从以下四个方面着手。

（一）分析旅游线路

旅游线路包括旅游团全程旅游线路和本站旅游线路。

1. 全程旅游线路

分析全程旅游线路的主要目的是找到上下站之间安排的参观、游览、娱乐等活动有无相似和不同之处，准备好突出本地特色的项目内容介绍，讲解时可以进行对比讲解。

2. 本站旅游线路

分析计划中的旅游线路有无不妥的地方以及每日行程的活动线路，计划好各项活动及路上所需的时间，更加合理地分配每天的时间。

想一想 你们的接待计划中旅游线路安排是否合理，有无不妥的地方？在游览方面有无特殊要求？是否有额外的游览项目（如游江、游湖、观看实景演出等）？

学习笔记

（二）分析交通工具

1. 旅游团抵离本地情况

旅游团抵离本地的时间、所乘交通工具类型、班次（车次）和交通港（机场、车站、码头）名称。

2. 旅游团在本地安排情况

旅游团在本地游览期间安排的旅游车、游船等，掌握司机的联系方式，同时还要关注限行等交通管制信息。

3. 旅游团交通票据情况

旅游团赴下一站或返程的交通票是否订妥，有无变更和更改后的落实情况，有无返程票。若有，是否落实。

地陪一定要确认旅游团的交通情况，确定接站和送站的具体车站、码头、机场（有的城市有多个）；了解旅游车车况，核实团队人数与车位是否匹配；确定出发、到达的时间，若有变化，要尽快核实。

想一想　你们对接待计划中的旅游车、游船、交通票据以及接送站时间、地点是否都已经确定下来？用车方面是否有特殊要求？

（三）分析了解住宿情况

了解旅游团住宿酒店名称及标准，包括住宿酒店的位置、特色、周围环境等；房间数量、床位数、是否有大床房、小孩是否需要加床、住宿是否含早餐等情况。如果房间分配时出现单男单女或多出一人的情况下，要协调处理。

想一想　你们对接待计划中的住宿酒店位置是否了解？房间和床位是否有特殊需求？是否会出现单男单女情况？住宿方面应该注意哪些问题？

（四）分析了解用餐情况

有的旅游团旅游计划中确定了用餐地点，地陪要了解这些餐厅的具体位置和特色，以便确定行车路线，并向游客介绍餐厅情况；同时还要掌握餐厅的联系方式，旅游团用餐的人数、标准、日期、有无特殊要求等。有的旅游团只确定了用餐标准，没有确定具体的用餐地点，这就要求地陪对当地的旅游餐厅比较熟悉，并根据当天行程就近安排合理的餐厅，同时注意游客的口味偏好。

学习笔记

想一想 你们对接待计划中的用餐地理位置是否了解？用餐是否有特殊要求？用餐方面应注意哪些问题？

提示

计调部是旅行社的核心部门，计调部的工作直接影响和决定着旅行社的运行状态。导游接到带团任务，在分析接待计划时，要对其中的重点和未确定有疑问的地方做记录，要与计调沟通带团的详细资料、注意事项、可能出现的问题以及解决预案，尽可能做到防患于未然。

二、分析旅游团

熟知旅游团成员信息是导游接团的第一步，只有充分熟悉、了解游客信息，才能有针对性地为游客提供服务。熟悉旅游团成员时，主要熟悉游客的年龄、性别、国籍（省份、城市）、职业、文化层次、宗教信仰、风俗、饮食习惯等情况，找出接待旅游团的有关信息，分析其特点，根据旅游团的特点来做好接待准备。如年轻人居多与老年人居多的旅游团，在参观游览活动的安排上是截然不同的，两者体力相差很大；不同国家或地区的人，在生活习惯与脾气秉性上差距也很大，如同为欧洲国家，法国人更热情爽朗一些，而英国人相对更保守一些；同是一个国家而地区不同，也会有很大差异，如我国北方人和南方人的差异就很大，在饮食上南甜北咸、南米北面，在性格上南细北爽等。

地陪好心加菜引起游客不满

（一）分析游客心理特征

1. 人口统计特征

每个国家、每个民族都有自己的传统文化和民风民俗，人们的性格和思维方式也不相同，即使是同一个国家，不同地区、不同民族的人在性格和思维方式上也有很大差异；与此同时，游客所属的社会阶层、年龄和性别的不同，对其心理特征和生活情趣也会产生较为明显的影响。导游应从这些方面去了解游客，并有针对性地向他们提供心理服务。

（1）区域和国籍　首先，从区域的角度看，东方人和西方人在性格和思维上有较明显的差异（表3-3）。

学习笔记

表 3-3　东、西方游客特点及导游服务做法

区域类型	特点	导游服务做法
西方游客	1. 比较开放、感情外露，喜欢直截了当表明意愿 2. 思维方式一般是由小到大、由近及远、由具体到抽象的“分解式”	1. 先看事实，由游客自己下结论 2. 行程安排不宜紧张，给游客自由安排的时间 3. 内容上体现文化的差异性，既突出地域文化，又反映我国悠久历史 4. 服务时要特别注重细节
东方游客	1. 比较含蓄、内向，往往委婉地表达意愿，善于控制感情 2. 思维方式一般是从大到小、从远到近、从抽象到具体的“整体式”	1. 可先给出结论，再讲具体事实 2. 日程安排上，尽可能紧凑、丰富 3. 内容上体现文化相似性和自然地理差异性

导游在接团前了解了这些差异，在接待西方游客时，就要特别注重细节。因为西方游客认为，只有各种具体的细节做得好，由各种细节组成的整体才会好，他们把导游提供的具体服务抽象为导游的工作能力与整体素质。

其次，从国籍的角度看，同是西方人，在思维方式上也存在着一些差别。如英国人矜持，讲究绅士风度；美国人开朗，随意，重实利；法国人浪漫，追求华丽，爱享受生活；德国人踏实，勤奋，守纪律；意大利人热情，热爱生活等。

（2）文化层次　从文化层次上看，文化层次较高的游客和一般游客在交谈和导游讲解方面有较明显的不同（表3-4）。

表 3-4　不同文化层次游客的特点及导游服务做法

文化层次类型	特点	导游服务做法
文化层次较高的游客	1. 修养较好，严谨持重 2. 发表意见时往往经过深思熟虑 3. 期待听到高品位的导游讲解	1. 严格遵守旅游合同，主动与游客商量活动安排 2. 活动内容要突出文化品位，满足其高雅的精神享受需求
一般游客	1. 喜欢不拘形式交谈，话题广泛 2. 比较关心带有普遍性的社会问题及当前的热门话题 3. 期待听到故事性的导游讲解	1. 可较随意与其交谈，多讲些他们关心的普遍性社会问题、热门话题、风土人情 2. 营造轻松的旅游气氛，在导游讲解中多穿插一些故事情节

学习笔记

（3）年龄和性别 不同年龄的游客在游览方面有较显著的差异（表3–5）。

表 3-5 不同年龄的游客特点及导游服务做法

年龄类型	特点	导游服务做法
老年人	1. 好思古怀旧，对游览名胜古迹、会见亲朋老友有较大的兴趣 2. 希望得到尊重	1. 日程安排劳逸结合，留有余地 2. 照顾行动速度，提供超常服务 3. 多讲名胜古迹、故地旧俗，多与他们交谈
年轻人	1. 好逐新猎奇，喜欢多动多看 2. 行动节奏较快，反应敏捷 3. 对热门社会问题有浓厚的兴趣	1. 活动安排丰富，适当加快节奏，多讲热门话题和新鲜事物 2. 反复强调团队活动秩序

男性游客一般比较独立，行动干脆，他们不喜欢商量；女性游客则一般比较依赖，她们希望导游能满足其一切需求，喜欢谈论商品，热衷购物，喜欢听带故事情节的导游讲解，但行动比较拖沓。

想一想 你们的接待计划中的游客属于哪种类型，在为他们服务时要注意哪些问题？

2. **个性类型**

游客的个性各不相同，其表现出来的特点也有明显差异（表3–6）。

表 3-6 不同个性游客特点及导游服务做法

个性类型	特点	导游服务做法
活泼型游客	1. 爱交际，喜讲话 2. 好出点子，乐于助人 3. 喜欢多变的游览项目	1. 要扬长避短，既要乐于与他们交朋友，又要避免与他们过多交往，以免引起其他团员的不满 2. 要多征求他们的意见和建议，但注意不让其左右旅游活动，打乱正常的活动日程 3. 可适当地请他们帮助活跃气氛，协助照顾年老体弱者等

学习笔记

续表

个性类型	特点	导游服务做法
急躁型游客	1. 性急，好动，争强好胜 2. 易冲动，好遗忘，情绪不稳定 3. 比较喜欢离群活动	1. 要避其锋芒，不与他们争论，不激怒他们 2. 他们冲动时不要与之计较，待他们冷静后再与其好好商量 3. 要多微笑，服务要热情周到，而且要多关心他们，随时注意他们的安全
稳重型游客	1. 稳重，不轻易发表见解，一旦发表，希望得到尊重 2. 容易交往，但不主动与人交往，不愿麻烦他人 3. 游览时喜欢细细欣赏，购物时爱挑选比较	1. 要尊重他们，不要怠慢，更不能故意冷淡他们 2. 要主动多接近他们，尽量满足他们的合理而可能的要求 3. 与他们交谈要客气、诚恳，速度要慢，声调要低 4. 讨论问题时要平心静气，认真对待他们的意见和建议
忧郁型游客	1. 身体弱，易失眠 2. 忧郁孤独，少言语但重感情	1. 要格外小心，不要多问，尊重他们的隐私 2. 要多亲近他们、多关心体贴他们，但不能过分表示亲热 3. 多主动与他们交谈些愉快的话题，但不要与之高声说笑，更不要与他们开玩笑

提示

这四种个性的游客中以活泼型和稳重型居多，急躁型和忧郁型只是少数。活泼型游客往往能影响旅游团的其他人，导游应与他们搞好关系，在适当的场合表扬他们的配合并表示感谢。不过，典型个性只能反映在少数游客身上，多数游客往往兼有其他类型个性的特征。在特定的环境中，人的个性往往会发生变化。因此，导游在向游客提供服务时要因人而异，要随时观察游客的情绪变化，及时调整，力争使导游服务更具针对性，获得令游客满意的效果。

3. **心理变化**

游客来到异国他乡，由于生活环境和生活节奏的变化，在旅游的不同阶段，其心理活动也会随之发生变化。

（1）旅游初期阶段：求安全心理、求新心理　游客刚到目的地，较为兴奋激动，但人生地疏、语言不通，往往容易产生孤独感、茫然感和

学习笔记

不安全感，唯恐发生不测，危及财产甚至生命。也就是说，在旅游初期阶段，游客求安全的心态表现得非常突出，因此，消除游客的不安全感成为导游的首要任务。旅游目的地全新的环境、奇异的景物、独特的民俗风情，使游客逐新猎奇的求新心理空前高涨，这在旅游初期阶段表现得尤为突出，往往与不安全感并存。所以在消除游客不安全心理的同时，导游要尽力安排富有特色的活动项目，满足他们的求新心理。

（2）旅游中期阶段：懒散心态、求全心理、群体心理　随着时间的推移、旅游活动的开展以及相互接触的增多，旅游团成员之间、游客与导游之间越来越熟悉，游客开始感到轻松愉快，会产生一种平缓、轻松的心态。但是，正由于这种心态的影响，游客往往忘却了控制自己，常常自行其是，甚至出现一些反常言行及放肆、傲慢、无理的行为。一方面，游客的个性充分暴露，有些游客开始出现懒散心态，如时间概念较差，群体观念更弱，游览活动中自由散漫，到处丢三落四，旅游团内部的矛盾逐渐显现等；另一方面，游客把旅游活动理想化，希望在异国他乡能享受到在家中不可能得到的服务，希望旅游活动的一切都是美好的、理想的，从而产生生活上、心理上的过高要求，对旅游服务横加挑剔，求全责备，求全心理非常明显；另外，由于游客的思考力和判断力减弱，如果团内出现思辨能力较强而又大胆直言的“领袖人物”时，其他游客便会不假思索地附和他，唯其马首是瞻，不知不觉地陷入一种人云亦云、随波逐流的群体心理状态。

导游在旅游中期阶段的工作最为艰巨，也最容易出差错。因此，导游的精力必须高度集中，对任何事都不得掉以轻心。这个阶段也是对导游组织能力和独立处理问题能力的实战检验，是对其导游技能和心理素质的全面检阅，所以每个导游都应十分重视这个阶段的工作。

（3）旅游后期阶段：忙于个人事务　旅游活动后期，即将返程时，游客的心理波动较大，开始忙乱起来，譬如，与家庭及亲友联系突然增多，想购买称心如意的纪念品但又怕行李超重等。总之，他们希望有更多的时间处理个人事务。在这一阶段，导游应给游客留出充分的时间处理自己的事情，对他们的各种疑虑要尽可能耐心地解答，必要时做一些弥补和补救工作，使前一段时间未得到满足的个别要求得到满足。

（二）不同类型游客的接待技巧

游客来自不同的国家和地区，他们在年龄、职业、宗教信仰、社会地位等方面存在较大的差异，有些类型游客的特点尤为突出，导游应运用不同接待方法和技巧。

学习笔记

1. 学生游客接待技巧

学生游客服务技巧

假期学生出游已经成为一种生活和学习方式，他们通过旅游活动以达到开阔视野、增长知识、陶冶情操、培养团队精神、锻炼意志等目的。中小学生的最大特点是好奇、多动、注意力难以集中，他们具有较强的求知欲和探索心理，对周围的环境及许多事物充满好奇感，并希望参与其中；而且安全意识差，自我保护能力弱，管理难度大，较容易发生安全事故。

学生房间打逗受伤

（1）针对学生的自控能力较差的特点，要时时提醒他们注意安全　一要注重教育，要有组织、有纪律、听指挥，不准他们乱跑瞎闯，尤其在山区、水域等危险区旅游时，要禁止他们嘻哈打闹；二要主动和老师及其他合作者做好安全防范工作，避免他们走失、溺水或受到意外伤害。

（2）针对学生游客自我保护意识差的特点，要时刻照顾好他们的旅游生活　一是在餐饮安排上要注意提供充足的饭菜，让他们尽量吃饱吃好，同时建议多吃清淡食品和蔬菜水果，做到饮食有规律；二是要提醒他们预防感冒，要根据气候变化情况随时提醒注意增减衣物；三是要掌握好回饭店的时间，以保证他们有充足的睡眠时间以便及时恢复体力；四是要多注意观察他们的身体状况，如他们身体不适，建议他们去看医生，不要鼓励他们带病出游。

（3）进行导游讲解时，要生动形象，突出爱国主义教育内容　一是针对学生游客注意力容易分散的特点，导游讲解时语言要生动活泼，语速要亲切、缓慢，富有激情而又通俗易懂，不需要讲解得深奥、富有哲理，只要有趣并富有吸引力就行了；二是在讲解时可多使用启发式、诱导式的方法，穿插一些与景点有关的传说故事，也可以多提些问题以加强与他们的交流或吸引他们开动脑筋，使他们对景物产生浓厚的兴趣；三是要积极回答他们提出的各种各样奇怪的问题，而且要鼓励他们提问，让他们尽情提问，同时善于从问答中纠正孩子的偏激情绪，鼓励他们创造性思维。

2. 老年游客接待技巧

老年游客服务技巧

随着旅游业的发展和人们健康观念的转变，越来越多的老年人走出家门外出旅游。在我国入境旅游和国内旅游市场，老年游客均占有较大的比例，而在这些老年

学习笔记

游客中还有年龄在80岁以上的高龄游客。

一般来说，老年人怀旧观念较重，喜欢历史文化厚重的旅游景点；由于生理上的变化，他们感觉较迟钝、反应迟缓以及比较固执；出于身体方面的考虑，他们倾向于选择安全系数较高的旅游线路；他们具有丰富的社会阅历和社会经验，对讲解要求也较高。因此为老年游客服务时要具备丰富的历史知识，尊重、体贴老人，乐意虚心向老人请教，同时掌握一定的医学知识和护理知识，善于察言观色，以便于及早发现他们可能出现的重大病情，防患于未然。

面对老年游客，导游要针对他们身体和心理特点，妥善安排行程内容，并时刻注意他们的身体状况，同时发扬中华民族尊敬老人的优良传统和美德，持谦恭的态度，给他们体贴入微的关怀，提供不辞辛苦的服务。

（1）妥善安排日程　导游应针对老年游客的身体状况，妥善安排好日程。一是日程安排要有较大弹性，日程安排不要太紧，活动量不宜过大，每天游览的景点和活动的内容不要太多。在不减少项目的情况下，尽量选择便捷线路和有代表性的景观，少而精，以细看、慢讲为宜；二是要适当增加休息时间，注意节奏宜慢。参观游览时可在上、下午各安排一次中间休息，在晚餐和看节目之前，应安排回饭店休息一会儿，晚间活动不要回饭店太晚；三是要充分考虑安全因素，要避免安排那些体力消耗大、冒险刺激的活动，以静态观赏为主，动态观赏为辅，也不能用激将法和诱导法，以免消耗体力大，发生危险。

（2）耐心细致服务　导游应针对老年游客的生理特点，要提供耐心细致的服务。

一是生活上关心。每天报告天气、气象信息，气温变化，要提醒他们增减衣服，备好常用药品；安排餐食时要注意照顾他们的习惯和生理特点，以清淡软烂为主，咸淡适中，同时注意营养结构，建议餐厅合理搭配，保证一日三餐营养均衡；安排住宿时，要确保环境幽雅，房间干净、安全；安排旅游车时尽量做到宽松、舒适，乘坐火车时尽量安排中下铺位，乘坐飞机时，协助他们办理行李托运手续；晚间活动时还要提醒司机将旅游车停在有灯光，平坦、没台阶的地点，以防止他们上下车时摔伤。

二是游览中留心。在游览过程中，要处处留心，多做提醒工作。到达景点下车前，要重复强调集合时间、地点，旅游车的特征、车牌号等，提醒他们携带好有关的优惠证件、贵重物品及旅游用品；在游览

学习笔记

时，要提醒他们“一看二慢三通过”，在登山、爬坡、上台阶时尤其要多注意，必要时对个别老年人给予搀扶帮助；游览中要时刻留意他们的行动方向，以防掉队走失，并根据他们的生理特点，多增加上厕所的次数；在景点讲解时，语速要适当放慢一些，声音要大一些，多讲一些文化含量高的内容；在离开景点时，要仔细清点人数。

三是服务上耐心。耐心解答他们提出的各种问题，即使是一些显得幼稚的问题；耐心对待他们提出的各种要求，合理而可能的要求尽量给予满足，即使对有困难、不易办到的也要耐心解释，说明情况；耐心交代注意事项，甚至有时候需要不厌其烦地反复提醒、反复说明。如在游览时嘱咐他们，一旦找不到团队，不要着急，不要到处乱走，要在原地等待导游的到来。

四是安全上挂心。要树立“安全第一”的意识，把安全服务贯穿整个旅游活动过程中；善于察言观色，及早发现可能出现的病情；具备老年保健和初步的医护知识。

（3）尊重传统　在为老年游客提供服务时，要根据他们心理的特点，体现出对他们的尊重。一是适当给予关照，对于那些比较自信自强的老年游客，他们不愿意使自己成为别人的负担，不愿意受到别人的特殊关照，因此要根据实际情况，以特殊和适当的方式给予关照；二是主动沟通，老年游客经验丰富，要虚心听取他们的意见，及时采纳合理化建议，使他们心情舒畅；三是恰当称呼，在称呼上，应视他们为自己的长辈，但具体称谓上也要因人而异。若接待国内老人团，可称呼他们为“叔叔阿姨或爷爷奶奶”，这样很容易拉近与他们的心理距离，让他们更容易接受你；若是外国老年游客，则要注意地区间的差别和不同国家的习俗，中国老人习惯表现自己的高龄，西方国家的老人则不然。

老年游客服务

3. **儿童游客接待技巧**

出于增长见识、健身益智的目的，越来越多的游客喜欢携带自己的子女一同到目的地旅游，其中不乏一些少年儿童。导游应在做好旅游团中成年游客旅游工作的同时，根据儿童的生理和心理特点，做好专门的接待工作。

（1）注意安全　儿童游客，尤其是2～6岁的儿童，天生活泼好动，因此要特别注意他们的安全。地陪可酌情讲些有趣的童话和小故事吸引他们，既活跃了气氛，又使他们不到处乱跑，保证了安全。

学习笔记

（2）掌握“四不宜”原则　对有儿童的旅游团，导游应掌握“四不宜”的原则。不宜为讨好儿童而给其买食物、玩具；不宜在旅游活动中突出儿童，而冷落其他游客；即使家长同意也不宜单独带儿童外出活动；儿童生病，应及时建议家长请医生诊治，而不宜建议其给孩子服药，更不能提供药品给儿童服用。

（3）多给予关照　导游对儿童的饮食起居要特别关心，多给一些关照。如天气变化时，要及时提醒家长给孩子增减衣服；如果天气干燥，还要提醒家长多给孩子喝水等；用餐前，考虑到儿童个子小，地陪应先给餐厅打电话，请餐厅准备好儿童座椅和刀、叉、勺等一些儿童餐具，以减少其用餐时的不便。

（4）注意收费标准　根据儿童不同的年龄或身高，有不同的收费标准和规定，如机（车、船）票、住房、用餐等，导游应特别注意。

4. 残障游客接待技巧

在旅游团中，有时会有聋哑、截瘫、视力障碍（盲人）等残疾游客，他们克服了许多常人难以想象的困难出来旅游。这些残障游客的自尊心和独立性特别强，虽然他们需要关照，但又不愿给别人增添麻烦。因此，在接待残障游客时，导游要特别注意方式方法，既要热情周到，尽可能地为他们提供方便，又不要给他们带来压力或伤害他们的自尊心，真正做到让其乘兴而来、满意而归。

（1）适时、恰当的关心照顾　接到残障游客后，导游首先应适时地询问他们需要什么帮助，但不宜问候过多，如果过多当众关心照顾，反而会使他们反感。如果残障游客不主动介绍，导游不要打听其残障的原因，以免引起不快。

导游在工作中要时刻关注残障游客，注意他们的行踪，并给予恰当的照顾。尤其是在安排活动时，要多考虑残障游客的生理条件和特殊需要，譬如，选择线路时尽量不走或少走台阶，提前告诉他们洗手间的位置，通知餐厅安排在一层餐厅就餐等。

（2）具体、周到的导游服务　对不同类型的残障游客，导游服务应具有针对性。

对于聋哑游客，要安排他们在车上前排就座，因为他们需要通过导游讲解时的口型来了解讲解的内容。为了让他们获得更多的信息，导游还应有意面向他们，并放慢讲解的速度。

对于截瘫游客，导游应根据接待计划分析游客是否需要轮椅，如需要应提前做好准备。接团时，要与计调或有关部门联系，最好派有行李箱的车，以便放轮椅或其他物品。

对于有视力障碍的游客，导游应安排他们在前排就座，能用手触的地方、物品，可以尽量让他们触摸。在导游讲解时可主动站在他们身边，讲解内容要力求细致生动，口语表达更加准确、清晰，讲解速度也应适当放慢。

学习笔记

想一想 你们的旅游接待计划中的旅游团中是否有2周岁以下婴儿或12周岁以下儿童，有无持老年证、学生证或残疾证的游客，是否需要提供残疾人服务？在服务中应注意哪些问题？

任务检测

扫描二维码检测任务学习情况。

任务2 落实接待事宜

任务导入

每个导游小组按照接待计划，落实各项接待事宜，如住宿、旅游车、用餐等是否安排妥当，核实各项接待事宜是否与接待计划相符。

任务思考

（1）旅游团各项接待是由哪个部门的工作人员来安排？

（2）为什么地陪要落实各项接待事宜？

（3）如何落实各项接待事宜？

落实接待事宜

任务学习

为了保证接团顺利进行，地陪在旅游团启程或抵达的前一天，要认真落实各方面的接待事宜。

一、核对日程安排表

地陪应根据接待计划安排的日程（或电子行程单），认真核对接待社编制的旅游团在当地活动日程表

核实信息很必要

学习笔记

中所列日期、出发时间、游览项目、就餐地点、风味餐品尝、购物、晚间活动、自由活动和会见等项目。如发现有出入应立即与本社计调部有关人员联系核实，以免实施时出现不必要麻烦。

（一）核实接待计划有无变更

地陪在接团前，要与旅行社计调人员联系，认真核对旅游团抵达时间、乘坐交通工具、人数、住房及游览日程方面有无变更，如有变更，以最近时段的变更为准。

（二）核实相关费用

地陪要认真核对旅游团的相关费用：应提供哪些项目、住房及用餐标准、游客自付费用项目、儿童费用等，以免造成不必要的损失或接团中的被动局面。

（三）核实接待细节

地陪还要落实一些具体的接待细节问题：早晨过早离开酒店的当天早餐问题，接早班火车下车后游客的盥洗问题，市内自由活动的用车问题，旅游期间游客过生日的问题，赴下一站交通票据的落实问题，需要上下站接待社的配合问题等。

二、落实接待车辆

地陪应与旅游车司机联系，确认旅游团的用车车型、车牌号、座位数，尤其要注意车型和车座位数是否与旅游团人数相符；与司机商定接头的时间和地点，通常地陪要提前半小时到达见面地点；还要提醒司机检查车辆空调、车载电视、音响和话筒等设备，保证设备正常使用。接待大型旅游团使用两部以上旅游车辆时，地陪应在每辆车上粘贴上编号或醒目标记，以便游客识别；如果地接社接待的旅游团在合同中要求提供行李车，地陪还应与行李车司机联系，告知旅游团抵达的时间、地点及下榻的饭店。

三、落实住房

地陪要熟悉旅游团所住酒店的名称、位置、概况、服务设施和服务项目，如距市中心的距离、附近有何购物娱乐场所、交通状况等。地陪应向酒店销售部或总台核实旅游团所住房间的数量、房型、用房时间是否与旅游接待计划相符，核实房费内是否含早餐等。如果接待的是重点旅游团，地陪可亲自到旅游团下榻的酒店向酒店接待人员了解其团队排房情况，告知旅游团的抵达时间和旅游车牌号，并主动介绍该团的特点，配合酒店做好接待工作。

学习笔记

四、落实用餐

地陪要熟悉旅游团就餐餐厅的名称、位置、特色。同时与各有关餐厅取得联系，确认旅游团日程表上安排的每一次用餐的落实情况，并告知旅游团的团号、日期、人数、餐饮标准、特殊要求和饮食禁忌等。

用餐安排有误

五、落实行李运送

地陪要了解旅行社关于旅游团配备行李车的具体规定。一般普通旅游团队尤其是国内旅游团队，一般不派遣专门的行李车托运行李，通常在游客乘坐的旅游车下层设置了行李柜，由司机提供行李服务。大型团队行李较多时，旅行社会安排专门的行李车及行李员接送行李。如果旅游团配备了行李车，地陪应及时与行李员取得联系，告知旅游团抵达的时间、地点以及下榻的饭店名称和行李交接办法。

六、落实参观游览事宜

对于新的或不熟悉的参观游览点，地陪要事先了解其位置、行车线路、开放时间、最佳游览路线、厕所位置、游览所需时间、停车场位置、途中行驶时间、途经风光等，必要时，地陪可先去踩点，以保证参观游览活动的顺利进行。对于旅游团在参观游览中的特殊要求，应与参观游览点联络，如夏令营团队需在景点举行开营、闭营及其他仪式活动，红色之旅需在纪念地举行与名人座谈的活动以及对景点的捐赠活动等。

七、核实交通票据

地陪应主动与计调部门联系，核实旅游团离开当地的交通工具出票情况，并核实航班（车次、船次）确定的出发时间，以便在接待中安排好旅游团离开饭店前往机场（车站、码头）及托运行李出客房的时间。

八、落实其他项目

如果组团社发来的接待计划中包括该旅游团的会见、宴请、品尝风味餐等活动，地陪应在接团前与计调部门联系，请其落实相关的会见、宴请、风味餐的单位、人员等事宜。

学习笔记

九、与全陪联系

地陪应提前与全陪取得联系，了解该团有何变化情况，对在当地的安排有何要求；同时告知全陪行程中参观游览点对游客的优惠政策及需要携带的相关证件。如果接待的入境旅游团是首站抵达，地陪应与全陪联系，约定见面时间和地点，一起提前赴机场（车站、码头）迎接旅游团。如果接待的是散客，地陪应与游客联系，确认接站地点和时间。

任务检测

扫描二维码检测任务学习情况。

任务 3　知识和物质准备

任务导入

每个导游小组按照接待计划，针对行程安排以及旅游团的性质和特点，做好相关的知识和物质准备。

任务思考

（1）根据旅游接待计划，分析需要哪方面的知识？

（2）旅游团成员会对哪些话题感兴趣？当前有哪些热门话题和重大新闻？

（3）旅游团和行程安排中会涉及哪些卫生和安全常识？

（4）导游带团必须携带哪些物品？

任务学习

导游的知识准备应该是在平时就不断进行的，但在每次接团前，地陪应根据所接旅游团的特点（如专业旅游团、特种旅游团）和计划的参观游览项目，做好有关知识和物质方面的准备。

学习笔记

一、知识准备

（一）专业知识

根据接待计划上确定的参观游览项目，做好有关知识和资料的准备，尤其是计划中所列新开放景点知识的准备。准备时要注意知识的更新，及时掌握最新信息。接待有专业要求的团队，要做好相关专业知识和术语、词汇的准备。一定要了解游客的背景知识，对每一段行程内容都精心准备，包括预先设计好导游词和谈论的话题，如以哪个景点做导言引入话题，主要讲述几个要点，讲多长时间，游客可能会有什么问题，对此应如何回答等，务必使游客感受到导游的途中讲解和景点讲解的内容相得益彰、一气呵成。做好当前热门话题、国内外重大新闻以及游客可能感兴趣的话题的准备。

如果接待的是入境旅游团，地陪还要做好客源国家（地区）有关知识的准备以及语言翻译和外语词汇的准备。在语音、语调、语法和用词等表达技巧方面，注意表达清楚、生动和流畅。

想一想 你们的行程安排中的游览项目，是否有不熟悉的景点？旅游团是否有专业要求？旅游团成员会对哪些话题感兴趣？当前有哪些热门话题和重大新闻？

（二）卫生常识

1. 中风

（1）症状与体征　中风又称脑溢血，主要发生于中、老年高血压病患者。脑溢血症状一般表现为不同程度的突发头痛、恶心呕吐、言语不清、小便失禁、肢体活动障碍和意识障碍，严重者很快陷入昏迷状态，甚至突然呼吸停止而死亡。

中风的处理

（2）中风的预防　一要注意劳逸结合。游客突发脑溢血往往是由于旅行生活不安定，休息和睡眠较差，气候变化较大，血压没有得到有效控制而突然大幅度上升，同时因为条件或环境所限制没有立即被送往医院救治而发生。此外，游客在旅行中不慎跌倒而撞击头部，由于高血压、血管脆也会造成脑溢血。因此合理安排旅游活动、保证足够的睡眠和休息时间、注意老年游客旅游过程的安全是预防的关键。

二要注意饮食安全。因饮酒、进食或抽烟过量而导致脑出血发病的实例常有发生，因此导游应提醒游客忌高糖高脂食物、忌暴饮暴食、忌

学习笔记

酗酒和大量抽烟，不宜进食过于辛辣的刺激性食物和过浓的咖啡、茶等饮料，可以多次少量地饮水。

三要注意保持心情舒畅。高血压患者在紧张时血管收缩反应比正常人敏感持久，因此导游对有高血压的游客应注意保持他们的心情舒畅、减缓精神紧张，对于预防脑溢血十分必要。

四要注意身边的症状警告。脑溢血的发病虽突然，但部分病人在发病前数小时或数日内还是会有一些轻重不等和易被人们所忽视的先兆症状。因此导游应注意有高血压病的中老年人，一旦突发头痛加重或由间断性变成持续性；突发头晕或原有头晕明显加重；突发一侧肢体或头面、舌部短暂性发麻、乏力或活动欠灵活；突发嘴角流水漏气、舌头发硬、咬字不准、吐字不清；突发血压持续升高不降等症状时，应尽快送患者就医和采取正确的防治措施，以确保安全。

（3）处理常识　导游一旦发现游客出现中风症状，切勿惊慌失措，不能大声叫喊或猛烈摇动昏迷者，也不能随便挪动病人，因为随意挪动会扩大脑出血范围。若患者坐在地上尚未倒地，可直接上前将其扶住；若患者已倒地，不能随便挪动病人，可缓慢地将其挪正到仰卧，同时小心地将其头偏向一侧，以防呕吐物误入气管产生窒息。立即用冰袋、冰水或冷水毛巾冷敷其头部，也可用雪糕（冰棍、冰棒）替代。这样可减少脑出血量，降低颅内压，保护脑细胞，减少后遗症的发生。密切注意患者的意识、血压、呼吸和脉搏，不要给患者进食和喝水，以免食物和水误入气管引起窒息和肺炎。如果患者意识丧失，可将患者摆放成侧卧位，头稍后仰，以保持呼吸道通畅；及时清理患者口中的呕吐物，以防患者将其吸入肺中。尽快将患者送医院救治，并及时告知医生有关患者发病的具体时间、症状、意识情况等信息。

2. 骨折

骨折的处理

（1）症状与体征　骨折指骨头或骨头的结构完全或部分断裂。一般骨折，伤者的软组织（皮下组织、肌肉、韧带等）损伤疼痛更剧烈，受伤部位肿胀淤血明显。四肢骨折，可见受伤部位变形，活动明显受阻。若是开放性骨折，折断的骨骼会暴露在伤口处，而闭合性骨折，则皮肤表面无伤口。

（2）处理常识　第一，判断是否骨折。首先要考虑伤者受伤的原因，如果是车祸伤、高处坠落伤等原因时，一般骨折的可能性很大；其次要看一下伤者的情况，如伤肢出现反常的活动，肿痛明显，则骨折的

学习笔记

可能性很大；如骨折端已外露，肯定已骨折；最后，在判断不清是否有骨折的情况下，应按骨折来处理。

第二，止血。如出血量较大，应用手将出血处的上端压在邻近的骨突或骨干上或用清洁的纱布、布片压迫止血，再用宽的布带缠绕固定，要适当用力但又不能过紧。不要用电线、铁丝等直径细的物品止血。如有止血带，可用止血带止血，如无止血带可用布带。上肢出血时，止血带应放在上臂的中上段，不可放在下1/3或肘窝处，以防损伤神经。下肢止血时，止血带宜放在大腿中段，不可放在大腿下1/3、膝部或腿上段。上止血带时，要放置衬垫。上止血带的时间为上肢不超过1小时，下肢不超过1.5小时。

第三，包扎。对骨折伴有伤口的病人，应立即封闭伤口。最好用清洁、干净的布片、衣物覆盖伤口，再用布带包扎。包扎时，不宜过紧也不宜过松，过紧会导致伤肢的缺血坏死；过松则起不到包扎作用，同时也起不到压迫止血的作用。如有骨折端外露，注意不要将骨折端放回原处，应继续保持外露，以免引起深部感染。

第四，上夹板。尽可能保持伤肢固定位置，不要任意牵拉或搬运病人。固定的器材最好用夹板，如无夹板可就地取材用树枝、书本等固定。在没有合适器材的情况下，可利用自身固定：如上肢可固定在躯体上，下肢可利用对侧固定，手指可与邻指固定。

第五，搬运伤员。单纯的颜面骨折、上肢骨折，在做好临时固定后可搀扶伤员离开现场。膝关节以下的下肢骨折，可背运伤员离开现场。颈椎骨折，可一人用双手托住枕部、下颌部，维持颈部伤后位置，另两人分别托起腰背部、臀部及下肢移动。胸腰椎骨折，则需要一人托住头颈部，另两人分别于同侧托住胸腰段及臀部，另一人托住双下肢，维持脊柱伤后位置移动。髋部及大腿骨折，需要一人用双手托住腰及臀部，伤员用双臂抱住救护者的肩背部，另一人用双手托住伤员的双下肢移动。伤员在车上宜平卧，如遇昏迷病人，应将其头偏向一侧，以免呕吐物吸入气管，发生窒息。

3. 被蛇和毒虫蜇伤

（1）被毒蛇咬伤　在旅游途中如果不幸有游客被毒蛇咬伤，导游应马上进行紧急处理，处理得越快越早，效果就越好。

第一，安慰游客。要让伤者冷静下来，千万不要走动。被毒蛇咬伤后，如果跑动或有其他剧烈动作，则血液循环加快，蛇毒扩散吸收也同时加快。

学习笔记

第二，包扎伤口。要马上用绳、布带或其他植物纤维在伤口上方超过一个关节处结扎。动作必须快捷，不能结扎得过紧，阻断静脉回流即可，而且每隔15分钟要放松一次，以免组织坏死。然后用手挤压伤口周围，将毒液挤出，等伤口经过清洗、排毒，再经过内服外用有效药物半小时后，方可去除包扎。

第三，冲洗伤口。要用清水冲洗伤口的毒液，以减少吸附。有条件的话用高锰酸钾溶液冲洗伤口，这样效果更好。

第四，扩大伤口排毒。用小刀按毒牙痕的方向切纵横各1厘米的十字形口，切开至皮下即可，再设法把毒素吸出或挤出。一直到流血或吸出的血为鲜红色为止，或者局部皮肤由青紫变成正常为止。在不切开伤口的前提下，可努力破坏蛇毒，使其失去毒性。

第五，用凉水浸祛毒素。帮助伤者将伤口置于流动的水或井水中，同时清洗伤口。

第六，送往医院。进行初步处理后，要及时送伤者去医院治疗。

（2）被蝎子蜇伤　蝎子伤人会引起伤者局部或者全身的中毒反应，还会出现剧痛、恶心、呕吐、烦躁、腹痛、发烧、气喘，重者可能出现胃出血，甚至昏迷，儿童可能因此而中毒死亡。

蝎子伤人的急救方法与被毒蛇咬伤的处理方法大致相同。不同之处是由于蝎子毒是酸性毒液，冲洗伤口时应该用碱性肥皂水反复冲洗，这样可以中和毒液。如果游客中毒严重，应该立即送其去医院抢救。

（3）被蜈蚣刺伤　游客在野外、山地旅游或露天扎营过夜时，有可能被蜈蚣刺伤，刺伤后一般有红肿热痛现象，可发生淋巴管炎和淋巴结炎。严重中毒时会出现发烧、恶心、呕吐、眩晕、昏迷。一般来说，出现这种情况对成人无生命危险，但儿童可能中毒死亡。

蜈蚣毒性同蝎毒一样是酸性毒液，可用肥皂水或石灰水冲洗中和，然后口服蛇药片。如果游客中毒严重，要及时送去医院治疗。

（4）被毒蜘蛛咬伤　毒蜘蛛的毒性很大，可能导致肿痛、头昏、呕吐、虚脱，甚至死亡。被毒蜘蛛咬伤的急救方法与被毒蛇咬伤的急救方法相同。

（5）被蜂蜇伤　蜂蜇受伤以后，有的几天后自愈，有的则出现生命危险。被黄蜂蜇伤后，导游应该帮助伤者轻轻挑出蜂刺，注意千万不能挤压伤口，以免毒液扩散。因为黄蜂的毒为碱性毒液，可以用醋清洗伤口。被其他蜂，如马蜂、蜜蜂等蜇伤后，导游要帮助游客先将伤口内的刺挤出来，再用肥皂水清洗。如果游客中毒严重，要及时送去医院治疗。

学习笔记

（三）安全常识

1. 高原旅游

高原反应的应对措施

高原一般是指地势在海拔2700米左右高度的地区，由于达到这一高度时，气压低、空气干燥、含氧量少，人体会产生高原反应。

（1）症状与体征　高原反应即急性高原病，是人到达一定海拔后，身体为适应因海拔而造成的气压差、含氧量少、空气干燥等的变化，而产生的自然生理反应。海拔一般达到2700米左右时，就会有高原反应。在进入高原后，如果出现了下列症状，应考虑已经发生高原反应：一是头部剧烈疼痛、心慌、气短、胸闷、食欲不振、恶心、呕吐、口唇指甲绀紫。二是意识恍惚，认知能力骤降。主要表现为计算困难，在未进入高原之前做一道简单的加法题，记录所用时间，在出现症状时，重复做同样的计算题，如果所用时间比原先延长，说明已经发生高原反应。三是出现幻觉，感到温暖，常常无目标地跟随在他人后面行走。

（2）处理常识　一是高原上动作要缓，尤其是刚刚到达的时候要特别注意，不可疾速行走，更不能跑步或奔跑，也不能做体力劳动。

二是不可暴饮暴食，以免加重消化器官负担，不要饮酒和吸烟，多食蔬菜和水果等富含维生素的食品，适量饮水，注意保暖，少洗或不洗澡以避免受凉感冒和消耗体力。

三是进入高原后要不断少量喝水，以预防血栓。一般每天需补充4000毫升液体。因湿度较低，嘴唇容易干裂，除了喝水，还可以外用润唇膏改善症状。

四是学会腹式呼吸，即在行走或攀登时将双手置于臀部，使手臂、锁骨、肩胛骨及腰部以上躯干的肌肉作辅助呼吸，以增加呼吸系统的活动能力。

五是尽量避免将皮肤裸露在外，可以戴上防紫外线的遮阳镜和撑遮阳伞，在可能暴露的皮肤上涂上防晒霜。

六是高原反应容易导致失眠，可以适当服用安定保证睡眠，以及时消除疲劳，保证旅游顺利进行。

七是提前服用抗高原反应药，如红景天、高原康、高原安等。

2. 沙漠旅游

（1）行前导游应了解当地的有关情况，如气候、植被、河流、村庄、道路等，规划好旅游线路，在确保安全的情况下制订出可行的旅游方案。

（2）告知游客在出发前穿上防风沙衣服和戴上纱巾，脸上涂上防晒

学习笔记

霜，戴太阳镜和遮阳帽，穿上轻便透气的高帮运动鞋，以防风沙。

（3）告知游客在沙漠旅游中不要走散，一旦走散后迷失了方向，不要慌张，也不要乱走，应在原地等待救援。

（4）若在沙漠旅游中遇到沙暴，要带领游客避开风的正面，千万不要到沙丘背风坡躲避，以防被沙暴掩埋的危险。

3. 冰雪旅游

（1）在滑雪前，导游应告知游客穿戴好滑雪服，滑雪服最好选用套头式，上衣要宽松，以利滑行动作；衣物颜色最好与雪色有较大反差，以便他人辨认和避免相撞；佩戴好合适的全封闭保护眼镜，避免阳光反射及滑行中冷风对眼睛的刺激。

（2）在滑雪前，导游还应告知游客做好必要的防护措施，如检查滑雪板和滑雪杖有无折裂的地方，固定器连接是否牢固，选用油性和具有防紫外线的护肤用品，对易受冻伤的手脚、耳朵做好保护措施等。

（3）进入滑雪场后，导游应叮嘱游客严格遵守滑雪场的有关安全管理规定，向滑雪场工作人员了解雪道的高度、坡度、长度和宽度及周边情况，告知游客根据自己的滑雪水平选择相应的滑道，注意循序渐进，量力而行，要按教练和雪场工作人员的安排和指挥去做，不要擅自到技术要求高的雪区去滑雪；注意索道开放时有无人看守，若没有人看守，切勿乘坐。

（4）告知游客在滑雪过程中，要注意与他人保持一定的距离，不要打闹，以免碰撞；滑雪人数较多时，应调节好速度，切勿过快过猛。

4. 漂流旅游

（1）在上船之前，导游应告知游客不要身带现金和贵重物品，仔细阅读漂流须知，听从工作人员安排，穿好救生衣，根据需要戴好安全帽。

（2）告知游客在水上漂流中不要做危险动作，不要打闹，不要主动去抓水上的漂浮物和岸边的草木石头，不要自作主张随便下船。

（3）告知游客漂流中一旦落水，千万不要惊慌失措，因为救生衣的浮力足以将其托浮在水面上，静心等待工作人员和其他游客前来救援。

5. 温泉旅游

（1）不宜泡温泉的情形　一是癌症、白血病患者，不宜泡温泉，以防刺激新陈代谢，加速身体衰弱。

二是皮肤有伤口、溃烂或真菌感染如香港脚、湿疹的患者，都不适合泡温泉，以免引起伤口恶化。过敏性皮肤疾病患者也不适合浸泡在高温的泉水中，以免由于加速皮肤水分蒸发、破坏皮肤保护层而引起荨麻疹。

学习笔记

三是女性生理期来时或前后，怀孕的初期和末期，最好不要泡温泉。

四是睡眠不足、熬夜之后、营养不良、大病初愈等身体疲惫状态下，不适合泡温泉，以免因为突然接触过高温度引起脑部缺血或休克。

（2）泡温泉时注意事项　第一，高血压和心脑血管疾病患者，在规则服药或经医生允许的前提下，可以泡温泉，但以每次不超过20分钟为宜。并注意：入水前，先用温泉水缓慢地擦拭身体，待适应后再进入，以免影响血管正常收缩；出水时，缓慢起身，以防因血管扩张、血压下降导致头昏眼花而跌倒，诱发脑中风或心肌梗死。

第二，糖尿病患者在血糖控制较好、体征比较稳定的情况下，可以泡温泉。如果血糖不稳定，会因为在温泉中容易出汗，造成脱水，引起血糖变化。此外，大多数糖尿病患者，都伴有周围神经病变，手掌、脚掌感觉异样，温度敏感度较差，容易因为长久浸泡造成烫伤而不知。

第三，空腹或太饱时不宜入浴，以免出现头晕、呕吐、消化不良、疲倦等症状。

第四，入水时，应从低温到高温，逐次浸泡，每次15～20分钟即可。

第五，泡温泉的时间应根据泉水温度来定，温度较高时，不可长久浸泡，以免出现胸闷、口渴、头晕等症状。

第六，泡温泉时，应多喝水，随时补充流失的水分。

第七，泡温泉时，由于脸上的毛孔会释放大量自由基而损伤皮肤，最好敷上面膜或用冷毛巾敷面，同时闭上双眼，以冥想的心情，配合缓慢的深呼吸，真正舒缓身心压力。

第八，泡温泉时，如果感觉身体不适，应马上离开，不可勉强继续。

（3）泡温泉后注意事项　第一，泡完温泉后，一般不必再用清水冲洗，但如果是浸泡较强酸性或硫化氢含量高的温泉，则最好冲洗，以免刺激皮肤，造成过敏。

第二，泡温泉后要注意保暖，迅速擦干全身，特别是腋下、胯部、肚脐周围和四肢皮肤的皱褶处，及时涂抹滋润乳液，锁住皮肤水分。

第三，泡温泉后，人体水分大量蒸发，应多喝水补充。

6. 研学旅行

（1）研学旅行开展前注意事项　第一，导游应结合研学活动学校的实际情况，协助活动学校制订研学旅行安全应急预案，明确应急事故处理程序和方式。

第二，为确保研学活动安全，导游应配合活动学校成立安全工作组，工作组包括但不限于人员清点组、交通安全组、饮食安全组、住宿

学习笔记

安全组、活动安全组、医疗后勤组、宣传统筹组等，并明确各小组具体分工、责任人与职责。

第三，导游应在研学活动开展前到活动学校召开研学活动行前说明会，提供安全防控教育知识读本，对学生进行行前安全教育。

第四，导游应提前熟悉研学旅行活动的地点，进行实地勘察，制订安全合理的活动线路和方案，以确保活动安全。

第五，导游应以安全、卫生和舒适为基本要求，提前对住宿营地进行实地考察，并提前将住宿营地相关信息告知学生和家长，以便做好相关准备工作。

（2）研学活动进行中注意事项　第一，导游需要加强交通服务环节安全防范，向学生宣讲交通安全知识和紧急疏散要求，组织学生有序乘坐交通工具，在承运过程中随机开展安全巡查工作，提醒学生系好安全带，并在学生上、下交通工具时清点人数，防范出现滞留或走失情况。

第二，入住研学营地或酒店时，导游应详细告知学生注意事项，宣讲住宿安全知识，带领学生熟悉安全通道，根据制定的安全管理制度，开展巡查、夜查工作。

第三，导游应提前制订就餐座次表，组织学生有序就餐，在学生用餐时做好巡查工作，确保餐饮服务质量，并督促餐饮服务提供方按照有关规定，做好食物留样工作。

第四，导游要认真组织、有序开展研学活动。活动中导游应将安全知识作为导游讲解服务的重要内容，并通过各种形式加强对学生的安全教育，以提高学生的安全防范意识，让学生掌握自护、自救、互救等安全防范的知识和技能。

第五，活动结束后，导游要组织学生在规定的地点按时集合，认真清点人数并上报，组织学生有序上车，导游应与跟班老师一同跟车回校，待学生家长接到学生后方能离开。

想一想　你们的接待计划中是否有涉及安全问题的游览项目？

二、物质准备

地陪上团前，要做好接团的有关物质准备。

（一）必要的票证

做好物质准备

地陪在接团前要到旅行社相关部门领取接待计划表（电子行程单）、旅游服务质量反馈表、旅游团名单、门票结算单、餐饮结算单、旅游团费用结算单等。地陪一定要注意：在填写这些单据时，具体数目一定要与旅游团的人数相符，人数、金额要大写；而且还要注意，各种单据上要盖上旅行社公章。

学习笔记

（二）工作物品

地陪带团必备的工作物品有导游证、导游身份标识、导游旗、扩音器、接站牌、旅游车标志、宣传资料、行李牌（或行李标签）、通讯录以及按旅游团人数发放的物品（如旅游帽、导游图或其他旅游纪念品）等。

1. 导游证

导游证代表了导游的职业身份和职业技术能力，导游在接团时必须佩戴导游证或导游身份标识，并主动认真地向游客展示并说明自己的导游证，从而使自己所表达的为游客服务的良好意愿有更加可信的基础。

2. 接站牌

接站牌尽量不要使用白纸黑字，虽然比较醒目，但会让游客感到晦气；此外接站牌在接站前尽量不让他人看到，以防他人盗用，欺骗游客。如果接待的是旅游团，接站牌上要写清团名团号，领队或全陪姓名；如果接待的是散客，要写清游客的姓名。接站牌的字迹要大而清晰，突出且醒目。

（三）个人物品

地陪带团必备的个人物品有手机及充电宝、防护用品（雨伞、遮阳帽、润喉片）、常备药物、记事本与工作包等。

1. 手机

手机不仅是导游带团的通信联络工具，而且还能计时，可以随时查看时间，还可以当作闹钟和计算器使用。导游带团时要求开启导游执业相关应用软件，因此手机还要保持网络畅通，电量充足，充电宝也是必备的。

2. 记事本

“好记性不如烂笔头”，导游要准备一个小小的记事本，将重要的联系电话、工作计划做一些必要的记录；将在带团过程中自己的心得体会随时记下来，这对以后的工作会有很大帮助。

3. 工作包

导游应选择整洁干净、大小适中、安全可靠的工作包，这样既轻松方便，又可以满足导游需要放一些票据、团款等重要物品的需求。

4. 应急用品

导游应帮助司机营造一个干净整洁的车厢环境，要积极引导游客保持车内卫生，因此准备一些塑料袋很有必要，同时还可以把它们提供给

学习笔记

一些晕车的游客，一举两得。

导游还可以准备一个应急小药盒，里面放上一些常备药物，如晕车药、止泻药、创可贴、医用纱布、医用酒精等。

5. 小奖品

在旅游过程中，为了活跃气氛，调动游客的积极性，导游需要准备一些成本不高的小物件作为奖品，比如中国结、手机小挂件等。

6. 水杯

导游最基本的工作就是讲解，准备一个水杯，保持喝温水的习惯，对经常用嗓的导游大有裨益。水杯要防漏、保温、便于携带。

此外导游带团在外工作，需要脑体高度结合，要随身准备一些高能量且方便的食品，比如巧克力和糖果之类的，可以迅速补充体力，增强脑力。

导游还可以准备一些小工具，如针线包、小剪刀、小刀等，这在旅途中对游客的意义很大，同时也体现出导游的细心和丰富的经验。

任务检测

扫描二维码检测任务学习情况。

任务 4　形象和心理准备

任务导入

每个导游小组针对旅游团的性质和特点，分析带团中可能遇到的问题，做好形象和心理准备。

任务思考

（1）如果你是游客，希望见到的导游是什么样子的？

（2）导游带团时，会遇到哪些问题？承受哪些心理压力？情绪会受到哪些影响？

（3）如果情绪处于不好的状态，你会怎样调节好自己的情绪？

任务学习

学习笔记

导游的形象气质会给游客留下深刻的印象，一定程度上左右着游客对导游的主观态度。因此导游要善于在游客心目中为自己树立一个良好的职业形象，赢得游客的好感和信赖。而且导游的职业形象不仅关系个人形象，更重要的是关系目的地和旅游企业的形象。同时导游带团时面对的是不仅是一个有着变数的群体，而且还容易受各种客观条件的影响，会遇到各种各样的问题以及游客可能提出的特殊服务要求和游客的误解、抱怨、甚至投诉。因此，导游在带团前要做好职业形象的准备和充分的心理准备。

一、形象准备

（一）注重仪容仪表，讲求形象美

导游职业形象准备

仪容仪表是人的精神面貌的外在表现，因此，导游职业形象首先要注重仪容仪表，讲求形象美。形象美要做到服饰搭配得体、饰物适当、修饰整洁、化妆淡雅。

1. 服饰搭配得体

在带团过程中，导游最常用的服装是便装，如休闲服、运动服、牛仔装等，这样工作起来非常方便，也会让游客感到亲切；当然，如果旅游行程中安排了一些会议、宴会等，导游要准备好正装：男导游可以准备一套西装或中山装；女导游可以准备套装、晚礼服或旗袍。

2. 饰物适当

导游形象要求

导游佩戴的饰物要恰当选择，要符合自己的身份，起到锦上添花而不是画蛇添足的效果。导游证是职业形象的重要标志，导游带团必须将其佩戴于胸前；帽子既是装饰品，也是防晒御寒的实用品；首饰佩戴要适度，以少为宜，精美而不夺目、雅致而不低俗。不允许佩戴过度张扬自己“女人味”的耳环、手镯、脚链等首饰。

3. 修饰整洁

导游可以适当修饰和美化自己，既尊重游客，又体现出自然、大方、清新的整体风貌。头发要保持清洁和整齐，女导游如果是长发，在带团时要束起来或盘起头发，不要随意披散；男导游应前发不覆额、鬓发不过耳、后发不及领。

学习笔记

4. **化妆淡雅**

导游的手部指甲要及时修剪，不要留过长的指甲，指甲内要保持干净，不能藏有污垢，不要涂深色指甲油或做过分夸张的美甲。

导游带团时可以适量使用香水，以遮盖汗味。一般情况下，1米范围内能够闻到淡淡的幽香较为合适，涂抹香水的部位最好是光线照射不到的地方，如腋下、耳后、手臂内侧等。女导游带团时可以化淡妆，不要浓妆艳抹，要恰到好处；男导游的化妆要体现男子汉的气概，稍稍修整眉形和发型即可。

（二）注重礼貌礼节，讲求行为美

游客旅游时都希望得到礼貌服务，得到尊重，因此导游要注重礼节礼貌，讲求行为美。行为美要做到自然大方，站有站相、坐有坐相、走有走相。

1. **站立**

导游站立时膝盖要挺直，身体要保持端正挺拔，不要两手叉腰或把手插在裤兜里，要给游客一种谦恭有礼的感觉。

2. **坐姿**

导游坐着时要保持上身自然挺直，两腿自然弯曲，女导游一般两膝并拢，男导游一般可张开双腿，要给游客一种温文尔雅的感觉。

3. **行走**

导游行走时脚步要从容轻快，干净利落，要给游客一种轻盈稳健的感觉。

4. **持导游旗**

导游持导游旗时要保持旗杆直立或斜靠在同侧肩部，不要扛在肩上或插在腰带里，不能来回摇晃或拖在地上走，更不要折叠、卷曲、乱扔导游旗。

（三）注重语言表达，讲求语言美

确立良好的职业形象，还要通过语言表达来表示对游客的关心和尊重，因此导游要注重语言表达，讲求语言美。

学会使用柔性语言

1. **使用礼貌用语**

要做到语言美，首先要学会使用礼貌用语，如“谢谢您”“对不起”“请”等，可以让话语变得委婉而有礼貌，体现出谦和和修养。

2. **注重语言表达**

导游讲话时还要做到音量大小适中、语调亲切自然、语速快慢相宜，体现出自信，赢得游客的好感。

学习笔记

? 想一想　你平时的形象、行为和语言方面与导游职业要求有哪些差距?

二、心理准备

(一)思想准备

导游需要具备良好的心理素质，在接团前要做好相应的思想准备。

全陪要求换地陪

1. 准备面临艰苦复杂的工作

导游在上团前，不仅要根据旅游团的情况考虑如何按照正规的工作程序向游客提供热情周到的服务，而且还要有充分的思想准备考虑对特殊游客如何提供服务，以及如何去面对、处理接待过程中可能发生的问题和事故。

2. 准备承受抱怨和投诉

尽管导游尽其所能为游客提供了热情周到的服务，但还是有可能遇到某些或个别游客的挑剔、抱怨和指责，甚至投诉。面对这种情况，导游要做好思想准备，要冷静、沉着地面对，无怨无悔地继续做好导游服务工作。

3. 准备面对形形色色的“精神污染”和“物质诱惑”

导游在带团过程中，经常要与各种各样的游客接触，还要同一些商家打交道，他们的言行举止可能有意无意地传播某些不健康的内容，甚至用物质利益来进行引诱。因此，对于这些言行，导游应有充分的思想准备，坚持兢兢业业带团，堂堂正正做人。

(二)情绪调节

旅游中的不顺利，游客的不配合、指责、抱怨等，都会影响导游的情绪，这些不良情绪往往突出表现在表情上，如面部涨红、显得高度紧张和拘谨、声音异常、目光呆滞等。如果导游不注意情绪的调整，就会把不良情绪带到工作中，而且这种不良情绪还会传染给游客，进而影响游客的满意度，导致导游服务质量下降。在遇到情绪不佳时，怎样进行自我调节，才能将自己情绪控制在良好的状态呢?不妨尝试用下面的方法进行训练。

1. 角色控制

为游客提供服务时，要随时提醒自己，在游客面前自己所扮演的角色是“导游”。而导游又是多角色的统一体，要分清不同角色的作用并适时完成角色的转换。当嘱咐游客多穿衣服或明天爬山要穿合适的鞋子时，导游就像母亲对待自己的孩子一样细心体贴；当给偶然患病的游客

学习笔记

以精心的照料时又像护士一般温柔细致；当介绍我国或异国的文化、宗教以及社会制度时，事实上是作为国际主义者提倡对我国或他国文化的理解和包容；当进行精彩的景观讲解时，则承担着“游人之师”的角色。

尤为重要的是导游必须懂得自己该在什么样的场合扮演什么样的角色，什么时候该“进入角色”，什么时候可以“退出角色”。因此必须训练自己，用自己脑海中的不同角色的形象来自觉地调节，迅速使自己进入一种充满信心的情绪状态。

2. 自我暗示

真正的情绪只有自己清楚，通过自我暗示使自己对待游客的态度变得积极，积极地想象会抑制和消除消极的态度。导游可以做这样的自我提示：

我是一个富有同情心、开朗、乐于助人的人……

谁见了我都愉快，我友好、亲切……

我乐意倾听别人的陈述，并可以做到微笑对待……

我愿意而且一定能做到让游客理解我，喜欢我……

游客很亲切，很友善……

他们很高兴，充满着旅游的欢乐情绪，导游工作很有意思，游客赞赏我的工作，给了我表现的机会……

游客为旅游花了很多钱，他们维持着旅行社和我的工作岗位。有人参加旅游活动是好事，没有游客我必须去干别的工作，我喜欢旅游，我愿意干导游工作……

3. 排除刺激

导游独立带团在外，常常会遇到一些意想不到的人和事，可以通过排除客观刺激物来消除对情绪的影响，如个别游客对讲解不感兴趣或走开或小声讲话等，可以不必在意；同时还应排除周围群众及其他噪声对情绪的影响，排除无关刺激的影响，可以最大限度地使自己的心理与客观外界达到和谐与平衡。

4. 姿态矫正

导游自己情绪不佳时，可以通过改变身体姿态，使不良情绪得以矫正。要经常留心自己在不同的情绪体验时，通常会有什么样的动作和姿态；也可以有意地做出一些不同的动作，摆出一些不同的姿态，体会一下这些动作和姿态能对自己的心情产生什么的影响。这样经过自我训练，有了较高的敏感性以后，一旦发现自己情绪不佳，就会立刻想到对自己的姿态进行调整，而且也知道该怎样去调整。这种敏感性还能提高导游观察和对游客施加影响的能力。如根据游客的姿态和动作来判断他们的情绪状态如何，也可以有意识地通过改变他们的姿态和让他们做一些动作，对他们的情绪状态施加影响。

学习笔记

想一想 你的情绪容易受到哪些因素影响？情绪不好时有哪些表现？一般是如何调节情绪的？

任务检测

扫描二维码检测任务学习情况。

项目实施

步骤一 组建导游小组，选举小组长，承担地陪导游带团任务，领取旅游接待计划。

步骤二 研读旅游接待计划，对其中的接待重点和难点以及不清楚的事项做好标记；实地考察或利用电子地图线上调查当地旅游线路，分析行程安排是否科学合理；充分考虑旅游团实际情况，行程安排是否妥当？如有不妥之处，调整行程安排，并做好行程变更预案；记录行程安排中的特殊要求，如用餐、用房、用车、游览等方面特殊要求以及注意事项；分析旅游团特点和特殊游客情况，并对特殊游客做好标记，记录服务工作要点及注意事项。

步骤三 导游小组一起研讨，对于旅游接待计划中不清楚的事项以及需要调整的行程变更情况，可以采取角色扮演的方式与旅行社计调进行沟通，最后确定旅游团行程安排或者行程变更预案以及接待中的特殊要求和注意事项，编制旅游团日程安排表。

步骤四 根据旅游接待计划，确定落实接待事宜工作环节所需要的各种角色，导游小组进行角色分配，编写落实接待事宜情景对话并进行模拟演练，选择合适场所进行接待事宜情景模拟，同时拍摄视频，最后剪辑制作完成落实接待事宜情景的模拟视频。

步骤五 导游小组一起商谈，针对旅游团性质和特点，就可能涉及的相关知识进行准备，并列举出需要准备的相关知识和注意事项。

学习笔记

步骤六 导游小组一起研讨，列出带团必备的各种物品，并模拟导游带团实际，制作相应物品，备好各种物品。

步骤七 按照导游职业形象要求，导游小组每个成员都要按照导游带团要求做好形象准备。

步骤八 根据接待计划，导游小组一起分析并列举出导游带团中可能遇到的问题，并做好相应的心理准备；同时设想并列举出遇到相应的问题时自己的情绪会受到的影响以及情绪变化情况，列举出调控好情绪的方法。最后形成心理准备的完整预案。

项目评价

按照接团准备项目的评分标准进行自评、学生互评和教师评价，并进行加权（权重由教师设置，参考权重设置：自评10%、学生互评30%、教师评价60%）计算，评选出最佳“接团准备”导游小组和“最佳形象”导游，教师可根据实际情况给予适当物质和精神奖励。

项目	要求	分值	得分
分析接待计划	日程安排是否科学合理，服务工作要点是否全面，是否具有针对性	20	
落实接待事宜	工作环节是否全面有效；角色分配是否全面得当，对话是否符合礼仪规范和导游工作实际，角色扮演是否符合职业身份，场景选择是否合适，视频制作是否完整且具有视觉美感	20	
知识准备	知识准备项目是否具有针对性，是否符合游览项目和旅游团性质和特点，注意事项是否全面有效	20	
物质准备	物品准备是否齐备、完善，是否分类分装，能否快速找到；工作包是否便于携带；接站牌设计是否醒目	10	
形象准备	整体形象是否职业化；服装和饰物、发型及头发修饰是否符合导游职业要求；衣服是否干净整洁，手、指甲等是否清洁	10	
心理准备	心理准备预案是否全面；带团中遇到的问题和心理准备是否符合接待计划实际情况，是否具有针对性；情绪变化和调整方法是否合理，是否有效	10	
小组合作	任务分工是否合理明确，小组成员是否积极参与，小组长是否发挥组织协调作用，合作是否有效	10	
合计			

项目小结

学习笔记

导游服务是一项事无巨细的工作，本项目引领我们学会做好充分的接团准备工作，为后续的顺利带团奠定良好的基础。首先要认真详细分析接待计划和旅游团成员的特点和特殊游客情况，记录工作中的重点和注意事项，编制旅游活动日程安排表；然后落实好接待工作中的每一个环节中的细节问题；之后根据游览项目，并针对旅游团性质和特点做好知识准备和物质准备；最后根据导游职业规范要求和导游带团特点，做好形象和心理准备工作。

项目拓展

对当地的旅游线路、旅游景点、旅游酒店分布情况进行调研，调研内容包括：旅游线路分布的代表性景观和标志性建筑名称、特色及地理位置，旅游景点名称、位置分布及著名景观，旅游酒店名称、位置分布及特色。撰写调研报告，导游小组分组进行汇报。

项目检测

扫描二维码检测项目学习情况。

学习笔记

项目二 迎接服务

项目概述

迎接服务是地陪到达机场、车站、码头迎接旅游团前后所提供的各项服务。这是地陪在游客面前的首次亮相，在地陪的整个导游服务中至关重要，关系着能否给游客留下美好的第一印象，能否在以后的工作中有愉快的合作。因此地陪要提供准时、热情、友好的接待服务。本项目分为接站服务、防范与处理接站问题、旅游汽车服务、首次沿途导游四项任务，具体内容如图3-2所示。

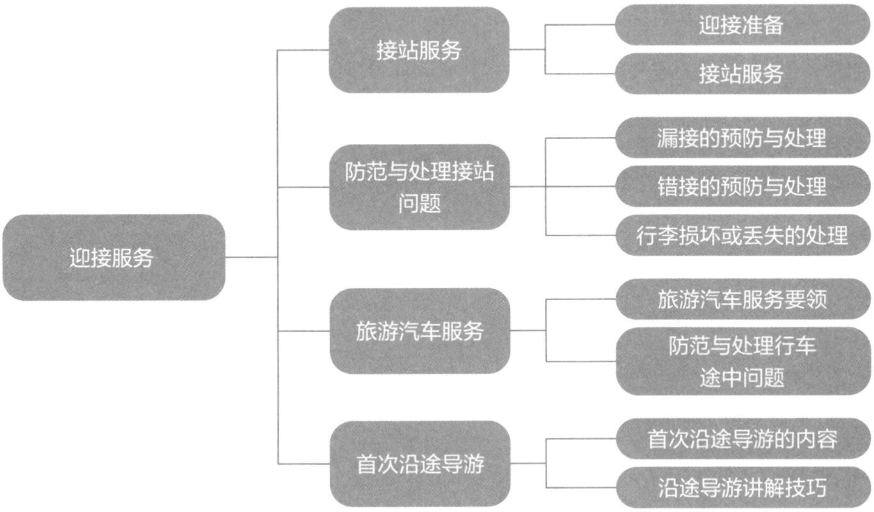

▲ 图3-2 迎接服务

项目任务

迎接服务成果展示比赛（接站服务和首次沿途导游）。导游小组按照旅游团接待计划，模拟进行迎接服务。旅游团接待计划可分为几种不同类型：汽车团（自带车团）、火车团、飞机团；教师度假团、亲子旅游团、中学生研学团、商务考察团、老年康养团、医护休养团等。具体要求如下。

（1）导游小组一起研讨，按照接待计划，根据旅游团特点，设计接站过程可能出现的问题，编写整个接站过程的情景模拟对话。

（2）导游小组协作，分配角色，模拟接站整个工作过程，完成接站服务情景模拟视频的拍摄与制作。

（3）导游小组合作进行实地调研，首次沿途导游线路景观分布，针对旅游团性质和特点，撰写首次沿途导游讲解词。

（4）根据旅游团特点和特殊游客情况，设计首次沿途导游过程中可能出现的问题，编写首次沿途导游过程情景模拟对话。

（5）导游小组协作，分配角色，完成首次沿途导游情景模拟视频的拍摄与制作。

学习笔记

项目成果

（1）接站服务情景模拟视频展示。

（2）首次沿途导游情景模拟视频展示。

学习目标

素质目标	知识目标	能力目标
1. 通过接站服务和首次沿途导游情景模拟，培养认真细致的工作态度，树立规范化和精细化服务意识。 2. 通过角色扮演、角色互换、情景模拟，导游小组协作完成任务，树立责任担当意识、安全意识和质量意识，形成热爱劳动和自主学习的良好习惯。 3. 通过进行成果竞赛，培养学生精益求精的工匠精神和力争上游的竞争意识。	1. 掌握接站服务流程和每个工作环节内容。 2. 熟知接站过程中可能出现的问题，掌握漏接、错接、游客托运行李损坏或丢失的处理措施。 3. 掌握旅游汽车服务技巧。 4. 熟知行车途中可能出现的问题，掌握游客晕车、旅游车故障、交通事故的预防与处理措施。 5. 掌握首次沿途导游服务规范及每项工作环节的内容。 6. 掌握称谓、自我介绍、致欢迎词和沿途导游讲解技巧 。 7. 掌握调节游客情绪的方法。	1. 按照接站服务规范，完成接站服务工作。 2. 能够防范并及时处理接站时出现漏接、错接以及游客托运行李损坏或丢失事宜。 3. 将旅游汽车服务技巧运用于首次沿途导游服务中，做好旅游车服务工作。 4. 将称谓、自我介绍、致欢迎词和首次沿途导游讲解技巧运用于首次沿途导游服务中，完成首次沿途导游服务工作。 5. 能够防范并妥善处理沿途导游过程中可能出现的游客晕车、旅游车故障以及交通事故。 6. 灵活运用调节游客情绪的方法，营造良好的旅游氛围。

学习笔记

案例导入

教师节当天，秦皇岛优秀导游小陆准备接待一个20人的教师团，而且全是女教师。小陆接到通知，这个教师团要求比较高，况且又是女教师，更为挑剔。于是经验丰富的小陆立即赶到花店……

接到团队时，小陆手捧20支康乃馨，开始热情讲解："各位老师们，大家一路辛苦了！我代表三百万秦皇岛人民对大家的到来表示热烈的欢迎！今天是个特殊的日子，在此小陆祝老师们节日快乐！我要将手中的鲜花献给在座的每一位老师。我代表全中国所有的学生和男士感谢大家在工作和家庭中所做出的伟大贡献！因为在座的大家都是女士，所以旅行社特别安排了一位男导游，这就是我，我长得不帅，还有点黑，肯定令在座的各位大失所望，不过我可是非洲的白马王子哦！本人三十有五，在旅游行业已打拼10年。本着尽职尽责、视游客为亲人的原则，我将在接下来的行程中讲解好、服务好，做大家的护花使者，希望能够得到大家的支持与配合。为了表示鼓励，给点掌声好不好？谢谢！"话音未落，女老师们个个已经笑得合不拢嘴，一下子感觉与这位"白马王子"拉近了很多，对小陆产生了极好的印象。在后来的游览过程中，小陆始终以其幽默、亲和的人格魅力吸引着每位游客，她们沉浸在陆导诙谐的讲解和合理的安排中，从而忽略了由于旅游旺季而出现的接待中的各种细微的不足。团队结束时，游客感到非常满意和开心，对小陆给予高度评价。

案例解读

"教师团难带，女教师更麻烦"，这是很多导游的心声。如何带好女教师团，就需要花些心思了。小陆在此给我们提供了一个成功的范例。他在接团的第一时间抓住了游客的心理，以区区几元钱的成本和幽默得体的语言赢得了每位游客的心，这为以后的带团工作打下了良好的基础。接团时给游客留下良好的第一印象是极其关键的，有经验的导游在一开始便倾注大量心思，后来的工作就轻松、顺利多了。

学习笔记

案例思考

（1）如何在接团时给游客留下良好的第一印象？

（2）如何致好欢迎词，赢得游客的信任？

任务1　接站服务

任务导入

每个导游小组根据旅游接待计划，完成接站服务工作。

接待计划可根据导游小组数量设计不同类型，类型建议包含汽车团（自带车团）、飞机团、火车团、老年团、夏令营团、教师团等。

任务思考

（1）汽车团（自带车团）与火车团、飞机团接站时有哪些不同？

（2）针对不同团型，接站时可能会遇到哪些问题？

（3）接站时有哪些工作环节和工作内容？

任务学习

地陪接站服务的目的，是使游客到达本站后，能迅速见到地接导游，受到热情接待，由此对地接旅行社、地陪产生良好的印象，对整个行程树立信心。

一、迎接准备

接站准备

到接站地点迎接旅游团，是地陪与游客的第一次接触，要予以高度重视，做好充足准备。

（一）确认抵达时间

（1）接团当天或前一天，地陪应与全陪或领队联系，确认旅游团乘坐交通工具的车次和发车时间，并请全陪或领队登车时告知旅游团是否准点出发；同时了解旅游团所乘交通工具的运行情况，尤其是在天气恶劣的情况下，要随时掌握旅游团的动向，确认其抵达的准确时间。

（2）地陪还可以通过查询航班动态信息、火车动态信息的App，或向机场（车站、码头）问讯处问清旅游团所乘交通工具到达的准确时间。如果旅游团乘坐的是旅游大巴车（自带车），地陪要与全陪随时保

学习笔记

持联系，通过微信或电话了解旅游团的进程，确认其抵达的准确时间，同时准确说明接站地点。

（二）提前抵达接站地点

地陪搞错接站地点

（1）和旅游车司机联系，与其约定前往接站地点的会合地点及时间，确保提前30分钟抵达接站地点。地陪一定要牢记当地主要车站、机场的问询电话号码，便于接站前电话确认，有的城市可能有多处车站或多个机场，地陪千万要留意，切不可记错站点。

（2）与旅游车司机会合后，途中要告知司机该团的活动日程和具体时间、注意事项及需要司机配合的事情，可给司机一份团队的活动日程，以使司机心中有数，更好地予以配合。

（3）到达接站地点后，与司机商定旅游车具体的停车位置，保证带领旅游团登车时能很方便地找到旅游车。

（三）与行李员联系

若为旅游团配备了行李车，地陪应提前与行李员联系，告知旅游团的名称、人数和行李运送地点。

（四）再次核实抵达时间

抵达接站地点后，地陪要立即到公告窗口（电脑屏幕）或到问讯处确认所接交通工具抵达的准确时间。如被告知所接航班（车次）晚点，但推迟时间不长，地陪可留在接站地点继续等候旅游团；如推迟时间较长，应立即将情况报告接待社有关部门，听从安排。

（五）迎候旅游团

旅游团所乘交通工具抵达后，地陪应在旅游团出站前，通过电话、微信或短信联系全陪或领队，若是散客团，可直接联系游客，并持接站牌站立在出口醒目的位置，面带微笑，热情迎候旅游团。如果游客乘坐飞机抵达，在国际或国内进港隔离区门外等候；如果游客乘坐火车抵达，在出站口等候。

接站牌上要写旅游团名、团号、领队或全陪姓名，接小型旅游团或无领队、无全陪的散客旅游团要写上游客的姓名。

二、接站服务

接站服务

（一）认找旅游团

游客出站时，地陪应尽快认找所接旅游团。认找的方法是：地陪站在明显的位置举起接站牌或导游旗，以

学习笔记

便领队、全陪或游客前来联系，与此同时地陪应通过手机与全陪或领队联系，了解游客出站情况。此外，还可根据游客的民族特征、衣着、组团社的徽记、人数等分析判断或上前委婉询问，问请该团团名、领队、全陪的姓名以及游客人数，以防错接。

找到旅游团后，要及时与领队或全陪接洽，询问领队或全陪的姓名，核对团名、团号、组团社名称后，报出地接社的名称并简要自我介绍。若所接旅游团中没有领队或全陪，地陪要与旅游团所有成员核对团名、人数及团员姓名，一切都无任何出入时，才能确定是自己应接的旅游团。总之要认真核实，以免出现错接的情况。

如果导游迎接的是散客，在航班（列车）抵达时刻，应通过电话、短信或其他社交软件联系客人，并与司机在不同的出口易于被客人发现的位置举牌等候，以便其前来联系，导游也可根据游客的民族特征上前询问。确认迎接到该接的客人后应主动问候，并介绍所代表的旅行社和自己的姓名，对其表示欢迎。询问所接客人在机场或车站还要办理的事情，并给予必要协助。询问其行李件数并进行清点，帮助其提行李和引导客人上车。

如果没有接到应接的散客，导游应该立刻拨打应接客人的手机号码，如果客人没有接听电话，导游应马上询问机场（车站、码头）的工作人员，确认本次航班（列车）的乘客确已全部进港和在隔离区内已没有出港的游客。导游要与司机配合，在尽可能的范围内至少寻找20分钟。若确实找不到应接的客人，导游应通过电话同计调部或散客部联系，报告迎接的情况，核实该客人抵达的日期或航班（车次、船次）有无变化。当证实迎接无望时，经计调部或散客部同意方可离开机场（车站、码头）。导游回到市区后，应到所接客人下榻的酒店前台，询问该客人是否已入住酒店。如果已经入住，必须主动与其联系，并表示歉意。

提示

在旅游热点地区，一个车次载来的旅游团队有很多，一些无证的“导游”也在想方设法拐带游客，这就要求地陪必须迅速、准确地找到自己所要接的旅游团。一方面地陪要突出自己的位置，使游客、领队或全陪能够清晰地看到自己的社旗或接站牌；另一方面也要仔细观察，主动认找旅游团。

学习笔记

（二）核实人数

接到应接的旅游团后，地陪要立即与领队和全陪核实实到人数。如与计划的人数不符，出现增多或减少，要及时通知旅行社，以便对该团住房、用房、交通票据等方面进行相应的变更调整。

地陪还应向领队或全陪询问游客的身体状况、有无特殊要求，如团队是白天到达，则应与领队、全陪商定是先去饭店，还是直接进行游览。

想一想 你们迎接的游客在接站时可能出现哪些情况？

（三）集中检查行李

若旅游团是乘飞机抵达，地陪应协助该团游客将行李集中到指定的位置，提醒他们检查各自的行李物品的件数以及是否有损坏。在检查过程中，若发现行李数量缺少或有损坏，地陪应协助当事人到机场失物登记处或相关部门办理行李丢失登记和赔偿申报手续。

若旅游团配备了行李车，地陪应与领队、全陪、接待社行李员一起清点和核对行李件数，并请全陪填写行李卡，卡上应注明团名、人数、行李件数、所下榻的饭店。行李卡一式两份，由全陪和行李员双方签字。

（四）集合登车

（1）地陪要提醒游客检查自己的行李物品是否带齐，在征得游客同意的情况下，可以帮助年老体弱者搬运行李物品，如游客拒绝则不必强求。

（2）引领游客前往旅游车停放处。地陪要做明确的引领提示，如“停车场在左侧，请各位随我来”；引领时尽量位于团队左前方两三步处，按团队行走的速度前往，切忌速度过快；路上如遇有转弯，导游应主动示意。

（3）行至旅游车前时，司机应提前打开车门和行李舱，协助游客放置行李；地陪要站在车门旁，礼貌地敬请游客登车，并协助或搀扶游客上车；如果是西方老人，主动帮助他们可能会遭到婉拒，此时，应尊重他们，不要勉强，不要主动搀扶。

（4）游客全部上车后，地陪最后一个上车，要帮助游客将放在行李架上的手提行李整理齐顺，尤其注意行李架上不得存放大型或重型行李，以免行李意外掉落砸伤客人。

学习笔记

（5）游客坐定后，地陪要做的第一件事是礼貌地清点人数。清点人数时要默数，用目光柔和接触游客，面带微笑用心算人数，切忌用手指点数；一般从前排默数到最后一排，再从车后往前数，两次清点无误后，请游客坐稳后请司机开车前往酒店、餐厅或景点。

任务检测

扫描二维码检测任务学习情况。

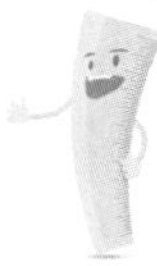

任务 2　防范与处理接站问题

任务导入

每个导游小组分析接待计划中团型的特点，设计在接站过程中可能会出现的各种各样问题，并及时处理。

任务思考

（1）不同团型在接站时可能会出现哪些问题？

（2）如何预防与处理接站时出现的问题？

任务学习

地陪在接团过程中，由于各种原因，往往遇到一些意想不到的状况，需要恰当地予以处理。旅游团在抵达后若发生问题，最直接的后果是游客焦急烦躁，牢骚满腹，进而对旅行社和地陪导游产生不信任感，给以后的导游服务工作带来消极影响，因此要避免在接站时出现问题，若出现问题，要及时妥善地进行处理。

一、漏接的预防与处理

漏接是指旅游团抵达后，无导游迎接的现象。出现漏接现象，无论是什么原因引起，都会造成游客的不满情绪，这都是正常的。重要的是导游要做好处理工作，时刻为游客着想，尽快消除游客的不满情绪。

漏接的预防与处理

学习笔记

（一）漏接的原因

地陪接错站

1. 主观原因造成的漏接

（1）导游自身工作不够细致，没有认真阅读接待计划，把旅游团（者）抵达的日期、时间、地点搞错。

（2）导游迟到，没有按预定的时间提前抵达接站地点。

（3）由于某种原因，班次变更，旅游团提前到达，接待社有关部门在接到上一站通知后，在接待计划上注明，但导游没有认真阅读，仍按原计划接站。

（4）导游没有查对新的航班时刻表，特别是新、旧时刻表交替时，"想当然"仍按旧时刻表的时间接站，因而造成漏接事故。

（5）导游举牌接站的地方选择不当。

2. 客观原因造成的漏接

（1）由于种种原因，上一站接待社将旅游团原定的班次或车次变更而提前抵达，但漏发变更通知，造成漏接。

（2）接待社已接到变更通知，但有关人员没有及时通知该团地陪，造成漏接。

（3）司机迟到，未能按时到达接站地点，造成漏接。

（4）由于交通堵塞或其他预料不到的情况发生，未能及时抵达机场（车站），造成漏接。

（5）由于国际航班提前抵达或游客在境外中转站乘其他航班而造成漏接。

（二）漏接的预防

1. 认真阅读计划

导游接到任务后，应确认旅游团抵达的日期、时间、接站地点（具体是哪个机场、车站、码头），并亲自核对清楚。

2. 核实交通工具到达的准确时间

旅游团抵达的当天，导游应与旅行社有关部门联系，弄清班次或车次是否有变更，并及时与机场（车站、码头）联系，核实抵达的确切时间。

3. 提前抵达接站地点

导游应与司机商定好出发时间，保证按规定提前30分钟到达接站地点。

（三）漏接的处理

（1）实事求是地向游客说明情况，诚恳地赔礼道歉，求得游客谅

学习笔记

解。如果不是自身的原因，要立即与接待社联系，告知现状，立即查明原因，并耐心向游客做解释工作，消除误解。

（2）尽量采取弥补措施，使游客的损失降到最低限度。如果有费用问题（如游客乘出租车到饭店的车费），应主动将费用赔付游客。

（3）提供更加热情周到的服务，高质量地完成计划内的全部活动内容，以求尽快消除因漏接而给游客造成的不愉快情绪。

（4）必要时请接待社领导出面赔礼道歉，或酌情给游客一定的物质补偿。

二、错接的预防与处理

错接是指导游接了不应由他接的旅游团（者）。

（一）错接的原因

错接旅游团一般是责任事故，是因导游责任心不强造成的。错接事故容易发生在旅游热点地区和旅游旺季。有的旅行社同时派出一个以上的团队前往同一地；或者在旺季时，多个团队和游客会乘同一航班抵达目的地。

（二）错接的预防

（1）导游应提前到达接站地点迎接旅游团。

（2）接团时认真核实。导游要认真逐一核实旅游客源地派出方旅行社的名称、旅游目的地组团旅行社的名称、旅游团的代号、人数、领队姓名（无领队的团要核实游客的姓名）、下榻饭店等。

（3）提高警惕，严防社会其他人员非法接走旅游团。

（三）错接的处理

一旦发现错接，地陪应立即采取如下措施。

1. 报告领导

发现错接后马上向接待社领导及有关人员报告，查明两个错接团的情况，再做具体处理。

2. 将错就错

如果经核查，错接发生在本社的两个旅游团之间，两个导游又都是地陪，那么可将错就错，两名地陪将接待计划交换之后就可继续接团。

3. 必须交换

如果经核查，错接的团分属两家接待社接待，则必须交换；如果错接的两个团属同一旅行社接待，但两个导游中有一名是地陪兼全陪，那么，也应交换旅游团。

学习笔记

4. **诚恳道歉**

地陪要实事求是地向游客说明情况，并诚恳地道歉，以求得游客的谅解。

5. **与饭店联系**

如果发生其他人员（非法导游）将游客带走，应马上与饭店联系，看游客是否已入住应下榻的饭店。

三、行李损坏或丢失的处理

乘坐飞机抵达的游客如有行李物品遗失或损坏，应立即向航空公司或其他相应部门报告、登记，地陪应协助游客处理索赔事宜；乘坐火车或船舶时，行李物品由游客自理，一般的损坏不能索赔，但行李物品遗失的，可向铁路或海上公安部门报案，便于公安部门侦破案件和找到行李物品后送还。

（一）行李损坏的处理

1. **协助登记**

带领行李被损坏的游客持机票（电子客票）、登机牌、行李牌和身份证明到机场行李查询处申报，协同工作人员填写“行李运输事故记录单”。如果拒绝与工作人员一同填写行李运输事故记录单，或不在其上签字则无权向承运人提出索赔要求。

2. **帮助索赔**

若当时由于时间关系或其他原因没能及时在机场行李查询登记处填写“行李事故记录单”，应帮助游客根据《中国民用航空旅客、行李国内运输规则》规定，应当在发现行李损坏时，最迟不得超过从收到行李之日起7天以内提出索赔要求。旅客托运的行李发生损坏赔偿金额应低于100元/千克。

（二）行李丢失的处理

1. **协助办理手续**

带领游客到机场失物查询登记处办理行李丢失和认领手续。由失主出示机票和行李票，详细说明所乘航班的始发站、中转站，以及丢失行李的件数、特征（大小、颜色、形状、标记等），并一一填入失物登记表；将失主下榻饭店的名称、电话号码告诉登记处，并记下登记处的电话和联系人以及相关航空公司办事处的地址、电话，一式两份，一份交失主，一份地陪留下，以便随后联系。

学习笔记

2. **协助购置用品**

游客在当地旅游期间，地陪要不时地打电话询问相关航空公司办事处，了解行李寻找情况。如一时找不到行李，地陪应协助失主购置必备的生活用品，并提醒失主保留购物凭证。

3. **协助联系**

如游客离开本地时丢失的行李仍未找到，地陪应协助失主将全程旅游路线、抵达各地时间、各地接待社名称、失主所在旅游团号、下榻的饭店与电话号码告诉该航空公司的办事处，以便行李找到后及时运往相应地点交还失主。

4. **协助索赔**

若行李确实丢失，地陪可协助失主向航空公司索赔。根据《中国民用航空旅客、行李国内运输规则》规定，行李遗失，最迟不得超过从行李应当交付收件人之日起21天以内提出索赔要求。旅客托运的行李被丢失，赔偿金额应低于100元/千克。

任务检测

扫描二维码检测任务学习情况。

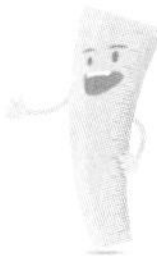

任务3　旅游汽车服务

任务导入

旅游汽车是实现旅游活动的重要交通工具，每个导游小组根据接待计划，做好旅游汽车服务工作。

任务思考

（1）乘坐旅游汽车时，导游服务应注意哪些问题？

（2）如何与司机搞好合作？

（3）行车途中，可能会发生哪些问题？应如何处理？

任务学习

交通是影响旅游活动的关键性因素，因为要完成从居住地到旅游

学习笔记

目的地以及旅游目的地和参观游览点的空间位移，都需要通过乘坐交通工具实现。随着我国高速公路的发展，乘坐旅游汽车出游的游客越来越多。因此导游要做好旅游汽车服务工作，保证旅游活动安全顺畅地进行。

一、旅游汽车服务要领

旅游汽车服务

按照国际惯例，无论乘坐何种交通工具，导游都要第一个下，最后一个上，这样便于照顾好游客。在具体交通服务中，指导原则是“安全第一、注意礼让”。

乘坐旅游汽车时，地陪导游除了要向游客提供导游讲解服务，介绍沿途风光外，还要做好其他方面的服务，尤其是安全服务工作。

（一）与司机搞好合作

旅游大巴车司机抽烟

旅游车在旅游活动中扮演着非常重要的角色，司机一般熟悉旅游线路和路况，经验丰富，与司机合作好，是导游服务顺利进行的重要保证。

1. 征求司机对日程安排的意见

司机比较熟悉线路，经验也丰富，与其商讨最佳行程路线，最大限度地节约行程时间。因此，导游通常提前半小时到达约定的地点，借此机会熟悉司机，并与司机研究日程安排、行程路线，征求司机对日程的意见。尤其是对于不熟悉线路的司机，可以商讨最佳的行车路线，最大限度地节约行程中的时间，有个轻松愉快的合作。导游在旅游过程中要注意倾听司机的意见，从而使司机产生团队观念和被信任感，积极参与导游服务工作，帮助导游顺利完成带团的工作任务。

2. 及时向司机通报相关信息

（1）旅游线路有变化时，导游应提前告诉司机。

（2）如果接待的是外国游客，在旅游车到达景点时，导游用外语向游客宣布集合时间、地点后，要记住用中文告诉司机。

3. 协助司机做好安全行车工作

大部分旅游车司机具有丰富的驾驶经验，可以胜任旅游团的安全驾驶任务。但有些时候，导游适当给予协助能够减轻司机的工作压力，便于更好地开展工作。

（1）帮助司机更换轮胎；保持旅游车挡风玻璃和车窗的清洁；协助司机检查车内设施是否完备无损，如座椅、车载麦克风、车内灭火器、安全锤等。

（2）维护车厢的清洁，导游要告诉游客保持车厢清洁，不要把垃圾扔在座位周围，必要时导游可自备垃圾袋。

（3）在行车途中，不要与司机闲聊，以免影响驾驶安全。

（4）协助司机关注路况，尤其是天气不好时，提醒司机不要超速行驶。

（5）遇到险情，导游求援，由司机保护车辆和游客。

学习笔记

想一想 司机在完成旅游团的接待计划方面有哪些作用？如何与司机搞好合作？

（二）提醒安全注意事项

（1）乘车前，提醒晕车游客不要吃得太饱，尽可能提早吃些易消化的食物，不要吃油腻食品；提醒易晕车的游客到汽车后座靠窗坐，保持平静和平稳呼吸；提醒有晕车史的游客在乘车前30分钟服用抗晕车的药品。

（2）开车前，提醒游客系好安全带，放好行李架上的物品。导游还要检查行李架上的物品是否安全存放，以免发生砸伤头部的事故。

（3）汽车行进中，提醒游客不要把头、手肘伸出窗外，不要随意在车厢内走动。

（三）遵守旅游车内行为规范

1. 导游的坐位

为了保证安全，地陪应当坐在导游专座上。2016年4月，国家旅游局和交通运输部联合下发了《关于进一步规范导游专座等有关事宜的通知》，规定旅游客运车辆需要设置“导游专座”，导游专座应设置在旅游客运车辆乘客前门侧第一排的乘客座椅通道侧位置上；旅游客运企业在旅游服务过程中，应配备印有“导游专座”字样的座椅套以提示游客不得占据该座位；旅行社制定团队旅游计划时，应根据车辆座位数和团队人数统筹考虑，游客与导游总人数不得超过车辆核定乘员数。

2. 导游的站位

导游在旅游车内讲解时，一般选择站立在旅游车前部、司机的右后侧，适当倚靠旅游车靠背，面对游客，一只手扶着护栏扶手，另一只手握话筒。

导游进行途中讲解时，应提醒司机放慢车速并保持匀速前进状态。当汽车高速行驶时，禁止导游在车内站立讲解。

学习笔记

3. 话筒的使用

（1）拿话筒时，手臂自然抬起，话筒放在右嘴角下，不要遮住面部，与口部保持约5厘米距离，保证音量在适当范围内能让游客听清，音质体现出导游的语言特色。

（2）使用话筒试音时，不要拍打话筒或向话筒吹气。

（3）使用话筒讲解时，不要将嘴贴近话筒，也不要硬拉话筒的引线。

（4）使用完话筒后，要记得关闭话筒电源。

想一想 在旅游车内，导游的工作位置在哪里？如何使用话筒进行讲解？

二、防范与处理行车途中问题

（一）旅游车故障

对于旅游车发生的故障，要先了解故障的程度。

旅游大巴车空调出现问题

1. 一般性故障

若是一般性故障，做好游客的安抚工作，并适当组织一些娱乐活动想方设法调整游客的情绪。

2. 严重性故障

若故障比较严重一时修不好，那就得设法将游客安全转移，并且快速联系旅行社，让计调就近派车接洽，以最快速度恢复行程。

旅途中问题的处理

旅游大巴车行车途中出故障

想一想 在旅游车行车途中，会出现哪些问题？

（二）游客晕车

1. 症状与体征

晕车，这种一系列的生理反应统称为“动晕症”，其症状因人而异，轻者表现为头晕、胸闷、微汗、全身稍有不适；重者头痛心慌、眩晕恶心、呕吐不止，甚至发烧昏迷。虽然“动晕症”无法根治，但是可以做好预防和处理工作。

2. 预防措施

（1）避免在旅途中过度疲劳，因为疲劳是引起“动晕症”的原因之一。

学习笔记

（2）提醒有“动晕症”的游客在搭乘交通工具之前避免喝酒，避免过度饱食，尤其不能吃高蛋白和高脂食品，可吃些简单清淡的食物。

（3）照顾“动晕症”的游客在前排较平稳的位置就座，座位方向应与行驶方向一致。

（4）提醒有“动晕症”的游客，不要在搭乘交通工具时阅读书报杂志，也不要直视某个近物或看窗外快速移动的景物，最好闭目养神。

（5）建议“动晕症”严重的游客，可以在搭乘交通工具前30分钟服用抗晕药物。

3. 处理方法

（1）有“动晕症”的游客开始反应时，导游应立即关心游客身体状况，及时调整到合适的位置。

（2）将风油精涂抹于游客的太阳穴上。

（3）提醒游客将腰带束紧，减少腹腔内脏的震荡，缓解不适。

（4）准备好食品袋和纸巾，尽快清除呕吐物。

（三）交通事故的预防与处理

交通事故的预防与处理

交通事故在旅游活动中时有发生，有海、陆、空三种，最常见的是汽车事故。为此，在行车期间要保证司机注意力集中，不要和他聊天；发现司机过度疲劳，要提醒他注意安全。交通事故不是导游所能预料、控制的。遇到交通事故发生，只要导游没负重伤，神志还清楚，就应立即采取措施，冷静果断地处理，并做好善后工作。

1. 交通事故的预防

（1）司机开车时，导游不要与司机聊天，以免分散其注意力。

（2）安排游览日程时，在时间上要留有余地，避免造成司机为抢时间、赶日程而违章超速行驶；更不能催促司机开快车。

（3）如果遇到天气不好（下雪、下雨、有雾）、交通堵塞、路况不好，尤其是在狭窄道路、山区行车时，导游要主动提醒司机注意安全，谨慎驾驶。

（4）如果天气恶劣，地陪对日程安排可适当灵活地加以调整；如果遇有道路不安全的情况，可以改变行程。导游必须把安全放在第一位。

（5）阻止非本车司机开车。提醒司机在工作期间不要饮酒；如遇司机酒后开车，决不能迁就，地陪要立即阻止，并向领导汇报，请求改派其他车辆或换司机。

学习笔记

（6）提醒司机经常检查车辆，发现事故的隐患，及时提出更换车辆的建议。

2. **交通事故的处理**

交通事故的处理

（1）立即组织抢救　第一，导游应立即组织现场人员迅速抢救受伤的游客，特别是抢救重伤员，进行止血、包扎、上夹板等初步处理。

第二，立即打电话叫救护车（医疗急救中心电话：120）或拦车将重伤员送往距出事地点最近的医院抢救。

（2）立即报案，保护好现场　事故发生后，不要在忙乱中破坏现场，要设法保护现场，并尽快通知交通、公安部门（交通事故报警台电话：122）。如果有两名以上导游在场，可有一个指挥抢救，一个留下保护现场。如果只有一名导游，可请司机或其他熟悉情况的人协助处理，并尽快让游客离开事故车辆，争取尽快派人来现场调查处理。

（3）迅速向接待社报告　地陪应迅速向接待社领导和有关人员报告，讲清交通事故的发生和游客伤亡情况，请求派人前来帮助和指挥事故的处理，并要求派车把未伤和轻伤的游客接走，送至酒店或继续旅游活动。

3. **善后处理**

（1）做好安抚工作　第一，事故发生后，交通事故的善后工作将由交运公司和旅行社的领导出面处理。第二，导游在积极抢救、安置伤员的同时，做好其他游客的安抚工作，力争按计划继续进行参观游览活动。第三，待事故原因查清后，请旅行社领导出面向全体游客说明事故原因和处理结果。

（2）办理善后事宜　第一，请医院开具诊断和医疗证明书。第二，请公安局开具交通事故证明书，以便向保险公司索赔。

（3）写出书面报告　交通事故处理结束后，需有关部门出具有关事故证明、调查结果，导游要立即写出书面报告。书面报告力求详细、准确、清楚、实事求是，最好和领队联署报告，其内容包括以下五个方面：事故的原因和经过；抢救经过和治疗情况；人员伤亡情况和诊断结果；事故责任及对责任者的处理结果；受伤者及其他游客对处理的反应等。

想一想　如何预防交通事故的发生？

学习笔记

任务检测

扫描二维码检测任务学习情况。

任务4　首次沿途导游

任务导入

每个导游小组按照接待计划，针对旅游团的特点，编写首次沿途导游讲解词，进行首次沿途模拟导游。

任务思考

（1）首次沿途导游内容有哪些？

（2）首次沿途导游应该注意哪些问题？

（3）游客情绪会受到哪些因素影响？如何调整游客情绪？

任务学习

首次沿途导游是指地陪将游客接到旅游车上前往下榻酒店或首个参观游览点的途中，结合沿途情况所做的导游讲解工作，这是地陪开始的第一个专业讲解，精彩的首次沿途导游会使游客迅速产生极佳的第一印象，它不仅可以满足游客初到一地的好奇心、求知欲，还可以充分展示导游自身的知识、技能和工作能力，从而赢得游客的信任和好感，树立良好的导游形象，为以后旅游活动的顺利进行打下良好的基础。

一、首次沿途导游的内容

首次沿途导游，时间相对短暂，不可能面面俱到，内容一般包含致欢迎词、当地风情介绍、行程大纲及注意事项介绍、沿途风光讲解、下榻饭店介绍以及宣布事项。对个体散客，沿途导游服务可采取对话的形式进行。

首次沿途导游讲解

（一）致欢迎词

致欢迎词是导游给游客留下良好第一印象的重要环节，一般应控制在5分钟左右。

致欢迎词

学习笔记

1. **欢迎词的内容**

通常欢迎词包括五个方面内容。

（1）问候语　真诚地问候游客。

（2）欢迎语　代表所在旅行社、本人和司机欢迎游客光临本地。

（3）介绍语　介绍自己的姓名及所属单位，并介绍司机。

（4）希望语　表示提供服务的诚挚愿望。

（5）祝愿语　预祝游客旅游愉快顺利。

此外，欢迎词的内容还应根据旅游团的性质及其成员的文化水平、职业、年龄以及居住地区等情况而有所不同，要有激情、有特点、有新意、有吸引力，快速把游客的注意力吸引到自己身上来，给游客留下深刻印象。

如果接待的是入境国际旅游团，地陪在致完欢迎词后，还要向游客介绍两国的时差，并请游客调整好时间。

2. **称谓的技巧**

一般情况下，导游对游客的称谓经常使用三种方式。

（1）交际关系型　交际关系型的称谓主要是强调导游与游客在导游交际中的角色关系。如“各位游客”“诸位游客”“各位团友”“各位嘉宾”等，这类称谓角色定位准确，宾主关系明确，既公事公办，更大方平和，特别是其中的“游客”称谓是导游语言中使用频率最高的一种。

（2）套用尊称型　套用尊称在各种场合都比较适用，对各个阶层、各种身份也比较合适的社交通称。如“女士们、先生们”“各位女士、各位先生”等，这类称谓尊称意味浓厚，适用范围广泛，回旋余地较大。但一般对涉外团较好，对国内团有点太过正式，亲和力不够。

（3）亲密关系型　亲密关系型多用于关系比较密切的人际关系之间的称谓，如“朋友们”“游客朋友们”等，这类称谓热情友好，亲和力强，注重强化平等亲密的交际关系，易于消除游客的陌生感。

在旅游活动中，导游对游客的称谓总的原则应把握三点：一要得体；二要尊重；三要通用。

3. **自我介绍的技巧**

自我介绍的技巧

导游在迎接旅游团时，常常要与旅游团团长、领队及其游客接触见面，导游即使佩戴了导游身份标识或社徽，也得做自我介绍。自我介绍是导游推销自我形象和价值的一种重要方法。从某种意义上讲，自我介绍是进入导游活动的一把钥匙，这把钥匙运用得好，那么“良好的开端便是成功的一半”。因此，导游要掌握自我介绍的语言技巧。

学习笔记

（1）热情友善，充满自信　导游自我介绍时要清晰地报出自己的姓名、单位、身份；面带微笑，用眼神表达友善、诚恳，并充满自信。如果含糊，或态度冷淡、随便应付就会使人产生疑虑和不信任感，彼此之间产生隔阂。

（2）介绍内容繁简适度　导游与旅游团团长、领队或地陪与全陪接头时，自我介绍一般从简，讲清自己的姓名、单位、身份即可，不便过多地自我介绍，因为旅游团初到一地，还有许多事情需要与团长、领队或全陪接洽协商。在游客集中后，或去下榻酒店的途中，导游的自我介绍可以具体详细一些，以便于游客尽快熟悉自己。

（3）善于运用不同的方法　自我介绍不单纯是介绍自己的姓名、单位、年龄、身份等，往往还有一个自我评价的问题。恰如其分的自我评价是缩短导游与游客之间距离的重要途径。自我介绍的方法有以下三种。

一是自谦式。

自我介绍实例：自谦式

大家好！我叫张菲，今年刚刚旅游学院毕业，虽然有一定的带团经验，但还属于新手，还请各位多多关照，多多包涵。

这种自我介绍方式比较谦虚，体现了谦逊的美德，也给自己留有一定余地；但可能会让游客产生一定的不信任感。对东方游客用自谦式自我介绍未尝不可，但对西方游客大可不必用这种自谦式，以免使游客对你产生不信任感，更有甚者，游客会提出调换导游。

二是调侃式。

自我介绍实例：调侃式

大家好！我叫孟繁荣，我查了一下家谱，我正经也是孟子的七十四代孙呢。惭愧的是，我没有孟子那么多学问、伦理提供给大家，但我觉得我还是比孟子强那么一丢丢。您可能会问了，那一丢丢强在哪里呢？这一丢丢就是我会说外语啊，孟子顶多就会说两句地方话，而他的七十四代孙不但会说“你哄狗”（“日语”的汉语发音），还能说几句“鹦哥利屎”（“英语”的汉语发音）呢！受孟子DNA的影响我也算是个“当铺的脑袋，杂货铺的肚”，不谦虚地告诉各位，本人除了不懂的——全懂，除了不会的——全会！

学习笔记

这是用自我嘲讽的方式介绍自己，但这种自我嘲讽中包含着自律、自慰，于诙谐幽默的自我揶揄之中又露出自信和自得之意。这种调侃式方式既能增强言语风趣，又不流于自夸；既能让游客开怀，又能让游客放心。

三是自识式。

自我介绍实例：自识式

大家好！我是山西省中国国际旅行社的导游，曾有一位高僧这样讲我的名字：许是曾修胜善根，萍水相逢念佛缘。开头的两个字，刚好是我的名字——许萍。今天有缘与各位同行，我非常高兴，希望您的山西之旅圆满、快乐。

这种自我介绍方式，是将自己的名字进行分解，能够让游客很快地记住自己。一般情况下，大多数导游都会用这种方式来介绍自己，告诉游客自己姓什么，叫什么，所不同的是这位导游在自己的名字上下了功夫，巧妙地用藏头诗来介绍自己，能够让自己的姓名深深铭刻在游客心中，同时加深游客对导游的印象，也能使主客关系变得更融洽。

在实际导游工作中，我们还要根据游客的特点、自己的风格来选择合适的方式进行自我介绍。

4. 致欢迎词的技巧

致欢迎词是导游在全体游客面前的首次亮相，是给游客留下良好的第一印象的机会，是导游与游客沟通感情、取得游客信任的第一步，也是导游向游客展示自己的知识素养、语言能力、风度气质、服务态度等的关键一步。

致欢迎词的技巧

欢迎词实例：规范式

尊敬的各位游客朋友们：

大家好！首先我代表秦皇岛海燕国际旅行社，热诚欢迎诸位来到美丽神奇的秦皇岛，我是各位秦皇岛之行的导游，我姓李，“投之以桃，报之以李”的李，大家就叫我小李或李导吧！我非常高兴能认识大家，并感到非常荣幸能成为各位秦皇岛旅程的导游。我将竭尽全力为大家服务，并尽我所能把秦皇岛的基本情况和最美的景观介绍给大家。希望我的讲解能带给大家一段美好、愉快的时光。

学习笔记

接下来认识一下为我们提供安全、平稳、舒适之旅的司机马师傅。俗话说得好，老马识途，马师傅驾驶经验非常丰富，我们完全可以放心地将我们的旅程交给马师傅。希望此次旅程咱们能合作愉快，也希望大家对我们的服务多提宝贵意见和建议。在此我和马师傅预祝大家在秦皇岛度过一段舒心、愉快的美好时光，交上更多的朋友。预祝各位玩得尽兴，满载而归！

除了规范完整外，致欢迎词还要掌握好四方面的技巧。

（1）掌握好时机　一般情况下，致欢迎词是在游客上了旅游车之后，放好物品、各自归位、静等片刻，等大家情绪稳定下来后，再进行讲解，这样会达到很好的效果。

（2）内容要简洁　游客经过长途旅行，希望能够稍事休息，因此欢迎词应简明扼要、精彩，不可拖沓，免得游客厌烦。一般来说，致欢迎词的时间要控制在5分钟之内。

（3）感情表达要诚恳亲切　致欢迎词时感情表达不要过于强烈，因为游客与导游是初次见面，游客虽然对导游有一定的新鲜感，但导游的身份尚未得到游客的认可。过度的热情，反而会给人虚假造作之感。

（4）要有针对性　如果欢迎词仅局限于以上规范的三个方面，而且各地的导游都是如此，那么欢迎词就会显得苍白无力，游客反应就会比较冷淡。在实际导游服务中，欢迎词可根据旅游团的性质、游客的身份、职业、文化水平以及旅游季节等不同而有所不同。

欢迎词实例：针对教师团

尊敬的各位老师们，大家好！一路辛苦了！欢迎大家来到美丽的滨海小城秦皇岛旅游观光，首先我谨代表秦皇岛国际旅行社的领导和全体员工对大家的到来表示最热烈的欢迎和最诚挚的祝愿，祝大家身体健康，旅途愉快，一路平安！

说实话，我现在面对大家有点紧张。其实平时也不是这样，这次主要是因为面对这么多的大学教授，心里有点发虚。接待这个团，我们旅行社曾经先后安排了几个导游，但他们都不敢来，怕讲不好让各位笑话。于是我就来了，这并不是说我是最好的，只不过我是胆子最大的。也算是“蜀中无大将，廖化作先锋”。但

学习笔记

有一点，请各位老师放心，我会努力的。我要珍惜这次向各位老师、专家学习的极好机会，在工作中不断充实自己。您呢，也就把我的导游讲解当作是检查学生的功课，请多做指导。

好，下面学生作一下自我介绍，我呢是秦皇岛国际旅行社的导游，也是大家这次秦皇岛之行的地接导游，我叫陈海，我国著名笑星陈佩斯的陈，大家可以叫我“小陈”或“陈导”，当然，小陈也真心希望能像陈佩斯一样给大家的旅途带来更多的欢声笑语。那接下来呢，我要为大家隆重介绍一下在我们本次旅游中占有绝对重要位置的人，那就是为我们保驾护航的总舵手，我们的司机王师傅，王师傅原是汽车兵，退伍后到地方上开旅游大巴已有15年的历史了，安全行驶50万千米。我提议我们用热烈的掌声感谢王师傅为我们提供安全舒适的驾驶服务（王师傅冲游客挥手致意）。

看到各位老师们，我倍感亲切，因为我非常崇拜老师，我爷爷、爸爸都是教师，我从小就梦想能够成为一名光荣的人民教师，可惜未能如愿以偿。今天小陈就用一首《每当我走过老师的窗前》来表达对各位老师的欢迎！

这段欢迎词是针对教师团而设计的，不仅风趣、自然，而且表达了对教师的崇拜和尊敬，在最短的时间里使游客与导游产生了共鸣，迅速地拉近了与游客的距离。

（二）当地风情介绍

（1）在正式开始沿途导游讲解之前，地陪要向游客说明当前乘车前往的地点、车程及所需时间，让游客心中有数。

（2）介绍当地风情的目的是让游客对旅游地的基本情况有个了解。当地风情介绍一般是以地理、历史文化为基础，介绍当地的地形地貌、气候、人口、历史沿革、行政区划、市容市貌、社会生活、文化传统、风物特产等内容。这几个方面不一定一次就能讲全，讲清楚，要结合沿途景物灵活掌握，在适当的时候将主要内容都要涉及。

（三）沿途风光讲解

（1）沿途风光讲解主要是介绍沿途所见的人、物、景，要见物讲物，见人说人，以满足游客初到一地的求知欲。

（2）讲解时，要注意讲解内容与所见景物同步，准确地对景物进行

学习笔记

指点；同时还要注意选择典型的能代表当地变化或风貌的沿途景物进行讲解，并不是对所有沿途可以看见的风光一项不落地介绍；对于路过的行程中安排的景点，可以先做个铺垫，抖个包袱，给游客留下悬念，以吸引游客。

（3）风光导游讲解时要简明扼要，语言节奏要明快清晰，景物取舍要恰当，与游客的观赏同步。可适当采用类比的方法使游客听后有亲切感和对比感。因此，导游要反应灵敏，把握好时机。

（四）下榻酒店介绍

在旅游车即将到达下榻的酒店时，地陪要适时地介绍旅游团下榻酒店的基本情况，包括酒店的名称、位置、距机场（车站、码头）的距离、星级、规模、主要设施设备与使用，以及入住手续和注意事项等。这部分内容可根据路途距离和时间长短酌情增减，也可在入店时进行介绍。

在向游客介绍下榻酒店时，要根据游客的知识水平和兴趣以及游客所关心的内容来介绍。在介绍时要突出游客所下榻酒店的特色，要让游客感到下榻该酒店是旅行社为他们精心准备的，他们所享受的是同级别标准中最好的服务，是当地同等档次中最有特色的酒店。

下榻酒店介绍实例

各位游客，为了让大家在此次旅游活动中愉悦舒心，我们旅行社特地为大家安排了我们这儿最有特色的、服务最好的一家酒店供各位下榻休息。

我们将要下榻的酒店叫阳光假日酒店，各位一定听说过了吧，该酒店是四星级酒店，有着科学的管理、先进的设施和优质的服务，是游客来旅游时的首选酒店。酒店地处市中心繁华地带，交通十分便利。酒店内设施配备齐全，餐饮设施、会议设施、休闲设施和服务设施应有尽有。其中餐饮设施配备有中西餐厅、茶室及酒吧；会议设施配备有大小会议室五个，可满足不同规模的会议需要；休闲设施有游泳池、健身、保龄球、台球、乒乓球、美容美发等，非常方便，大家可以根据自己的需要选择消费；服务设施有商务中心、租车、票务、洗衣房、代办旅游等。好，酒店到了，请大家带上自己的物品，下车在大堂里稍微等候一下，我和全陪小谢办理一下手续。

学习笔记

提示

在介绍酒店时，要突出下榻酒店的特点。一定意义上说，旅游团在哪个酒店入住，哪个酒店就是当地同等档次中最有特色的。因为无论哪个酒店都具有自己的特色，比如：老酒店，可以介绍它"历史悠久、服务规范、名品名店，是身份的象征"；新酒店，可以介绍它"设备齐全、装修考究，虽不知名但住起来实惠、舒适"；身处闹市的酒店，可以介绍它"交通方便、商铺集中、夜生活丰富、自由活动好去处"；身处僻静区的酒店，可以介绍它"闹中取静、环境幽雅、空气清新、休闲度假的最好选择"。

我们要善于发现酒店的价值所在，如早餐品种丰富、有异国情调、有民族风格、依山傍水、风景独特等，甚至连电视频道较多都可以作为亮点介绍给游客。

（五）宣布事项

旅游车驶入下榻酒店，在游客下车前，地陪还要宣布一些事项。

1. 宣布当日或次日活动安排

在首次沿途导游后，地陪要尽快与领队、全陪商量当日或次日活动安排，包括叫早时间、早餐时间和地点、集合时间和地点，旅行线路等，商定后地陪应向游客宣布当日或次日的活动安排，并提醒游客做好必要的参观游览准备。

2. 宣布集合时间、地点和停车地点

旅游车驶进下榻饭店后，地陪应在游客下车前向他们讲清下次集合的时间、地点和停车地点，集合地点一般是在饭店大堂。同时告知他们并让他们记住旅游车的颜色、车型和车牌号，并提醒他们将手提行李和随身物品带下车。还要告知司机第二天早餐和旅游团出发的时间。

二、沿途导游讲解技巧

导游迎接途中或带领游客参观游览途中都要进行沿途导游。由于途中所处的是一个动态的场所，因此要进行好沿途导游，就需要掌握一定的技巧。

学习笔记

首次沿途导游讲解实例：东莞沿途导游

东莞沿途导游讲解

各位团友：欢迎大家来东莞旅游。到我们东莞来第一件需要注意的就是我们这个市名的发音，好多以前来的朋友都念“东碗”，只因为有个成语叫“莞尔一笑”。您倒是笑得很开心，但是咱东莞人民可不答应了，怎么就变成一只碗了？东莞这里只因为盛产一种水草叫莞草，它的发音是“管”，这里又在广州的东边，所以慢慢就有了东莞这个名字了。

有人可能要问了，莞草有什么用处呢？这莞草在过去用处可大啦，广东天气热，过去老广东人的床上一年四季都铺着席子，席子是什么编成的？就是莞草了！而且当时还大量出口到中国香港和东南亚地区，因为那里的天气也都很热嘛！如今人们生活水平都提高了，家家都装上了空调，在东莞要看莞草席只有到博物馆里去看啦！

好！现在我们的车来到了东莞市中心，大家看到前面那个有点像天安门一样的古城楼了吗？那就是我们东莞过去的西城门，这个城楼叫迎恩楼，是明朝时候建的。相传在明朝洪武年间，日本海盗常来这里抢掠，当时的东莞四周无遮无挡，于是东莞有一个叫常懋的将领就带领军民在东莞城的四周建起了城墙和东西南北四个城门，敌人来时把城门一关，日本海盗就在门外跳脚吧！任他是忍者还是神龟都没能进得来。而且这城墙还有防洪作用，夏天遇到发大水就把城门用沙包堵上，城里就不会遭淹。真是造福百姓啊！现在把周围改建成了西城门文化广场，成为市民休闲娱乐和节日举行大型活动的重要场所。大家看，古城楼背后就是东莞新建成的四星级大酒店，站在这里是不是有一种“一眼尽览上下五千年”的感觉呢！

好，大家请看车窗两侧，是不是看到了公路两边有许多繁茂的大树？这就是著名的荔枝树。如果大家在五六月份来东莞，就可以见到这些树上全都挂满了红彤彤的荔枝。从前有诗人赞它们像“飞焰欲横天”“红云几万重”，那可真是一点不假。

大家都知道荔枝最大的特点就是不耐存放，白居易说它是“一日而色变，二日而香变，三日而味变，四五日外色香味尽去矣”，所以才有杨贵妃“一骑红尘妃子笑”的故事。而现在有了现代化的交通工具，就变成了“一架飞机大家笑”了。

学习笔记

这段沿途导游讲解如行云流水般娓娓道来，随着旅游车的行进，在不经意间对东莞市名的由来、历史和现在以及农特产一一进行了讲解，感觉不到刻意的话题转换。口语化的表述、诙谐的语调、轻松的语言风格营造出轻松惬意的旅游氛围，让游客们感觉是一种享受。要达到这样的效果，就需要掌握沿途导游技巧。

（一）讲解与行进同步

1. 要熟悉行进路线

掌握途中景物的分布和景观的变化规律，对每一个途中可能看到的景物要了然于胸，指点景物时要提前提醒游客在什么方位可以看到，要尽量做到翔实而准确地指点与说明。

沿途导游讲解技巧

2. 指示要明确

要使用表示精确的方向或标示物的语言。如“在大家的左手边”“大家右手边的红色建筑物是……”当游客把视线投向导游所讲的景物时，景物正好在游客的视线之内。

（二）讲解重点明确

途中所见的景物可能会很多，要注意选择有代表性和独特性的景物讲解，不是每一个景物都必须讲，要突出重点，重讲优势，适当掩饰缺陷。

在沿途导游讲解过程中，还要善于借景抒情、借景宣传、借景传文、借景交友，把握好游客的心理需求和讲解的延伸效应。

（三）点线面的有机结合

途中旅行以线为主，但周围的景物分布则是点状的，讲解的衍生特别是风俗介绍等是面上的。因此，在为游客提供途中导游讲解服务时，要根据实际情况，如游客的身体、情绪、车的速度、周围景观的变化等，有机地组织好自己的口语讲解内容，吸引游客的注意力，展示自己的导游风采，获得游客的信任和依赖。

东莞沿途导游讲解从东莞市名来历讲到了莞草进而讲到莞草的用途以及当地的风俗；由迎恩楼讲到古城的历史和发展变化；由荔枝树讲到有关的荔枝的诗词和历史人物，讲解得自然流畅。

（四）灵活转移话题

在行车途中，游客由于各种因素，可能情绪会产生变化，导游在讲解时还要注意时刻观察游客的情绪变化，灵活转移话题，使游客的情绪达到良好状态。

学习笔记

沿途导游调节气氛实例

途中调整游客的情绪

汽车从北京城区出发向北走，沿途堵车严重，把游客的好心情全给破坏了。游客们有的怨声不断，有的唉声叹气，有的无聊地闭目养神。导游小赵再解释也是多余的，当下最重要的是把游客的情绪调节过来，便于后面的讲解。于是在堵车路段通过后，小赵站起来，指点游客看清“沙河”的地名，讲了这么一个笑话：沙河和清河是老北京著名的两条河流。传说乾隆皇帝曾携刘墉、和珅微服私访路过此地，晚上住在沙河行宫。刘墉问乾隆：“皇上，咱们今天过了两条河，一条叫清河，一条叫沙河。您说这两条河哪条深?”乾隆不假思索地答道：“当然沙河深了。”刘墉马上传令：“传皇上谕旨，杀和珅!”一句话吓得坐在旁边的和珅差点尿裤子，乾隆和刘墉则哈哈大笑。

上例中的导游小赵通过讲幽默段子，及时地将游客的情绪调整过来，把游客关注的焦点从堵车转移到了导游讲解上。

因此，导游平时要有针对性地收集准备一些有意义的笑话和关于旅游的奇闻逸事，以便在带团中运用自如。

任务检测

扫描二维码检测任务学习情况。

项目实施

步骤一　导游小组一起研讨接待计划，可运用头脑风暴，充分考虑接待不同的旅游团型在接站过程中可能会出现的各种问题；根据旅游团特点，设计接站过程中出现的问题，编写接站服务整个过程的情景模拟对话。

步骤二　按照接站情景模拟对话，确定接站服务工作环节所需要的各种角色，导游小组分配好角色，进行接站服务模拟演练；选择合适的场所模拟进行接站服务整个工作过程，同时拍摄视频，最后剪辑制作完成接站服务情景模拟视频。

学习笔记

步骤三 按照接待计划，首先导游小组一起研讨分析并确定首次沿途导游路线；然后分工合作进行实地调研，建议采取乘坐公交车或骑行的方式，记录首次沿途导游线路沿途景观分布及其所用时间，同时对旅游团入住的酒店进行实地调研，了解其地理位置及其特色，确定首次沿途导游讲解内容，灵活运用沿途导游讲解技巧，撰写沿途导游讲解词。

步骤四 针对旅游团特点和特殊游客情况，充分考虑并预设首次沿途导游过程中可能出现的各种问题及采取的对策，编写首次沿途导游过程的情景对话。

步骤五 按照小组编写的首次沿途导游讲解词和情景对话，进行角色分配，建议采取角色互换方式（尤其是地陪角色，同学之间相互轮换体验）；沿途导游讲解建议采取分段讲解，确保小组每位同学有讲解任务；每位同学根据讲解任务进行讲解练习。

步骤六 导游小组一起进行首次沿途导游过程的情景模拟训练，保证各环节有序衔接，每位同学脱稿讲解，并能顺畅表达。

步骤七 选择合适场所进行首次沿途导游情景模拟整个工作过程，同时拍摄视频，最后剪辑制作完成首次沿途导游情景模拟视频。

项目评价

按照迎接服务项目的评分标准进行自评、学生互评和教师评价，并进行加权（权重由教师设置，参考权重设置：自评10%、学生互评30%、教师评价60%）计算，评选出最佳“接站服务”和“首次沿途导游”导游小组，以及“最具魅力”导游，教师可根据实际情况给予适当物质和精神奖励。

项目	要求	分值	得分
接站服务	工作环节是否全面有效，是否符合规范和旅游团实际情况；设计的问题情景是否符合工作实际，处理措施是否妥当；角色分配是否全面得当，角色扮演是否定位恰当，场景选择是否合适，携带接站物品是否齐备	30	
首次沿途导游	讲解内容是否完整，欢迎词是否感情真挚，沿途景观选取是否具有代表性，讲解技巧是否灵活运用；小组成员是否均有讲解任务，是否配合默契，讲解是否顺畅；情景设计是否具有针对性，是否符合旅游团性质和特点，角色扮演是否定位恰当，采取措施或回答问题是否妥当；场景选择是否合适	40	

学习笔记

续表

项目	要求	分值	得分
职业形象	导游形象是否职业化；服装和饰物、发型及头发修饰是否符合导游职业要求	10	
小组合作	任务分工是否合理明确，小组成员是否积极参与，小组长是否发挥组织协调作用，合作是否有效，视频制作是否完整且具有视觉美感	20	
合计			

项目小结

迎接服务是导游首次在游客面前充分展示自身的知识和技能，从而使游客对导游产生信任感。本项目引领我们学会做好迎接服务，为后续服务顺利开展打好基础。首先要充分分析旅游团的特点，做好各种问题与事故的预案，做好接站服务的各环节工作，并能妥善处理在接站过程中出现的各种问题；然后要按照旅游汽车服务要领以及在乘坐旅游汽车过程中可能会出现的各种问题及其处理措施，分析游客在首次沿途导游途中可能会出现的问题，并做好预案；最后按照沿途导游服务工作内容，并灵活运用沿途导游讲解技巧，做好首次沿途导游服务工作。

项目拓展

对当地火车站、飞机场至市区的旅游线路以及旅游景区、旅游酒店分布情况进行调研，调研内容包括：旅游线路分布的代表性景观和标志性建筑名称、特色及地理位置，旅游景点名称、位置分布及著名景观，旅游酒店名称、位置分布及特色。撰写调研报告，导游小组分组进行汇报。

项目检测

扫描二维码检测项目学习情况。

学习笔记

项目三 住宿服务

项目概述

“住”是旅游的保障，睡不好觉，休息不好，就不可能“游”好。从直观角度来看，游客需要的是卫生、安全、安静、舒适。游客每天进行旅游活动都比较疲惫，对住宿要求会比较高，因此地陪要为游客提供及时、细致、周到的住宿服务。本项目分为入住服务、处理住宿问题两项任务，具体内容如图3-3所示。

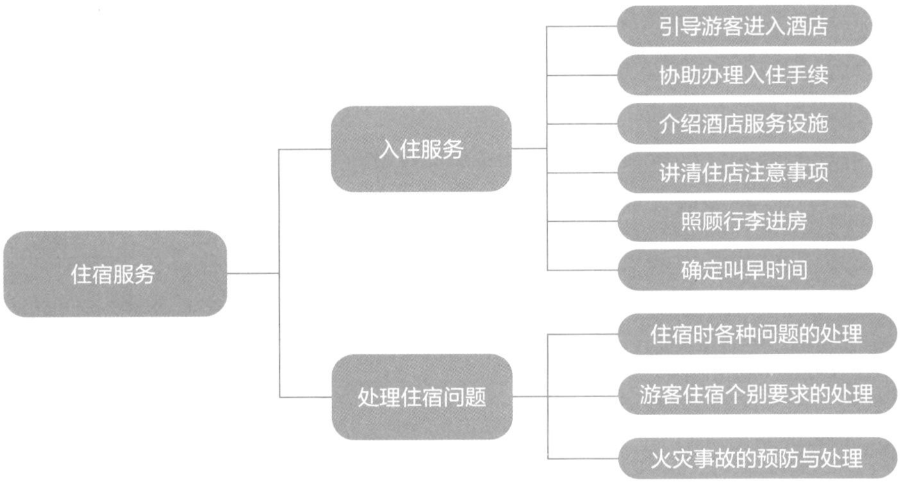

▲ 图3-3 住宿服务

项目任务

入住服务成果展示比赛。导游小组按照旅游团接待计划，模拟进行入住服务。旅游团接待计划可分为几种不同类型：汽车团（自带车团）、火车团、飞机团；教师度假团、亲子旅游团、中学生研学团、商务考察团、老年康养团、医护修养团等。具体要求如下。

（1）导游小组一起研讨，按照接待计划，根据旅游团特点，设计入住过程可能出现的问题，编写整个入住酒店过程的情景模拟对话。

（2）导游小组协作，分配角色，模拟入住酒店工作过程，完成入住服务情景模拟视频的拍摄与制作。

项目成果

学习笔记

入住服务情景模拟视频展示。

学习目标

素质目标	知识目标	能力目标
1. 通过入住服务情景模拟，培养认真细致的工作态度，树立规范化和精细化服务意识。 2. 通过角色扮演、角色互换、情景模拟，导游小组协作完成任务，树立责任担当意识、安全意识和质量意识，形成热爱劳动和自主学习的良好习惯。 3. 通过进行成果竞赛，培养学生精益求精的工匠精神和力争上游的竞争意识。	1. 掌握入住服务流程和每个工作环节内容。 2. 熟知住宿中可能出现的问题，并掌握具体处理措施以及火灾事故的预防与处理措施。 3. 把握游客个别要求的处理原则。 4. 熟知在住宿中游客可能会提出的各种要求，并掌握处理措施。	1. 按照入住酒店服务流程和规范，完成入住服务工作。 2. 能够防范并及时妥善处理入住时出现的各种问题。 3. 能够按照处理游客个别要求的原则，妥善处理在住宿中游客提出的各种要求。 4. 能够防范并妥善处理火灾事故。

案例导入

上海的导游小高接待了一行17人的美国旅游团，该团按计划乘坐豪华邮轮抵达。接团前，小高认真地阅读了接待计划，并按照计划里的细节，为该团制定了详尽的日程安排。该团赴饭店的途中，小高向游客致以热情洋溢的欢迎词，并介绍了沿途风光，游客们对小高的服务报以热烈的掌声。

抵达酒店后，小高按导游服务规范的要求将游客安排妥当，告诉游客半小时之后在酒店大堂集合，将去参观博物馆。集合时间快到的时候，大部分游客已经来到酒店大堂。这时，一对老年夫妇走到小高面前，含着眼泪，向小高连声道谢。其他游客不明就里纷纷询问是怎么回事，这对老年夫妇说，他们是美籍犹太人，明天是他们犹太人的节日，小高将他们的住房安排在朝着耶路撒冷的方向，

学习笔记

并在书桌上放置了贺卡，这使得他们非常感动。其他游客听后都对小高的服务称赞不已，同时为他们上海之行遇到一位好导游而感到非常高兴。

案例解读

本案例是一位优秀导游规范而具有针对性的服务示范。案例中的地陪导游小高认真阅读了接待计划，并且注重了服务细节。细心的小高注意到了接待计划中注明了团里有一对美国籍的犹太人，而广博的知识使小高知道犹太人对他们节日的重视程度和对住房的要求，因而小高提前做好了安排。事先做好安排比游客临时提出个别要求时再处理要主动得多，而且可以收到非常好的效果。

案例思考

（1）旅游团入住酒店前，地陪要考虑哪些细节？
（2）入住酒店时，地陪要做哪些工作？
（3）游客住宿酒店期间，会出现哪些问题？

任务1 入住服务

任务导入

每个导游小组根据旅游接待计划，完成入住服务工作。

接待计划可根据导游小组数量设计不同类型，类型建议包含汽车团（自带车团）、飞机团、火车团；老年康养团、亲子旅游团、中学生研学团、教师度假团等。

任务思考

（1）汽车团（自带车团）与火车团、飞机团在入住时需考虑哪些问题？

（2）针对不同团型，入住时可能会遇到哪些问题，游客会提出哪些要求？

（3）入住时，地陪应为游客提供哪些服务？

任务学习

学习笔记

游客无论乘坐何种交通工具，抵达一地后，都是想尽快到酒店休息一下。当游客抵达酒店后，能否让游客尽早进入房间，是检验导游工作能力的一个重要标志。

一、引导游客进入酒店

地陪带领旅游团乘坐旅游车抵达酒店后，要提醒游客带齐自己的随身物品下车，并安排他们在大堂免费区域进行休息，请游客稍事等候。

入住服务

二、协助办理入住手续

地陪协助领队或全陪尽快办理住店登记手续，让游客在最短的时间内入住。

失误进错酒店

（一）询问房间安排与计划是否一致

地陪尽快向酒店前台讲明旅游团的名称、订房单位，询问房间安排情况是否与接待计划一致。如果出现不一致，地陪要根据计划和预先协商好的条件与标准据理力争，争取让游客能按照预定的计划入住。

（二）协助办理住店手续

一般情况，旅游团的房间分配原则上由领队或全陪来做，如旅游团无领队，可请团长分房；如旅游团既无领队又无团长，则请全陪分房。

地陪要协助领队或全陪掌握分房名单，房间分配好后，将登记表交给酒店前台，并请酒店前台人员将登记的分房名单复印两份，一份交酒店保存，另一份地陪留存，以便掌握领队、全陪和游客的房间号。

地陪拿到住房卡（钥匙）后，请领队或全陪根据准备好的住房名单分发住房卡；地陪还要在酒店前台处领取印有酒店名称、地址和电话的酒店卡片分发给游客。

地陪若留宿酒店，应将自己的房号告知领队和全陪；若不留宿酒店，在离开酒店前应将自己的电话号码告知全陪和领队，以便联系。

想一想 在引导游客进入酒店大堂后，地陪导游有哪些工作要做？如何与全陪、领队配合好？

学习笔记

三、介绍酒店服务设施

游客进入房间前，地陪要向全团介绍酒店的主要设施，包括外币兑换处、中西餐厅、娱乐场所、商品部、公共卫生间等的位置以及在店内如何使用Wi-Fi、网络连接；同时告知客房内的收费项目（如小酒吧、长途电话）、酒店安全通道位置。

四、讲清住店注意事项

（一）提醒安全事项

（1）提醒游客将贵重物品交前台保管（若客房内未设置保管箱）。

（2）提醒游客在房间的安全注意事项，如睡觉前关好门窗、不要在床上吸烟等。

（二）引导文明住宿

（1）提醒游客尊重服务人员，服务人员问好时要友善回应。

（2）指引游客爱护和正确使用住宿场所的设施设备，注意维护客房和公用空间的整洁卫生，提醒游客不在酒店禁烟区域抽烟。

（3）引导游客减少一次性物品的使用，减少环境污染，节水节电。

（4）提醒游客在客房区域举止文明，如在走廊等公共区域衣着得体，出入房间应轻关房门，不吵闹喧哗，宜调小电视音量，以免打扰其他游客休息。

（5）提醒游客在客房内消费的，应在离店前主动声明并付费。

五、照顾行李进房

要确保游客带着自己的行李进入房间。配备行李车的旅游团，游客进房后，地陪要等到旅游团的行李运抵酒店后与行李员、领队、全陪一起核对行李，然后交给酒店行李员，督促其尽快将行李送到游客的房间。若个别游客未拿到行李或拿到的行李有破损，地陪应尽快查明原因，采取相应的措施。

六、确定叫早时间

地陪在结束当天活动离开酒店之前，应与领队或全陪确定第二天的叫早时间、出发时间、早餐时间和地点以及活动安排，请领队通知游客；地陪则将确定的叫早时间通知酒店前台办理。

任务检测

学习笔记

扫描二维码检测任务学习情况。

任务2 处理住宿问题

任务导入

每个导游小组分析所接待的旅游团的特点，设计在住宿过程中可能会出现的问题以及游客可能会提出的住房要求，模拟情景，及时妥善处理。

任务思考

（1）不同游客在住宿时可能提出哪些住房要求？如何处理？

（2）游客进入房间后可能会出现哪些问题？如何处理？

任务学习

游客每到一地，都比较关心自己所住的酒店，担心酒店的星级标准与合同中规定的是否一致，关注卫生条件如何，服务是否到位等问题。因此在游客进入房间后，地陪要同全陪或领队一同前往游客的房间，查看一下游客入住房间后可能会出现的问题，以便及时解决。

一、住宿时各种问题的处理

游客入住房间后，可能会出现的问题主要有四个方面。

房间未打扫游客兴师问罪

（一）房间没有准备好

如果在入住酒店之前已经与酒店有了确认，但游客到达酒店时，房间还没准备好，这时千万不要与酒店前台服务员当着游客的面相互责怪，要采取积极的办法来减轻游客的烦恼，比如向游客介绍酒店的设施、第二天游程安排以及叫早时间等，使游客觉得等待的时间不会很长。一般来说，酒店整理房间的时间不会太长，必要时设法让每个游客都有座位休息，避免发生乱哄哄的局面。

入住蒙古包停电又停水

学习笔记

（二）房间设施的问题

房间潮湿游客投诉

游客进入房间时，可能会遇到门锁打不开、浴室没有热水、房间不干净或有害虫、电话线或网络线不通等问题，地陪在检查客房过程中，可能会出现的问题有：房卡开不了门；房间物品不齐全；房间不干净，有异味等；设施设备出现问题，如冷气不冷，没有热水、电话线或网络线不通等。如果出现了上述这些问题，地陪要马上对游客表示歉意，向游客说明情况，安抚游客，并立即联系酒店前台，迅速解决问题。这时导游千万不能和游客一起抱怨酒店，客观上激化矛盾。

（三）游客对住宿条件不满

住宿条件不符合要求

住宿条件是否符合要求对旅游活动的影响较大，直接关系游客对旅游接待工作的满意程度。地陪在遇到领队、全陪和游客对住宿条件感到不满时，要及时了解原因，采取积极的态度，向游客说明情况，缓和他们的情绪，做好说服和调解工作；同时还要积极协助旅行社和酒店尽快安排好游客的住宿，解除他们的后顾之忧，并在旅游活动中，以生动的讲解、丰富的内容和热情的服务来活跃气氛，使他们满意。

（四）酒店内行李丢失

1. 分析差错的环节

如果抵达酒店后，游客告知没有拿到行李，问题可能会出现在四个方面：其一，本团游客误拿；其二，酒店行李员送错了房间；其三，旅行社行李员与酒店行李员交接时有误；其四，在往返运送行李途中丢失。

2. 立即寻找

出现这种情况，地陪应立即采取以下措施。

（1）安慰游客，告知自己会尽力寻找，让游客放心。

（2）立即与全陪、领队一起先在本团内寻找。

（3）如果在本团内没有找到，要立即与酒店行李部取得联系，请其设法查找。

（4）如果仍找不到行李，地陪要马上向接待社领导或有关部门汇报，请其派人了解旅行社行李员有关情况，设法查找。

3. 善后工作

（1）主动关心失主，对因丢失行李给游客带来的诸多不便表示歉意，并积极帮助其解决因行李丢失而带来的生活方面的困难。

学习笔记

（2）随时与有关方面联系，询问查找进展情况。

（3）若行李找回，及时将找回的行李归还失主。

（4）若确定行李已丢失，由责任方负责人出面向失主说明情况，并表示歉意。

（5）帮助游客根据有关规定或惯例向有关部门索赔。

想一想　根据当地住宿条件和环境特点，在旅游团住宿时，可能会出现哪些问题？

二、游客住宿个别要求的处理

旅游过程中，酒店是游客临时的家。对于游客在住宿方面的要求，导游一定要尽力协助解决，满足游客的要求。

住宿要求处理

（一）要求调换酒店

团体游客到一地旅游时，享受何种星级酒店的住房在旅游协议书中有明确规定，有的在什么城市下榻于哪家酒店都写得清清楚楚。所以，接待旅行社向旅游团提供的客房低于标准，即使用同星级的酒店替代协议中标明的酒店，游客都会提出异议。

如果接待社未按协议安排酒店或协议中的酒店确实存在卫生、安全等问题而致使游客提出调换酒店的要求，地陪应立即与接待社联系，接待社应负责予以调换。如确有困难，按照接待社提出的具体办法妥善解决，并向游客阐述有说服力的理由，提出补偿条件。

（二）要求调换房间

根据游客提出的不同理由，有不同的处理方法。

1. 房间不干净

如有蟑螂、臭虫、老鼠等，游客提出换房应立即满足，必要时应调换酒店。

2. 客房设施问题，尤其是房间卫生达不到清洁标准

应立即打扫、消毒，如游客仍不满意，坚持调房，应与酒店有关部门联系予以满足。

3. 房间的朝向、层数不佳

游客要求调换另一朝向或另一楼层的同一标准客房时，若不涉及房间价格并且酒店有空房，可与酒店客房部联系，适当予以满足，或请领队在团队内部进行调整。无法满足时，应耐心解释，并向游客致歉。

学习笔记

4. **游客要住高于合同规定标准的房间**

如果有空房可予以满足，但游客要交付原定酒店退房损失费和房费差价。

（三）要求住单间

团队旅游一般安排住标准间或三人间。游客可能会由于生活习惯不同或因同室游客之间闹矛盾，而要求住单间。导游应先请领队调解或内部调整，若调解不成，酒店如有空房，可满足其要求。但导游必须事先说明，房费由游客自理（一般由提出方付房费）。

（四）要求延长住店时间

由于某种原因（生病、访友、改变旅游日程等）而中途退团的游客提出延长在本地的住店时间，可先与酒店联系，若酒店有空房，可满足其要求，但延长期内的房费由游客自付。如原住酒店没有空房，导游可协助联系其他酒店，房费由游客自付。

（五）要求购买房中物品

如果游客看中客房内的某种摆设或物品，要求购买，导游应积极协助与酒店有关部门联系，满足游客的要求。

想一想 针对所接待的旅游团游客的特点，在住宿时游客会提出哪些个别要求？

拓展知识：游客个别要求的处理技巧

游客的旅游动机和目的各有不同，因此在旅游过程中，就会向导游提出各种各样的个别要求，这也是对导游的信任。面对游客的种种要求，导游一定要高度重视，认真对待，合情合理地处理，使游客愉快地旅行游览。

游客个别要求的处理技巧

（一）要满足游客“合理而可能”的要求

满足游客“合理而可能”的要求，这是处理游客个别要求的依据和准绳。

1. “合理”

（1）游客的要求不违反法律、法规的有关规定。

（2）游客的要求不违背旅游协议或旅游合同，不影响既定行程。

（3）游客的要求不影响大多数游客的权益。

（4）游客的要求不损害国家的尊严和导游的人格尊严，符合导游的职业道德。

学习笔记

2．“可能”

“可能”是指游客的要求是可以办到的，即使有一定的难度，但通过导游的努力还是能满足的。对于游客的要求，要认真分析其“合理性”，对于“合理而可能”的要求，尽快做出安排，对于那些不合理、不可能办到的要求，要通过实事求是、合情合理的解释，取得游客的谅解。

（二）对于游客的“苛刻要求”要认真倾听，耐心解释

有的游客提出的要求看似合理，但旅游合同或协议中没有约定提供这类服务或目前还无法提供这类服务；有些游客有爱挑剔的习惯，或对旅游服务“理想化”，或出于某种心态对导游无理指责。面对这些苛刻要求和挑剔，导游可以这样处理。

（1）要认真倾听，给游客一个发泄的机会。

（2）微笑对待，要沉着冷静、面带微笑地予以处理。

（3）耐心解释，对不合理或不可能办到的要求，不要一口回绝，要耐心地、实事求是地进行解释。

（三）对“无理取闹的言行”要不卑不亢，并尊重游客

面对个别游客无理取闹的言行时，要沉着应对，“不损主人之雅，不伤客人之尊，理明则让”，该说理的说理，该坚持的坚持，不要忍气吞声，无原则地迁就，但讲清道理后不要得理不饶人，要给人台阶下，表现出“主人”的度量，保证游客的面子；但如果个别游客的无理取闹影响了旅游团的正常活动，要请领队协助解决，或请其他游客主持公道，避免与游客发生正面冲突；不管游客多么令人不快，都要为其提供热情服务。

（四）要讲究说话技巧，明确答复游客

中国有句古话：“一言既出，驷马难追。”因此，面对游客的要求，说话要讲究技巧，真心诚意赢得游客信赖。

1．说话要讲究技巧

一般来说，对待游客的要求，不要说：“我肯定可以为您办好这件事”或者“我办事您绝对可以放心”之类的话，因为万一在办理过程中出现差错，或者办不成，就会陷入尴尬的局面。轻率地答应游客，又轻率地失信于游客，很容易引起误会并伤害游客的感情。

在接受游客的请求时最好采用“我没把握，但我可以试试看”或者“我尽力而为吧”这类语句。

学习笔记

2. 及时给予游客明确答复

对于游客的要求，一定要真心诚意地办，若因种种原因而无法办到，要及时告诉游客，说明理由，并诚恳地向游客表示歉意，以求游客谅解。不管能否办到，都要及时给予游客明确的答复，说明客观原因。

做导游最忌讳编造谎言欺骗游客，一旦真相大白，游客是不会原谅的。导游要像珍惜自己的人格、形象一样珍惜自己的承诺，只有这样，才能获得游客的信赖和尊重。

三、火灾事故的预防与处理

住宿酒店房间突然起火

酒店、娱乐购物等场所发生火灾，会威胁到游客的生命和财产安全。导游平常就应熟悉酒店或游客常去场所的防火措施，了解安全出口、太平门、安全楼梯的位置，学习好火灾避难和救护的基本常识，才可能遇事不慌、妥善处理。

（一）火灾事故的预防

1. 做好提醒工作

（1）提醒游客不要携带易燃、易爆物品。

（2）不乱扔烟头和火种，不要躺在床上吸烟。

（3）向游客讲清：在托运行李时应按运输部门有关规定去做，不得将不准作为托运行李运输的物品夹带在行李中。

2. 熟悉酒店的安全出口和转移线路

导游带领游客住进酒店后，在介绍酒店内的服务设施时，必须介绍酒店楼层的太平门、安全出口、安全楼梯的位置，并提醒游客进入房间后，看懂房门上贴的安全转移线路示意图，掌握一旦失火时应走的线路。

3. 牢记火警电话

导游一定要牢记火警电话（119）；掌握领队和全体游客的房间号码。一旦火情发生，能及时通知游客。

（二）火灾事故的处理

火灾事故的应对措施

1. 立即报警

一旦发生了火灾，导游立即拨打火灾报警电话119。

2. 迅速疏散

（1）迅速通知领队及全团游客，做好撤离的准备。

（2）配合工作人员，听从统一指挥，迅速通过安全出口疏散游客。

学习笔记

3. **引导自救**

判断火情，引导游客自救。如果情况危急，不能马上离开火灾现场或被困，导游应采取的正确做法如下。

（1）千万不能让游客搭乘电梯或慌乱跳楼，尤其是在三层以上的游客，切记不要跳楼。

（2）用湿毛巾捂住口、鼻，身体重心尽量下移，使面部贴近墙壁、墙根或地面。

（3）必须穿过浓烟时，可用水将全身浇湿或披上用水浸湿的衣被，捂住口鼻，贴近地面蹲行或爬行。

（4）若身上着火了，可就地打滚，将火苗压灭，或用厚重衣物压灭火苗。

（5）大火封门无法逃脱时，可用浸湿的衣物、被褥将门缝堵塞严，或泼水降温，等待救援。

（6）当见到消防队来灭火时，可以摇动色彩鲜艳的衣物为信号，寻求救援。

（三）协助处理善后事宜

游客得救后，导游应立即组织抢救受伤游客。如果有重伤游客，应迅速送往医院；有游客死亡，按有关规定处理。采取各种措施安定游客的情绪，解决因火灾造成的生活方面的困难，设法使旅游活动继续进行。协助领导处理好善后事宜。写出翔实的书面报告。

任务检测

扫描二维码检测任务学习情况。

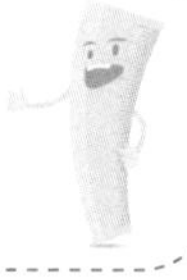

项目实施

步骤一 导游小组一起研讨接待计划，可运用头脑风暴，充分考虑接待不同的旅游团型在入住酒店时可能会出现的各种问题；根据旅游团特点，设计入住酒店过程中出现的问题，编写入住服务整个过程的情景模拟对话。

步骤二 按照入住服务情景模拟对话，确定入住服务工作环节所

学习笔记

需要的各种角色，导游小组分配好角色，进行入住服务情景模拟演练，确保各环节有序衔接。

步骤三 选择合适的场所（有条件的话，可以选择实习酒店），导游小组合作进行入住服务情景模拟，同时拍摄视频。

步骤四 导游小组成员一起对录制的视频进行剪辑，将制作完成的入住服务情景模拟视频提交。

项目评价

按照住宿服务项目的评分标准进行自评、学生互评和教师评价，并进行加权（权重由教师设置，参考权重设置：自评10%、学生互评30%、教师评价60%）计算，评选出最佳“住宿服务”导游小组，以及“最具魅力”导游，教师可根据实际情况给予适当物质和精神奖励。

项目	要求	分值	得分
入住服务	工作环节是否全面有效，是否符合导游服务规范要求；注意事项提醒是否全面，角色分配是否全面得当，角色扮演是否定位准确，场景选择是否合适	40	
问题处理	设计的问题情景是否具有针对性，是否符合旅游团性质和特点，处理措施是否得当	30	
职业形象	导游形象是否职业化；服装和饰物、发型及头发修饰是否符合导游职业要求	10	
小组合作	任务分工是否合理明确，小组长是否发挥组织协调作用，小组成员是否积极参与，配合是否默契，合作是否有效，视频制作是否完整且具有视觉美感	20	
合计			

项目小结

住宿服务是使旅游活动顺利进行的重要保证，入住酒店过程虽然并不复杂，但也是小问题多发的阶段，因此地陪一定要仔细核实每个环节，做好住宿服务。首先地陪一定要认真仔细阅读接待计划，提前了解旅游团的特点以及对住房方面的要求，预判可能会在住房方面出现的问题，尤其是生活习惯方面的问题，当出现问题或游客提出要求时，要善于针对不同情况，及时与酒店协商，妥善地解决各类问题。此外，导游还要提醒住宿酒店期间的注意事项，做好火灾事故的预防与处理。

学习笔记

项目拓展

选取当地五星级、四星级和三星级酒店各一家进行现场调研，并对接待的旅游团进行团型互换，模拟进行入住各环节的服务，注意对酒店服务设施与项目、入住房间注意事项等内容的说明。

项目检测

扫描二维码检测项目学习情况。

学习笔记

项目四 核商日程

项目概述

核对商定日程是旅游团抵达后的一项重要工作，标志着两国（两地）导游（领队）开始实质性的合作共事。因此旅游团抵达后，地陪要尽早与领队、全陪一起核对商定旅游团在当地的活动日程安排，并及时处理出现的相关问题。本项目分为商定日程安排、处理日程变更，以及把握导游交际语言技巧三项任务，具体内容如图3-4所示。

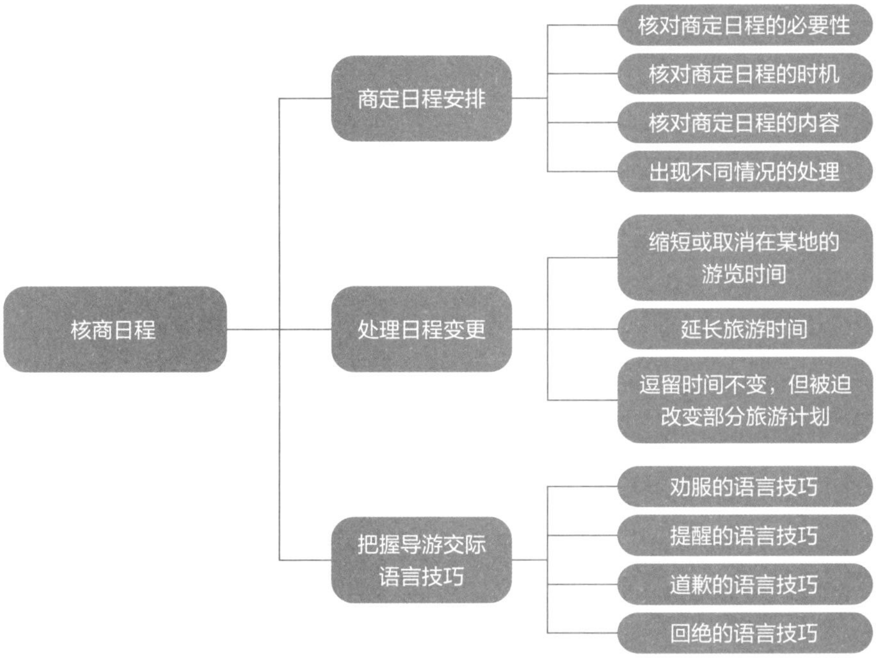

▲ 图3-4 核商日程

项目任务

商定日程成果展示比赛。导游小组按照旅游团接待计划，模拟进行核对商定日程安排环节工作。旅游团可分为几种不同类型：教师度假团、亲子旅游团、中学生研学团、商务考察团、采风摄影团、老年康养团等。具体要求如下。

（1）导游小组一起研讨，按照接待计划，根据旅游团特点，设计核对商定日程中可能出现的问题，编写整个核对商定日程安排工作过程的情景模拟对话。

（2）导游小组协作，分配角色，模拟商定日程安排工作过程，完成商定日程情景模拟视频的拍摄与制作。

学习笔记

项目成果

商定日程情景模拟视频展示。

学习目标

素质目标	知识目标	能力目标
1. 通过商定日程情景模拟，培养认真细致的工作态度，树立规范化和精细化服务意识。 2. 通过角色扮演、角色互换、情景模拟，导游小组协作完成任务，树立责任担当意识、安全意识和质量意识，形成热爱劳动和自主学习的良好习惯。 3. 通过进行成果竞赛，培养学生精益求精的工匠精神和力争上游的竞争意识。	1. 掌握核对商定日程安排的时机和内容。 2. 熟知核对商定日程中可能出现的问题，并掌握具体的处理措施。 3. 熟知造成日程变更的三种情况及其造成的原因，并掌握延长或缩短旅游时间以及部分旅游计划变更的处理措施。 4. 掌握劝服、提醒、道歉和回绝的语言技巧。	1. 按照核对商定日程安排规范要求，完成商定日程安排工作。 2. 能够及时妥善处理在商定日程安排时出现的各种问题。 3. 能够灵活运用劝服、道歉和回绝的语言技巧，协调好与领队、全陪、游客之间的关系，及时妥善处理因各种原因造成的日程变理。

案例导入

厦门的导游小郑接待了一个来自中国台湾的旅游团，该团先后要参观厦门、北京、西安和杭州，最后从杭州返回台湾。按照行程计划，小郑在接团当天20:00抵达厦门高崎国际机场，并顺利地接到了旅游团。在从机场返回酒店的途中，小郑向游客致欢迎词，并进行了简要的沿途导游讲解，介绍了旅游团在厦门的日程安排以及下榻酒店的基本情况。在旅游车即将抵达酒店时，小郑没有与台

学习笔记

湾的领队商量，就通知游客第二天6:00叫早，7:00出发开始在厦门的参观游览活动。当时坐在前面的领队马上说："6:00不行，太早了。"小郑又说："那就7:00叫早好了。"领队又说："7:00也早，你没有看到大家今天这么晚才到厦门吗，你应该给大家留出足够的时间让大家恢复体力。"小郑接着又问："那您看几点合适呢？"领队说："到时候再说吧。"旅游车上气氛立即紧张了起来，导游小郑感到十分的尴尬。

案例解读

导游小郑在宣布第二天叫早和出发时间时，受到了领队不礼貌的对待，其根本原因就是小郑没有与领队商量，就自行决定向游客介绍日程安排，这是对领队的不尊重。本案例中第二天几点叫早和出发并不是关键问题，而是导游没有与领队商量就宣布日程安排，小郑忽略了这个最基本的程序，不但得罪了领队，而且也使自己后面的工作很被动。

案例思考

（1）行程计划已经安排好的，为什么还要商定日程？

（2）与谁商定日程？选择在何时何地商定？商定哪些内容？

（3）商定日程会出现哪些问题？

任务1　商定日程安排

任务导入

旅游团抵达后，地陪应把旅行社已经安排好的活动日程与领队、全陪一起核对、商定，并征求他们的意见。每个导游小组根据旅游接待计划，选择好时机，完成核商日程安排工作。

接待计划可根据导游小组数量设计不同类型，类型建议有康养团、亲子团、研学团、教师团、采风团、考察团等。

学习笔记

任务思考

（1）针对不同团型，考虑在核对商定日程时可能会遇到哪些问题，游客会提出哪些要求？

（2）按照接待计划，选择何时、何地、与何人核对商定日程安排？

任务学习

核对、商定日程是做好旅游接待工作的重要环节，也是地陪与领队、全陪之间合作的序曲。在旅游团抵达前，地陪应通过微信、QQ或电话与全陪、领队就旅游活动日程进行初步沟通，当旅游团抵达后，地陪应与全陪、领队面对面地正式核对商定活动日程，并形成各方认可的正式书面文稿，并及时通知每一位游客。

一、核对商定日程的必要性

核对商定日程

虽然旅游团的整个活动日程都已明确规定在旅游合同或协议书上了，组团社根据合同或协议书制订了旅游团的接待计划，对该团在各地的活动事先进行了安排，然而游客作为旅游产品的购买者和消费者有权审核活动计划，也有权提出修改意见。所以，导游与游客商定活动日程是对购买者和消费者的尊重，也是一种礼貌。

领队作为旅游团的代言人，也希望得到所访之地导游的尊重和合作，使商定和宣布活动日程成为其行使职权的表现。而对于某些专业旅游团，除了一般的参观游览外，还负有特定任务，商定活动日程对游客来说则更为需要。

二、核对商定日程的时机

旅游团抵达后，地陪要抓紧时间尽早完成核对商定日程的工作。

（一）核对商定日程的时间

核对、商定日程的时间一般在旅游团抵达的当天，最好是在游览开始之前进行。如果旅游团抵达后直接去游览点的，一般可选择在首次沿途导游途中；如果旅游团是先前往酒店，一般选择在入住酒店手续办理完毕后进行商定。

（二）核对商定日程的地点

核对商定日程的地点最好选择在较为公开的、适合交谈的公众场合

学习笔记

进行。一般在酒店大堂，有时也可在旅游车上。对重点团、记者团、考察团等，应尽量选择一个比较安静的地方，如咖啡厅、茶室等，必要时可租用酒店会议室。注意不要到领队或全陪的房间，尤其是异性的房间。

（三）核对商定日程的对象

核对商定日程的对象，可根据旅游团性质而定，对于一般的旅游团，与领队、全陪商谈即可；对重点团、专业团、考察团等，除领队外，还应请团内有关负责人一起参加商谈。如果旅游团没有领队、全陪，可与旅游团游客代表或全团游客一起商定。

三、核对商定日程的内容

核对商定日程的内容主要是对接待计划进行确认：与领队、全陪核对各自手中的团队接待计划有无出入；确认每天活动的具体内容和时间安排；确认特殊活动的安排情况；确认团队离开本地时的交通工具、航班（车次）及时间；征求领队、全陪对日程安排的意见和要求；征求领队、全陪对自费项目的安排意见。

四、出现不同情况的处理

通常，地接社编制的活动日程安排只要都包括了旅游协议书中的全部内容，领队、全陪、游客一般不会有什么意见，但有时可能会出现如下三种情况。

（一）领队或全陪手中的计划与地陪的接待计划有部分出入

当出现这种情况时，地陪应及时报告旅行社查明原因，分清责任。如果责任在接待方，地陪应实事求是地说明情况，向领队和全体游客说明情况，并致歉，同时及时作出调整；如果责任不在接待方，地陪也不应指责对方，必要时，可请领队或全陪做好解释工作。

（二）对方提出较小的修改意见

（1）当对方提出的修改意见不影响原定行程，地陪应尽可能按照对方的意见办理。

（2）如果影响原定行程但不改变接待费用，诸如变更活动内容、调整活动次序等，地陪要和旅行社计调沟通，可以按照合理而可能的原则修改原定行程，并及时告知旅行社。

（3）如果对方提出增加新的游览项目，而新增游览项目需增收费用，地陪应及时向旅行社有关部门反映，并事先向领队和游客讲明，若他们同意，订立书面合同，按规定收费，但新增项目的安排不得影响计划项目的实施。

学习笔记

（4）对于无法满足对方要求的项目，地陪要耐心做解释和说服工作。

（三）对方提出的要求与原计划的日程有较大变动，或涉及接待规格

（1）一般情况下地陪应婉言拒绝，并说明我方不便单方面不执行合同。

（2）如果是经领队和全体游客提出的要求，而且确有特殊理由，地陪必须请示旅行社有关领导，按领导指示而定。如需增收（或减少）费用，事先向领队或游客说明，并按规定收取（或退回）相关费用，办理相关手续。

想一想 在核商日程时，针对你们的接待计划，可能会出现哪些问题？游客会提出哪些日程变更要求？

提示

商谈日程时，不宜对已定的日程安排做大的变动，因为变动过大，可能会涉及其他部门的工作安排变化。日程确定后，由领队或全陪向旅游团宣布。

任务检测

扫描二维码检测任务学习情况。

任务 2　处理日程变更

任务导入

每个导游小组认真分析所接待的旅游团的特点和当地的实际情况，设计在日程安排上游客可能会提出的变更要求以及其他可能导致日程变更的情况，针对具体情况及时妥善处理。

学习笔记

任务思考

（1）不同游客在商定日程时可能提出哪些要求？如何处理？
（2）哪些情况会导致旅游日程变更？
（3）日程变更会出现几种情况？如何处理？

任务学习

旅游活动日程是旅行社计调部门根据团队旅游计划制定的详细行程安排，一般都经过了周密的考虑和实践检验，有很强的合理性。无论导游还是游客，都不能随意更改旅游活动计划，如果因各种原因确实需要变更的，必须要慎重处理。因此，导游要正确判断变更旅游活动日程的利弊，善于选择既尊重游客意愿，也符合团队实际，又不损害旅行社利益的方案。

在商谈日程时，需要对原有日程安排进行调整，除了游客提出要求外，还有出自旅行社原因和客观原因。在旅游日程安排过程中，可能出现因旅行社的工作疏忽，如景区当天不开放、游客预订节目没有安排等，而造成旅游活动安排不周，需要临时进行调整。出现这种情况时应首先对计划进行合理安排，尽量不影响日程，然后将安排后的计划与领队及游客沟通，获取他们的谅解，再按照新计划安排旅游活动。旅游过程中，可能会因客观原因、不可预料的因素（如天气、自然灾害、交通问题等）需要变更旅游团的旅游计划、线路和活动日程，一般会出现三种情况，针对不同情况要采取灵活的应变措施。

提示

因客观原因被迫变更旅游活动计划或日程变更的情况极为常见，导游遇到这类问题时不要惊慌，按下述程序处理：首先，了解情况，判断是否确实需要变更旅游活动计划和日程；在对事态进行充分了解后，各方导游（地陪、领队或全陪）共同分析计划和日程变更的后果，商量应变措施，同时安抚游客，稳定游客的情绪；然后将应变措施分别向组团社、地接社报告；经旅行社同意后，及时做好游客的工作，一般是由领队或全陪向团队中有影响的游客实事求是地说明情况，诚恳地道歉，求得他们的谅解，然后分头做游客的说服工作，争取他们的理解和支持；最后根据计划变更情况对日程作出相应的调整。

学习笔记

一、缩短或取消在某地的游览时间

（一）旅游团或游客的抵达时间延误造成的旅游时间缩短

旅游团乘坐的火车晚点

（1）找出补救措施　分析因延误带来的问题，及时报告地接社外联部或计调部，找出补救措施，并尽快将情况反馈给组团社。

（2）安排相关接待事宜　在外联或计调部的协助下，安排落实旅游团的交通、住宿、游览等事宜。同时提醒有关人员与饭店、车队、餐厅联系，及时办理退房、退车、退餐等一切相关事宜。

（3）立即调整活动日程　地陪应立即调整活动日程，压缩每一景点的活动时间，但应尽量保证不减少计划内的游览项目。

（二）旅游团或游客提前离开而造成游览时间缩短

（1）立即与全陪、领队商量，采取尽可能的补救措施　立即调整活动时间，抓紧时间将计划内游览项目完成；若有困难，无法完成计划内所有游览项目，地陪应选择最有代表性、最具特色的重点旅游景点，让游客对游览景点有个基本的了解。

（2）做好游客的工作　不要急于将旅游团提前离开的消息告诉旅游团，以免引起躁动；待与领队、全陪制订新的游览方案后，找准时机先向旅游团中有影响力的游客实事求是地说明困难，诚恳地道歉，以求得谅解，并将变更后的安排向他们解释清楚，争取他们的认可和支持，最后分头做其他游客的工作。

（3）通知办理相关事宜　地陪应通知接待社计调部门或有关人员办理相关事宜，如退房、退餐、退车等。

（4）给予游客适当的补偿　必要时经接待社领导同意，可采取加菜、风味餐、赠送小纪念品等物质补偿的办法；如果旅游团的活动受到较大的影响，游客损失较大而引起强烈的不满时，可请接待社领导出面表示歉意，并提出补偿办法。

（5）通知下一站　旅游团提前离开，全陪应立即报告组团社，并通知下一站接待社。

二、延长旅游时间

游客投诉耽误行程

游客提前抵达或推迟离开都会造成延长游览时间而变更游览日程。出现这种情况，地陪应该采取以下措施。

学习笔记

1. **落实有关事宜**

与接待社有关部门或有关人员联系，重新落实旅游团的用房、用餐、用车的情况，并及时落实离开的机票、车票。

2. **迅速调整活动日程**

可适当延长在主要景点的游览时间。经组团社同意后，酌情增加游览景点，或晚上安排健康的文体活动，努力使活动内容充实。

3. **通知下一站**

地陪要提醒有关接待人员通知下一站旅游团的日程变化。

提示

由于客观原因造成的行程延误，游客应该承担延误期间产生的住宿、餐饮等基本费用，导游可根据旅行社的安排，决定是否收取上述费用。尽管这种情况下导游和旅行社没有责任，但延长旅游日程后往往游客意见较大，也会对导游发泄。如果旅行社向游客收取增加日程的基本费用，很多游客会拒缴，并反而要求旅行社赔偿延误行程给自己造成的间接损失。这时导游集体一定要团结，在达成共识后依据旅游合同耐心向游客解释，请游客理解并支持自己的工作。导游千万不要试图避开团队中意见最大的游客，因为他们的影响力较大，如果做不通他们的思想工作，做其他游客的思想工作的效果往往就会不明显，而一旦做通了他们的思想工作，其他人的思想工作就迎刃而解了。

三、逗留时间不变，但被迫改变部分旅游计划

出现这种情况，一般都是外界客观原因造成的，如大雪封山、维修改造、进入危险地段等，这时导游应采取如下措施。

前往景区的路段被冲毁

（1）实事求是地将情况向游客讲清楚，求得谅解。

（2）提出由另一景点代替的方案，与游客协商。

（3）以精彩的导游讲解、热情的服务激起游客的游兴。

原定游览景区关闭

（4）按照有关规定做些相应补偿，如用餐时适当地加菜，或将便餐改为风味餐，赠送小礼品等。必要时，由旅行社领导出面，诚恳地向游客表示歉意，尽量让游客高高兴兴地离开。

学习笔记

想一想　如果你们接待的旅游团日程安排被迫出现变化，该如何应对？

任务检测

扫描二维码检测任务学习情况。

任务 3　把握导游交际语言技巧

任务导入

每个导游小组认真分析接待计划，在核对商定日程安排时，按照游客的兴趣和需求特点以及线路情况，设计游客提出更改日程安排的要求和由于客观原因或旅行社原因需要变更原定日程安排，模拟情景，与全陪、游客及其他相关人员进行沟通协调。

任务思考

（1）当游客提出增加旅游项目或改变旅游计划，但不能满足时，如何回绝游客？

（2）当因客观原因或旅行社原则需要改变活动日程时，如何与全陪、游客及其他相关人员沟通协调？

任务学习

导游服务过程，就是导游与游客交际的过程。在此过程中，导游语言的表达方式、方法和技巧会对服务效果产生重要和直接的影响。比如，做说服工作时，如果讲究技巧，就会使对方心悦诚服；当回绝别人的要求时，如果不讲究方法，可能会伤了对方的自尊。因此，导游要恰当使用导游交际语言技巧，化解矛盾，解决难题，不断提高导游服务质量。

一、劝服的语言技巧

在导游服务过程中，导游在处理各种问题时，常常需要对游客进行劝服，如活动日程改变需要劝服游客接受，对游客的某些不当行为需要进行劝阻等。

学习笔记

劝服的语言技巧

（一）诱导式劝服

诱导式劝服即循循善诱，通过有意识、有步骤的引导，澄清事实，讲清利弊得失，使游客逐渐信服。

诱导式劝服实例

某旅游团原计划自大连飞往南京，因未订上机票只能改乘火车，游客对此意见很大。这时导游首先诚恳地向游客致歉，并耐心地向游客说明原委并分析利弊。导游对游客说："没有买上机票延误了大家的旅游行程，我很抱歉，对于大家急赴南京的心情我很理解。但是如果乘飞机去南京还得等到明天，这样大家在南京只能停留一天；如果现在乘火车，大家可在南京停留两天，可以游览南京的一些主要景点。另外，大家一路旅途都非常辛苦，乘火车一方面可以观赏沿途的自然风光，另一方面可以得到较好的休息。"导游的这席话使游客激动的情绪开始平静下来，一些游客表示愿意乘坐火车，另一些游客在他们的影响下也表示认可。

对这类问题的劝服，导游一是要态度诚恳，使游客感到导游是站在游客的立场上帮助他们考虑问题；二是要善于引导，巧妙地使用语言分析其利弊得失，使游客感到上策不行取其次也是最好的选择。

（二）迂回式劝服

迂回式劝服是指不对游客进行正面、直接的说服，而采用间接或旁敲侧击的方式进行劝说，即通常所说的"兜圈子"。这种劝服方式的好处是不伤害游客的自尊心，而又使游客较易接受。

迂回式劝服实例

某旅游团中有一位游客常常会在游览中离团独自活动，出于安全考虑和旅游团活动的整体性，导游走过去对他说："××先生，现在大家休息一会儿，很希望您过来讲讲您在这个景点游览中的新发现，作为我导游讲解的补充。"这位游客听了会心一笑，自动走了过来。

迂回式劝服实例

在这里，导游没有直接把该游客喊过来，因为那样多少带有命令的口气，而是采用间接的、含蓄的方式，用巧妙的语言使游客领悟到导游

学习笔记

话中的含义，游客的自尊心也没有受到伤害。

（三）暗示式劝服

暗示式劝服是指导游不明确表示自己的意思，而采用含蓄的语言或示意的举动使人领悟的劝说。

暗示式劝服实例

有一位游客在旅游车内抽烟，使得车内空气混浊，导游不便当着其他游客的面批评他，以免伤了这位游客的自尊，但在其又欲抽烟时，导游面对着他摇摇头或捂着鼻子轻轻咳两声，使游客自觉地收起了香烟。

这里导游运用了副语言——摇头、捂鼻子咳嗽，暗示在车内“请勿吸烟”，使游客产生了自觉的反应。

提示

劝服的方式要因人而异、因事而异，要根据游客的不同性格、不同心理或事情的性质和程度，分别采用不同的方法。劝服一要以事实为基础，根据事实讲明道理；二要讲究方式、方法，使游客易于接受。

想一想　针对所接待的旅游团游客的特点，会出现哪些问题，如何劝服游客？

二、提醒的语言技巧

提醒的语言技巧

在导游服务中，导游经常会碰到少数游客由于个性或生活习惯的原因，表现出群体意识较差或丢三落四的行为，如迟到、离团独自活动、走失、遗忘物品等。对这类游客，导游应从关心游客安全和旅游团集体活动的要求出发给予特别关照，在语言上要适时地予以提醒。提醒的语言方式很多，但尽量不要用直截了当的命令式的口吻，要使用委婉的语言，体现出对游客的关心和尊重，要在愉悦的气氛中使游客接受。

（一）敬语式提醒

敬语式提醒是导游使用恭敬口吻的词语，对游客直接进行的提醒方

学习笔记

式，如“请”“对不起”等。导游在对游客的某些行为进行提醒时，应多使用敬语，这样会使游客易于接受，如“请大家安静一下”“对不起，您又迟到了”。这样的提醒比“喂，你们安静一下”“以后不能再迟到了”等命令式语言要好得多。

（二）协商式提醒

协商式提醒是导游以商量的口气间接地对游客进行的提醒方式，以取得游客的认同。协商将导游与游客置于平等的位置上，导游主动同游客进行协商，是对游客尊重的表现。一般来说，在协商的情况下，游客是会主动配合的。

协商式提醒实例

某游客常常迟到，导游和蔼地说：“您看，大家已在车上等您一会儿了，以后是不是可以提前做好出发的准备呢？”

某游客在游览中经常离团独自活动，导游很关切地询问他：“××先生，我不知道在游览时您对哪些方面比较感兴趣？您能否告诉我，我好在以后的导游讲解中予以加强？”

（三）幽默式提醒

幽默式提醒是导游用有趣、可笑而意味深长的词语对游客进行的提醒方式。导游运用幽默的语言进行提醒，既可使游客获得精神上的快感，又可使游客在欢愉的气氛中受到启示或警觉。

幽默式提醒实例

导游提醒游览长城的游客注意安全并按时返回时，说：“长城地势陡峭，大家注意防止摔倒。另外，不要头也不回一股脑儿地往前走，一直走下去就是丝绸之路了，有人走了两年才走到，特别辛苦。”

几位年轻游客在游览时，纷纷爬到一尊大石象的背上照相，导游见了连忙上前提醒他们：“希望大家不要欺负这头忠厚老实的大象！”这比一脸严肃地说“你们这样做是损坏文物，是要罚款的”，效果要好得多。

学习笔记

提示

导游提醒游客时，要使游客易于接受，还需要注意以下三点：第一，对游客首先应予以尊重，其次要有服务意识，对游客的安全负责；第二，提醒的语言要富有情感，要体现出对游客的关心；第三，要使用委婉的语言，用商讨的口吻与游客说话。

想一想 针对所接待的旅游团游客的特点，会出现哪些问题，该采取何种方式提醒游客？

三、道歉的语言技巧

道歉的语言技巧

在导游服务中，因为导游说话的不慎、工作中的某些过失或相关接待单位服务上的欠缺，会引起游客的不快和不满，造成游客同导游之间关系的紧张。不管造成游客不愉快的原因是主观的还是客观的，也不论责任在导游自身还是在旅行社或相关接待单位，导游都应妥善处理，通过恰当的语言表达方式向游客致歉或认错，以消除游客的误会和不满情绪，求得游客的谅解。

（一）微笑式道歉

微笑式道歉是导游运用体态语言传递情意，以求得游客谅解的道歉方式。微笑是一种润滑剂，微笑不仅可以对导游和游客之间产生的紧张气氛起缓和作用，而且也是向游客传递歉意信息的载体。如某导游回答游客关于长城的提问时，将长城说成建于秦朝，其他游客纠正后，导游觉察到这样简单地回答是错误的，于是对这位游客抱歉地一笑，使游客不再计较了。

（二）迂回式道歉

迂回式道歉是指导游在不便于直接、公开地向游客致歉时，而采用其他的方式求得游客谅解的一种技巧。如某导游在导游服务中过多地关照部分游客，引起了另一些游客的不悦，导游觉察后，便主动地多接触这些游客，并给予关照和帮助，逐渐使这部分游客冰释前嫌。

除采用迂回的道歉方式改进导游服务外，导游还可请示旅行社或同相关接待单位协商后，采用向游客赠送纪念品、加菜或免费提供其他服务项目等方式向游客道歉。

学习笔记

（三）自责式道歉

自责式道歉是导游以自责的方式向游客表示歉意并对游客进行抚慰的道歉方式。由于旅游供给方的过错，使游客的利益受到较大损害而引起强烈不满时，即使代人受过，导游也要勇于自责，以缓和游客的不满情绪。

自责式道歉实例

某导游接待一个法国旅游团，17:00入住酒店后发现团长夫人的行李箱不见了，团长夫人非常气愤，连18:30法国驻华大使的宴请也没有参加。至次日零时，行李还未找到，所有团员均未睡觉，都在静静地等着。在这种情况下，陪同的导游一面劝游客早点休息，一面自责地对大家说："十分对不起，这件事发生在我们国家是一件很不光彩的事，对此我心里也很不安，不过还是请大家早点休息，我们当地的工作人员还在继续寻找，我们一定会尽力的。"

导游这种勇于自责的道歉，一方面体现帮助游客解决问题的诚意，另一方面也是对游客的一种慰藉。

提示

不管采用何种道歉方式，首先，道歉必须是诚恳的；其次，道歉必须是及时的，即知错必改，这样才能赢得游客的信赖；最后，道歉要把握好分寸，不能因为游客的某些不快就道歉，要分清深感遗憾与道歉的界限。

想一想 针对所接待的旅游团游客的特点，当出现自身或非自身问题，该如何道歉？

四、回绝的语言技巧

答问语言技巧

回绝是对别人的意见、要求予以拒绝。在导游服务中，导游常常会碰到游客提出的各种各样的问题和要求，除一些常见的问题和合理且可行的要求可予以满足外，也有一些问题和要求是不合理的或不可能办到的，

学习笔记

对这类问题或要求，导游需要回绝。但是，由于导游同游客之间的主客关系，导游不便于直接回答“不”，这时导游必须运用回绝的语言技巧。

（一）柔和式回绝

柔和式回绝是导游采用温和的语言进行推托的回绝方式。采取这种方式回绝游客的要求，不会使游客感到太失望，避免了导游与游客之间的对立状态。

回绝的语言技巧

柔和式回绝实例

某领队向导游提出是否可把日程安排得紧一些，以便增加一两个旅游项目。导游知道这是计划外的要求，并且不可能予以满足，于是采取了委婉的拒绝方式，“您的意见很好，大家希望在有限的时间内多看看的心情我也理解，如果有时间能安排我会尽力的。”

这位导游对于领队的要求没有明确表示同意与否，而是借助客观原因（时间），采用模糊的语言暗示了拒绝之意。这种回绝方式是柔和的、谦恭的，采用的是拖延策略，往往可以取得较好的效果。

（二）迂回式回绝

迂回式回绝是指导游对游客的发问或要求不正面表示意见，而是绕过问题从侧面予以回应或回绝。

迂回式回绝实例

某导游在同游客交谈时谈到了西藏，这时一位美国游客突然发问：“你们1959年进攻西藏是否合法?”该导游想了想说“你认为你们在19世纪60年代初期派兵进攻密西西比河南方的奴隶主是否合法?”美国游客一时语塞。

对这类政治性很强的问题，一时难以和他们讲清楚，采取这种迂回式的反问予以回绝是最好的选择。

（三）引申式回绝

引申式回绝是导游根据游客话语中的某些词语加以引申而产生新意的回绝方式。

学习笔记

引申式回绝实例

某游客在离别前把吃剩的半瓶药送给导游并说："这种药很贵重，对治疗我的病很管用，送给你做个纪念吧。"导游谢绝说："既然这种药贵重，又对您很管用，送给我这没病的人太可惜了，还是您自己带回去慢慢用更好。"

这里，导游用游客的话语进行的引申十分自然，既维护了自己的尊严，又达到了拒绝的目的。

（四）诱导式回绝

诱导式回绝是指导游针对游客提出的问题进行逐层剖析，引导游客对自己的问题进行自我否定的回应方式。

诱导式回绝实例

有位法国游客问导游："有人说，西藏应是一个独立的国家，对此你是怎样看的？"导游反问他："您知道西藏的班禅是怎么选出来的吗？"法国游客摇摇头说："不知道"。导游接着说："我告诉您吧，在清朝时，他们就是由当时的皇帝册封的，可见西藏早就是中国的一部分，正如布列塔尼是法国的一部分一样，您能因为那里的居民有许多自己的风俗，就说它是一个独立的国家吗？"这位法国游客摇摇头笑了。

总之，导游应根据游客的情况、问题的性质、要求的合理与否，分别采用不同的回绝方式，尽量减少游客的不快。

想一想　针对所接待的旅游团游客的特点，游客会提出哪些问题，该采取何种方式回绝？

任务检测

扫描二维码检测任务学习情况。

项目实施

学习笔记

步骤一　导游小组一起研讨接待计划，可运用头脑风暴，充分考虑接待不同的旅游团型在核对商定日程安排时游客可能会提出的各种要求以及在客观上或旅行社原因可能导致的日程变化；根据游客特点及接待计划实际情况，设计核对商定日程过程中出现的问题，编写商定核对日程安排整个过程的情景模拟对话。

步骤二　按照商定核对日程安排情景模拟对话，确定商定日程工作环节所需要的各种角色，导游小组分配好角色，进行商定日程情景模拟演练，确保各环节有序衔接。

步骤三　选择合适的场所，导游小组合作进行商定日程工作环节情景模拟，同时拍摄视频，最后剪辑制作完成商定日程情景模拟视频。

步骤四　将制作完成的商定日程视频成果提交。

项目评价

按照住宿服务项目的评分标准进行自评、学生互评和教师评价，并进行加权（权重由教师设置，参考权重设置：自评10%、学生互评30%、教师评价60%）计算，评选出最佳“住宿服务”导游小组，以及“最具魅力”导游，教师可根据实际情况给予适当物质和精神奖励。

项目	要求	分值	得分
核对商定日程	工作环节是否全面有效，是否符合导游服务规范要求；注意事项提醒是否全面，角色分配是否全面得当，角色扮演是否定位准确，场景选择是否合适	40	
要求或问题处理	设计的游客要求或问题情景是否具有针对性，是否符合游客特点及接待计划实际，处理措施是否得当	30	
职业形象	导游形象是否职业化；服装和饰物、发型及头发修饰是否符合导游职业要求	10	
小组合作	任务分工是否合理明确，小组长是否发挥组织协调作用，小组成员是否积极参与，配合是否默契，合作是否有效，视频制作是否完整且具有视觉美感	20	
合计			

学习笔记

项目小结

核对商定日程虽然过程比较简单，但却是非常重要的一个工作环节，不容忽视。本项目引领我们要认真做好核对商定日程工作。首先，要根据接待计划的旅游团的性质选择好核对商定日程的时间、地点和对象，对接待计划的细节进行认真核对；其次，要掌握在商谈日程过程中可能会出现的各种问题的处理措施；最后，针对不同情况和游客的要求，妥善地处理日程变更的各种情况。此外，导游还要把握导游交际语言技巧，在与领队、全陪、游客或其他相关工作人员进行协调沟通时，能够灵活运用道歉、提醒、劝服和回绝的语言技巧，合情合理地处理好游客提出的各种要求和出现的问题。

项目拓展

每个导游小组按照接待的旅游计划，分析游客的需求，结合实际情况，设计符合实情的旅游日程变更情景，或由游客提出，或因旅行社安排有误，或因天气原因等，小组合作完成模拟变更日程的处理，其中要展示运用道歉、劝服、回绝的语言技巧，选择合适的场景，拍摄并制作处理日程变更小视频。

项目检测

扫描二维码检测项目学习情况。

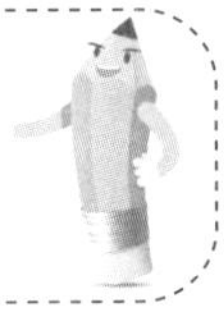

项目五 餐饮服务

学习笔记

项目概述

美食对于游客来说是非常重要的一环，游客首先要吃饱，这样才有足够的体力完成游程，而且不仅要求吃好，还要吃得有品位、有文化。品尝美食是一项重要的旅游活动，丰富的美食不仅能丰富游客的旅游生活，还能为游客增添“回家”后的“谈资”。因此，餐饮服务是导游服务中一个重要的方面，看似简单的一个“吃”，决定游客是否能经历一次愉快的旅游。本项目分为用餐服务、处理餐饮问题两项任务，具体内容如图3-5所示。

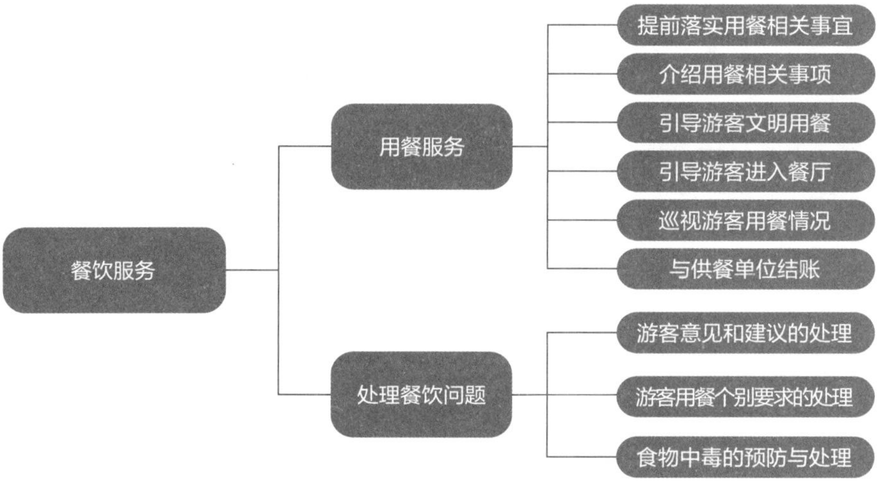

▲ 图3-5　餐饮服务

项目任务

餐饮服务成果展示比赛。导游小组按照旅游团接待计划，模拟进行餐饮服务。旅游团接待计划可分为教师度假团、亲子旅游团、中学生研学团、商务考察团、老年康养团、医护休养团等。具体要求如下。

（1）导游小组一起研讨，按照接待计划，根据旅游团特点，设计用餐过程可能出现的问题，编写整个用餐过程的情景模拟对话。

（2）导游小组协作，分配角色，模拟餐饮服务工作过程，完成餐饮服务情景模拟视频的拍摄与制作。

学习笔记

项目成果

餐饮服务情景模拟视频展示。

学习目标

素质目标	知识目标	能力目标
1. 通过用餐服务情景模拟，培养认真细致的工作态度，树立规范化和精细化服务意识。 2. 通过角色扮演、角色互换、情景模拟，导游小组协作完成任务，树立责任担当意识、安全意识和质量意识，形成热爱劳动和自主学习的良好习惯。 3. 通过进行成果竞赛，培养学生精益求精的工匠精神和力争上游的竞争意识。	1. 掌握用餐服务流程和每个工作环节内容。 2. 熟知用餐中可能出现的问题，并掌握具体处理措施以及处理游客投诉意见和建议的步骤和注意事项。 3. 掌握食物中毒的预防与处理措施。 4. 熟知在用餐中游客可能会提出的各种要求，并掌握处理措施。	1. 按照用餐服务流程和规范，完成用餐服务工作。 2. 能够防范并及时妥善处理用餐时出现的各种问题。 3. 能够按照处理游客个别要求的原则，妥善处理在用餐中游客提出的各种要求。 4. 能够防范并妥善处理食物中毒事故。

案例导入

北戴河某旅行社导游小杨接待了来自上海的旅游团，该团一行30人。由于在团队沟通期间存在一些问题，旅行社承诺旅游团的一餐团餐升级为北戴河特色海鲜大咖。为了让游客尽早感受到旅行社的诚意，在旅游团抵达的第一天晚餐就享用海鲜大咖，导游小杨在接站之前就打电话给用餐餐厅为旅游团安排妥当。在游客入住之前，小杨告知游客晚餐为大家安排的是北戴河特色的海鲜大咖，非常美味，来北戴河旅游的游客都会吃上一次，游客的心理也很期待。小杨告诉游客18:30在酒店大堂集合，自己带领大家用餐。18:10，导游小杨还亲自到餐厅查看了旅游团的晚餐安排情况。

18:30，导游小杨带领游客到酒店餐厅用餐，到达餐厅后，小杨将游客引领到旅游团用餐的位置就座，同时将餐厅内的设施情况

学习笔记

向游客做了介绍，包括洗手间的位置等。游客入座后，导游小杨又跑前跑后地张罗上菜，还为游客端来了茶水。待旅游团的海鲜大咖上桌，游客看到色相很不错，开始用餐之后，导游小杨才急忙跑到司陪用餐处吃了几口饭，之后又出来查看游客的用餐情况，询问大家味道如何。这时游客面露不悦之色，向小杨投诉道："这里的海鲜看起来不错，可吃起来又辣又咸，给我们上的海鲜都是不新鲜的。"

小杨连忙解释道："这里是我们旅行社长期合作的酒店，海鲜肯定是新鲜的，在安排餐之前我们旅行社经理特意叮嘱过，我也来餐厅查看了，这个请大家放心。北戴河海鲜大咖的特色就是香辣。"游客又说："我们上海人口味比较清淡，不喜欢吃辣，也不喜欢过咸的食物，我们认为只有不新鲜的食材才做成咸辣的。"小杨对此深感歉意："对不起大家啦，非常抱歉，这是我失误，我忽略了咱们上海人的口味特点。这样吧，我马上让餐厅再给大家上几个清淡的菜肴。明天我安排餐的时候一定会提前告知大家的口味特点，保证不会出现今天这样的情况了。"说完，小杨立即联系餐厅主管安排几道清淡菜肴，又端来茶水，为游客斟茶以表道歉诚意。十分钟后，几道清淡菜肴上桌，游客品尝后表示满意，小杨这才舒了口气。

游客用餐完毕后，陆续返回房间休息，小杨到餐厅前台取出旅行社的餐饮结算单，在上面填写好相应的内容，将其中盖有旅行社业务章的一联交给餐厅留存。随后与全陪一起回到酒店大堂核对商定日程安排。

案例解读

本案例的地陪导游小杨在为游客提供餐饮服务过程中，比较规范地遵循了导游服务用餐程序的要求，但在服务细节方面出现了问题，没有事先了解游客的口味特点，本来是旅行社为旅游团特意安排的地方风味餐，不仅没有让游客享用到海鲜的美味，而且还使游客很不满意。小杨虽然通过自己真诚的服务取得了游客的谅解，但这也给了小杨深刻的教训，也为我们提供了一个很好的警示：在为游客提供服务时，不仅要规范地执行每个环节，而且还要考虑到每一个细节，只有细心、用心、真心，才能为游客提供优质满意的服务。

学习笔记

案例思考

（1）安排旅游团用餐，地陪要考虑哪些细节？
（2）为旅游团提供用餐服务，有哪些工作环节？
（3）在游客用餐过程中，可能会出现哪些问题？

任务1 用餐服务

任务导入

每个导游小组根据旅游接待计划，完成用餐服务工作。

接待计划可根据导游小组数量设计不同类型，类型建议包含老年康养团、亲子团、研学团、教师团等。

任务思考

（1）针对不同团型、不同游客，在安排用餐前需考虑哪些细节问题？

（2）用餐服务有哪些工作环节？

任务学习

“吃”是游客保证旅游活动顺利进行的物质基础，游客的用餐安排不妥或出现问题后处置不当，都会给整个旅游活动带来不好的影响，使游客产生不满情绪。因此导游一定要严格按照餐饮服务程序认真做好用餐服务的每个环节工作，保障旅游活动的顺利进行。

一、提前落实用餐相关事宜

用餐服务

地陪一般提前一天或在当天早上游览参观出发前，与用餐酒店逐一核实中餐和晚餐情况，包括：用餐地点、时间、人数、标准、形式及特殊要求等。因此地陪要了解游客的口味特点和特殊要求，对于少数民族游客，要尊重其民族信仰，对于有饮食特殊要求的游客，要特殊安排。

二、介绍用餐相关事项

一般在去往酒店用餐前一小时，地陪要告知酒店旅游团具体用餐时

学习笔记

间，并问清团餐的安排情况。在去往酒店用餐途中，地陪还要向游客介绍用餐相关事项。

（1）要介绍用餐酒店的基本情况，包括规模、级别、菜肴特色等，但要注意在介绍时要留有余地，不要描绘得过于美好，否则容易将游客的胃口吊得太高，若实现不了，则会让游客失望，影响餐饮效果。

（2）如果安排的是风味餐，导游要向游客介绍风味餐的特色。介绍风味餐是一项弘扬民族饮食文化的活动，导游可以通过介绍菜肴的“色、香、味、形、质、器皿、菜名”，以及菜肴的历史、原料、制作菜肴的刀工和火候、烹饪方法、调味、营养和包含的人文精神及其吃法，不仅让游客饱眼福、鼻福、口福、耳福，而且能让游客深入理解中国饮食文化的丰富多彩，并引导游客获得美的感受。

（3）向游客讲清楚用餐时间安排、酒水类别以及用餐标准所含范围和自理项目。

三、引导游客文明用餐

（1）提醒游客注意用餐礼仪，有序就餐，避免高声喧哗干扰他人。

（2）引导游客就餐时适量点用，避免浪费。

（3）提醒游客自助餐区域的食物、饮料不能带离就餐区。

（4）集体就餐时，要提醒游客正确使用公共餐具。

（5）游客如需在就餐时抽烟，应指示游客到指定抽烟区域就座，如就餐区禁烟的，应遵守相关规则。

四、引导游客进入餐厅

到达用餐酒店后，地陪要告知酒店迎宾人员旅游团的团号、旅行社的名称及用餐人数等信息，了解旅游团的用餐位置。引导游客进入用餐区域，游客落座后清点人数。介绍餐厅的有关设施，尤其是洗手间的位置。告知领队和司机用餐地点，以及用餐后的出发时间。

用餐安排有误

五、巡视游客用餐情况

用餐过程中，地陪要巡视旅游团用餐情况1~2次，解答游客在用餐中提出的问题，并监督、检查餐厅是否按标准提供服务以及解决出现的问题；并告知游客集合时间和地点。

海鲜大咖不合游客口味

学习笔记

六、与供餐单位结账

用餐后，地陪要严格按照实际用餐人数、标准和饮用酒水数量等，如实填写“餐饮费结算单”，与供餐单位结账，并索要正规发票。这里一定要注意旅游团人数变化情况。

想一想 你们所接待的旅游团在用餐时会遇到哪些问题？

任务检测

扫描二维码检测任务学习情况。

任务2 处理餐饮问题

任务导入

每个导游小组分析所接待的旅游团及其游客的特点，设计在用餐中可能会出现的问题以及游客可能会提出的要求，模拟情景，及时妥善处理。

任务思考

（1）游客用餐时可能会出现哪些问题？如何处理？

（2）不同游客在用餐时可能提出哪些要求？如何处理？

任务学习

俗话说得好：“民以食为天”。跨地区的游客因生活习惯不同，对用餐的要求也不尽相同，在用餐过程中可能会出现各种各样的问题。地陪在安排好游客用餐后，要巡视用餐情况，及时妥善处理出现的问题。

一、游客意见和建议的处理

游客在旅游过程中，所得到的各种服务与旅游合同不符或与他们的期望值差距比较大时，往往会提出意见。游客向导游直接提出意见和建议，一般都是比较轻微的旅游服务缺陷或故障，但一旦处理不好，就有可能将事态扩大。因此，导游一定要高度重视，处理好游客的意见和建议。

用餐投诉的处理

学习笔记

在旅游活动中，容易引起游客向导游提出意见和建议的主要环节，主要集中在餐饮方面，主要是菜肴的数量不够，有时还会出现质差量少；安排的社会餐馆环境条件不够理想，卫生状况不佳，甚至窄、挤、脏；菜肴口味不合众等。当游客向导游提出意见和建议时，导游要认真对待，及时、妥善地处理。

（一）有效避免游客提出意见

对于这些容易引起游客提出意见的环节，导游事先向游客讲明，打好预防针，使游客心中有数。在服务过程中，导游要时刻保持饱满的热情，感染游客，让游客处于心情愉快的状态；同时，还要细心观察游客，发现游客感觉不如意的地方，要以最快的速度予以改正或弥补。

（二）游客意见和建议的处理措施

游客意见和建议的妥善处理，可以将坏事变成好事，导游不仅可以从中取得经验，而且也有助于改进旅游接待工作中的一些薄弱环节。因此，要及时妥善处理好游客提出的意见和建议。

1. 耐心倾听，认真记录

（1）个别接触　导游在接受游客意见和建议时，应尽量采取个别接触的方式，以避免对其他游客形成影响，对于集体意见和建议，最好请其派出代表，以免人多嘴杂，分散导游的思考。

（2）耐心倾听　在接受游客意见和建议时，导游要保持冷静，耐心倾听，不管游客的脾气多大，态度多差，也不管提出意见和建议的事情是大是小，出入多大，都要让游客把话说完，要善于听其弦外之音，并请教游客自己的理解是否正确，以体现对游客的尊重。

（3）做好记录　游客提出意见和建议时，导游还要做好必要的记录，捕捉游客意见和建议的要点，既让游客感到导游听取意见和建议的态度是真诚的，是愿意帮助他们解决问题的，又为导游确定意见和建议的性质和严重程度提供依据。必要时，可请游客签名留下证据，为妥善解决问题提供帮助。

如果游客提出意见和建议时，态度蛮横、气氛紧张、无任何缓和余地，导游无法同其交流下去，则可有礼貌地提出建议，另找时间再谈。

2. 表示同情和理解，不盲目做出承诺

对于游客的意见和建议，导游要设身处地地从游客的角度着想。因为在游客看来，他们的意见和建议都不是一般的小问题，而是直接关系其利益的大事。因此，导游要表现出充分的同情和理解，要采取适当的言语来缓和游客的情绪和现场气氛。

学习笔记

如果游客的意见和建议是针对导游服务的，意见和建议的内容又基本上符合实际，导游应立即向游客表示歉意，在以后的服务中将重点放在其意见和建议的问题上，用自己的行动争取游客的谅解。

如果游客提出意见和建议的问题属于相关的接待单位的，导游也要有代人受过的心胸。表示“对这种情况的发生，我也感到遗憾。”“对你此时的心情我很理解，我将努力转达你的意见。”如果游客要求导游对其意见和建议的问题表示看法，为了缓和紧张的气氛，导游可表示“请给我点时间让我好好想想”。

对于游客在意见和建议中提出的要求，特别是有关赔偿的问题，导游不要轻易做出任何承诺，可表示“这个问题让我和有关方面联系一下”，以避免工作中的被动和可能带来的麻烦。

3. 调查了解，迅速答复

游客的意见和建议，既不能全盘肯定，也不能全盘否定，导游要对游客意见和建议的问题进行全面的调查了解，并同有关方面进行核实，在此基础上根据事实进行处理，不要匆忙地做出判断。如涉及赔偿问题，要同有关单位进行协商。

（1）办理及时，不要拖延　遵循“谁的问题谁负责”，争取“就地消化，现场解决”。如客房卫生差、饭菜质量低等问题，在同相关接待单位磋商后立即解决。

（2）答复迅速　迅速答复，能体现导游对游客意见和建议的重视程度。若一时无法答复，应向游客明确答复的时间，以让游客放心。在答复之前，导游要考虑游客能否接受，答复同游客要求的差距有多大，并根据差距的大小来考虑答复的方法。如果游客的诉求与相关单位答复之间差距较大，导游可建议双方协商解决，做好调解工作。

当协商达成一致后，导游事后要做好落实检查工作，提醒双方办好必要的手续（尤其是赔偿问题），最好复印一份留存，以防游客事后反悔。即使旅游期间有些意见和建议未得到解决，导游也应将有关证据和原始记录转交旅行社，也可为进一步协商解决问题提供有益的依据。

（3）对游客反映的意见和建议表示感谢。

（4）对一些重要意见和建议或导游无力解决的问题要及时报告旅行社。

4. 注意保护提出意见和建议的游客的隐私

有些游客在旅游活动结束时，向导游或组团社对接待社的服务质量提出意见和建议，导游或组团社不要将他们的姓名和联系方式反馈给接待社，以避免有的接待社打电话或发短信对他们进行骚扰，从而给他们带来更多的麻烦，甚至招致进一步的意见和建议。

学习笔记

拓展知识：游客意见和建议的处理技巧

处理游客投诉技巧

1．让提出意见的游客“降温”

当游客向导游提出意见和建议时，首先要耐心倾听，让其心情平静下来，这时候切忌不要和游客争辩和反驳；同时要弄清事情的来龙去脉，找出意见和建议的核心问题，这时候可以有效地引导，比如可以这样说“我也许还没有听明白您的意思，能具体说明一下事情的经过吗？”用这样的语气说话，可以引导游客将意见和建议的内容说得更具体些，必要时还可简单复述意见和建议的内容。

2．对游客表示理解和同情，在感情和心理上与游客保持一致

用恰当的语言进行安抚，如“遇到这类事情，我非常理解您此刻的心情，如果我是您，我也会和您有相同的感受”；还要设身处地为游客着想，站在游客的立场上看待问题，这里要注意自己的言行举止，不要还没有弄清楚事情的原委就喋喋不休地道歉，这样会让游客误认为“大事化小、小事化了”。

3．果断地处理问题

不论游客的意见是否属实，都要向游客表示诚挚的歉意，对于游客反映的意见表示感谢；及时办理，不要拖延，遵循“谁的问题，谁负责”，争取“就地消化，现场解决”；对于自己能够解决的问题，要迅速答复，告知处理意见；对于一些重要意见和建议或导游无力解决的问题，一时无法答复，要及时报告旅行社，也要向游客明确答复的时间，要尽量在游客离开前解决。

二、游客用餐个别要求的处理

用餐个别要求的处理

（一）游客特殊饮食要求的处理

由于宗教信仰、生活习惯、身体状况等原因，有些游客会提出饮食方面的特殊要求，例如，不吃荤，不吃油腻、辛辣食品，不吃猪肉或其他肉食，甚至不吃盐、糖、味精等。对游客提出的特殊要求，要区别对待。

用餐特殊要求的处理

（1）如果游客所提的要求在旅游协议书中有明确写明的，接待方旅行社须早做安排，地陪在接团前应检查落实情况，不折不扣地兑现。

学习笔记

（2）如果游客是抵达后或到定点餐厅后临时提出的，则需视情况而定。一般情况下，地陪应立即与餐厅联系，在可能的情况下尽量满足其要求；如情况复杂，确实有困难满足不了其特殊要求，地陪则要说明情况，协助游客自行解决。例如，建议游客到零点餐厅临时点菜或带他去附近餐馆（最好是旅游定点餐馆）用餐，餐费自理。

（二）游客要求换餐的处理

旅游团的用餐一般安排的都是团餐，时间长了游客难免会吃腻。因此游客就会提出想品尝当地特色风味，要求将原来的团餐换成风味餐。对于这类要求，地陪在处理时要注意以下两点。

（1）首先要看时间是否充足。如果旅游团在用餐前3小时提出换餐的要求，地陪应尽量与餐厅联系，但需要事先向游客讲清楚，其差价由游客自付；同时还要询问餐厅能否提供相应的服务，如果供餐单位不具备提供风味餐的能力，则要考虑更换餐厅。这种情况下，地陪要报告给旅行社计调，说明旅游团的用餐要求，由旅行社来订餐。

（2）如果游客是在接近用餐时间或到餐厅后提出的换餐要求，一般地陪不应接受，要向游客做好解释工作；若游客仍然坚持换餐，要告知其费用自理而且原餐费不退。

（三）游客要求单独用餐的处理

（1）如果游客是因外出自由活动、与亲朋好友会面，或想品尝当地特色小吃等原因，提出不随团用餐，地陪应同意其要求，但要说明原餐费不退。同时要提醒游客选择干净卫生的餐馆用餐，并注意安全等。

（2）如果游客是因旅游团的内部矛盾或其他原因而提出单独用餐的要求，地陪要耐心解释，并请领队或全陪进行调解；若游客坚持，地陪可协助与餐厅联系，并告知游客餐费自理，综合服务费不退。

（四）游客要求在客房内用餐的处理

（1）若游客生病，导游可请饭店将饭菜送进房间以示关怀。

（2）若是健康的游客希望在客房用餐，应视情况办理，如果餐厅能提供此项服务，可满足游客的要求，但须告知服务费标准。

（五）游客要求自费品尝风味

旅游团要求外出自费品尝风味，导游应予以协助，可由旅行社出面，也可由游客自行与有关餐厅联系订餐；风味餐订妥后旅游团又想不去，导游应劝他们在约定时间前往餐厅，并说明若不去用餐，必须赔偿餐厅的损失。

如果旅游团自费预订的风味餐邀请地陪参加，地陪要注意不要反客为主。

学习笔记

（六）游客要求推迟就餐时间

由于游客的生活习惯不同，或由于游客在某旅游地游兴未尽等原因要求推迟用餐时间，导游可与餐厅联系，视餐厅的具体情况处理。一般情况下，导游要向旅游团说明餐厅有固定的用餐时间，劝其入乡随俗，过时用餐需另付服务费。若餐厅不提供过时服务，最好按时就餐。

想一想 你们所接待的旅游团在餐饮方面会提出哪些个别要求？

三、食物中毒的预防与处理

食物中毒的预防与处理

游客因食用变质或不干净的食物常会发生食物中毒。其特点是：潜伏期短，发病快，且常常集体发病，若抢救不及时会有生命危险。

（一）食物中毒的预防

游客误食野果导致中毒

为防止食物中毒事故的发生，导游应做到以下几点。

（1）应安排游客去卫生有保障的旅游餐厅就餐。

（2）提醒游客注意饮食卫生和饮食平衡。提醒游客不要在小摊上购买食物，多吃水果和蔬菜，多饮水，保持体内水分。

（3）用餐时，若发现食物、饮料不卫生或有异味变质的情况，导游应立即要求更换，并要求餐厅负责人出面道歉，必要时向旅行社领导汇报。

（二）食物中毒的处理

返程途中游客食物中毒

一旦发现游客出现上吐下泻、腹痛等食物中毒症状，导游首先应立即让游客停止食用可疑食物，同时拨打120。在急救车到来之前，可采取以下急救措施。

1. 催吐

对于中毒不久而无明显呕吐者，可以饮用5000～8000毫升的温清水，饮用后立即实行扣喉的催吐方法。催吐时要尽量避免逆行性呛咳，而且要尽量避免误吸；要尽量多催吐几次，使胃肠道内的呕吐物排出时尽量呈无色无味澄清液体时，可适量饮用牛奶以保护胃黏膜。如果呕吐物中发现血性液体，则提示可能出现了消化道或咽部出血，应暂时停止催吐。

2. 导泻

发生食物中毒后，如果游客进食时间已经超过2小时，但精神状态较好，可以采取导泻的方法，即服用泻药，促使受污染的食物尽快排出

学习笔记

体外。泻药的种类和用量要根据患者的年龄不同而有所区别。

3. **保留食物样本**

由于确定中毒物质对于治疗来说至关重要，因此，在发生食物中毒后，要保留导致中毒的食物样本，以提供给医院进行检测。如果身边没有食物样本，也可保留患者的呕吐物和排泄物，以方便医生确诊和救治。

4. **报告旅行社**

处理食物中毒事故的同时，地陪应及时将情况迅速报告旅行社，并追究餐厅的责任。

任务检测

扫描二维码检测任务学习情况。

项目实施

步骤一 导游小组一起研讨接待计划，可运用头脑风暴，充分考虑接待不同的旅游团型及来自不同地域的游客在用餐时可能会出现的各种问题；根据游客的特点，设计用餐过程中出现的问题，编写餐饮服务整个过程的情景模拟对话。

步骤二 按照餐饮服务情景模拟对话，确定餐饮服务工作环节所需要的各种角色，导游小组分配好角色，进行餐饮服务情景模拟演练，确保各环节有序衔接。

步骤三 选择合适的场所（有条件的话，可以选择实习酒店餐厅），导游小组合作进行餐饮服务情景模拟，并拍摄视频。

步骤四 导游小组成员一起对录制的视频进行剪辑，将制作完成的餐饮服务情景模拟视频提交。

项目评价

按照餐饮服务项目的评分标准进行自评、学生互评和教师评价，并进行加权（权重由教师设置，参考权重设置：自评10%、学生互评30%、教师评价60%）计算，评选出最佳“餐饮服务”导游小组，以及“最具风采”导游，教师可根据实际情况给予适当物质和精神奖励。

项目	要求	分值	得分
用餐服务	工作环节是否全面有效，是否符合导游服务规范要求；注意事项提醒是否全面，角色分配是否全面得当，角色扮演是否定位准确，场景选择是否合适	40	
问题处理	设计的问题情景是否具有针对性，是否符合旅游团性质和特点，处理措施是否得当	30	
职业形象	导游形象是否职业化；服装和饰物、发型及头发修饰是否符合导游职业要求	10	
小组合作	任务分工是否合理明确，小组长是否发挥组织协调作用，小组成员是否积极参与，配合是否默契，合作是否有效，视频制作是否完整且具有视觉美感	20	
合计			

学习笔记

项目小结

餐饮服务是最容易出现问题和意见的环节，做好餐饮服务对旅游活动顺利进行非常重要。本项目引领我们要做好餐饮服务的每个工作环节，并及时妥善处理好用餐中出现的各种问题。首先地陪一定要认真仔细阅读接待计划，提前了解旅游团地域的饮食特点以及对餐饮方面的要求，并向全陪或领队询问团队中有无特殊饮食需求的游客，预判可能会在餐饮方面出现的问题，尤其是饮食习惯方面的问题，当游客提出意见或提出要求时，要善于针对不同情况，及时与有关部门工作人员协商，妥善地解决各类问题。此外，导游还要提醒游客注意在旅游期间的饮食卫生和饮食平衡，做好食物中毒事故的预防与处理。

项目拓展

请对当地的风味餐馆和特色美食进行现场调研，搜集相关的各种资料，整理成导游讲解词，并进行讲解，制作风味餐和特色美食的讲解视频。

项目检测

扫描二维码检测项目学习情况。

学习笔记

项目六 游览服务

项目概述

参观游览是地陪导游服务工作的中心环节，同时也是最容易出现各种突发情况的环节，是对地陪导游工作水平、服务能力和服务态度的重大考验，也是导游水平高低的重要标志。因此，地陪要对当地旅游景点和旅游线路了如指掌，按照接待计划精心安排参观游览活动，保证参观游览活动安全、顺利地全面展开，满足游客对参观游览对象的特色、历史背景及其他感兴趣问题的知识渴求，使游客真正感受到游有所值；同时还要做好应对各种问题的心理准备，并妥善处理好发生的各种问题与事故。

本项目分为做好出发前工作、途中导游、景区导游、回程导游和防范与处理游览问题五项任务，具体内容如图3-6所示。

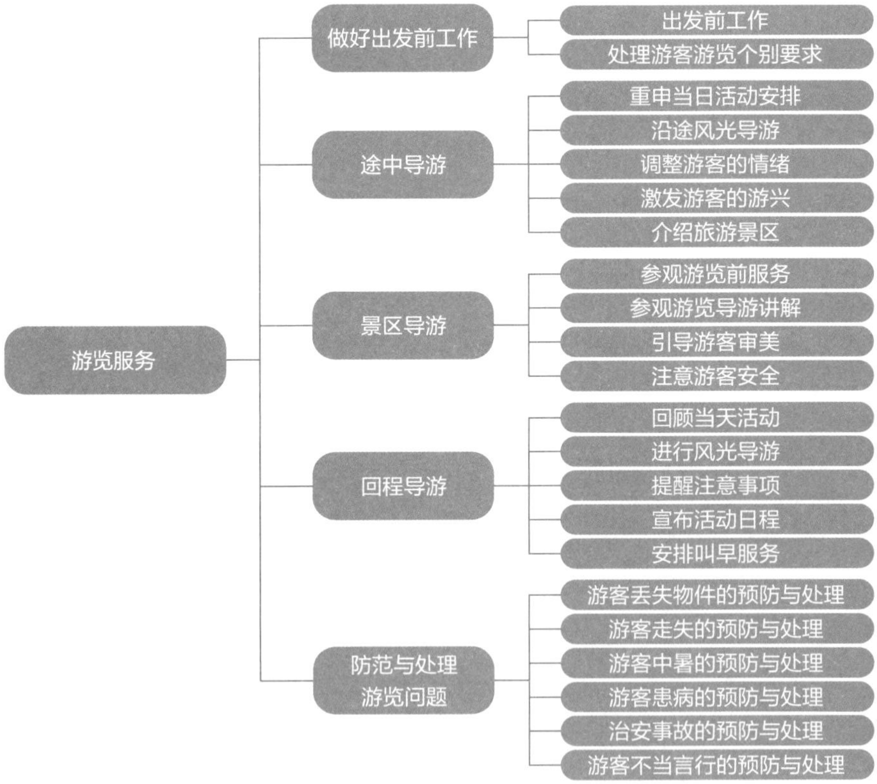

▲ 图3-6 游览服务

项目任务

学习笔记

游览服务成果展示比赛。导游小组按照旅游团接待计划，模拟进行游览服务。旅游团接待计划可分为几种不同类型：教师度假团、亲子旅游团、中学生研学团、商务考察团、老年康养团、医护休养团等。具体要求如下。

（1）导游小组一起研讨，按照接待计划，根据旅游团特点，设计游览出发前过程可能出现的问题，编写情景模拟对话并完成出发前工作情景模拟视频的拍摄与制作。

（2）导游小组合作进行实地调研，按照接待计划，调查从旅游团住宿的酒店至游览景点的沿途线路沿途景观分布情况，针对旅游团性质和特点，撰写沿途导游讲解词，并进行分段讲解练习，完成沿途导游讲解视频的拍摄与制作。

（3）导游小组合作进行实地调研，调查接待计划中的旅游景区的参观游览线路和旅游景观分布情况，针对旅游团性质和特点，撰写旅游景区导游讲解词，并进行分段讲解练习，完成旅游景区讲解视频的拍摄与制作。

（4）根据旅游团的性质和特点，导游小组一起研讨活跃旅游气氛的方式方法，每个成员至少准备一项才艺，并进行才艺展示模拟练习，完成才艺展示的视频拍摄与制作。

项目成果

（1）出发前工作情景模拟视频展示。

（2）沿途导游讲解视频展示。

（3）旅游景区导游讲解视频展示。

（4）才艺视频展示。

学习笔记

学习目标

素质目标	知识目标	能力目标
1. 通过出发前工作服务、沿途导游和旅游景区导游讲解情景模拟，培养认真细致的工作态度，树立规范化和精细化服务意识。 2. 通过角色扮演、角色互换、情景模拟，导游小组协作完成任务，树立责任担当意识、安全意识和质量意识，形成热爱劳动和自主学习的良好习惯。 3. 通过进行成果竞赛，培养学生精益求精的工匠精神和力争上游的竞争意识。	1. 掌握参观游览服务流程和每个工作环节内容。 2. 掌握出发前工作内容，并熟知游客可能会提出的各种要求，并掌握处理方法。 3. 掌握沿途和回程导游服务的工作环节和内容。 4. 熟悉当地重要旅游线路及其景观分布情况，掌握沿途导游讲解要领。 5. 掌握调节游客情绪的方法以及活跃旅游气氛的方式。 6. 掌握景区游览导游服务规范和导游讲解要领。 7. 掌握当地重要旅游景区的相关知识和景观内容。 8. 把握引导游客观景赏美的方式。 9. 熟知参观游览过程中可能会出现的各种各样的问题和事故，掌握预防及处理措施。	1. 按照出发前工作服务规范，完成出发前工作。 2. 能够及时妥善处理游客提出的游览个别要求。 3. 能够把握沿途和回程导游服务规范，做好沿途和回程导游服务工作。 4. 把握沿途导游讲解要领，做好沿途导游讲解。 5. 灵活运用调节游客情绪的方法和激发游客游兴的手段，营造良好的旅游氛围。 6. 按照景区导游服务规范，把握景区游览导游讲解要领，做好景区导游讲解。 7. 根据旅游景观的实际，能够正确引导游客观景赏美。 8. 能够防范并妥善处理参观游览过程中可能出现的各种问题及事故。

案例导入

北京的导游小贾接待了一个20人的旅游团，该团在北京的日程安排很紧凑：第一天晚上抵达后，到酒店休息；第二天上午参观天安门、故宫，下午去颐和园，晚上看京剧；第三天上午去八达岭长城，下午去明十三陵，晚上吃风味餐，去王府井购物；第四天上午去天坛、雍和宫，午餐后乘下午的航班去西安。

第二天，小贾带好证件和必要物品于7:50抵达酒店大堂等候游客，向到达的游客问好，8:00旅游车准时出发。在去往天安门、故宫的路上，小贾首先介绍一天的日程安排，然后进行沿途导游讲

学习笔记

解。车行半小时后，速度越来越缓慢了，游客看到车窗外交通拥堵的状况，慢慢就显露出急躁和不耐烦的情绪了。小贾看到这种情况，及时调整了讲解的思路，继续讲到："大家不要着急，北京由于是咱们国家的首都，是全国的政治、文化中心，也是特大城市，在北京见到交通阻塞现象是正常的，同时也是北京的一个特色景观，有人风趣地称北京上下班高峰时的道路就像一个超大型停车场。"小贾就北京的交通这个话题为游客进行了介绍，又结合沿途看到的景观为游客介绍了北京旅游资源的情况，以及旅游团此次在北京的参观游览项目在北京众多旅游资源当中的地位。之后，小贾又讲故事、笑话来活跃气氛，充分展示了自己的语言天赋和专业知识。不知不觉在小贾的讲解中，旅游车经过了堵车的路段，很快到达了故宫的停车场。下车前，小贾向游客说明了停车的位置、车牌号，并留下了自己的手机号码。

小贾将游客引领下车后告诉游客自己先去购买门票，建议大家利用这个机会在故宫博物院大门口拍照留念。然后小贾将门票分发给每一位游客，先将游客引领到北京故宫的导览图前，又向游客介绍了故宫的布局和基本情况，防止到故宫后因人多而听不清楚讲解内容；然后又强调了旅游线路、游览时间等；同时告知游客要遵守故宫的有关规则：如不准吸烟、不准使用喇叭、不准在室内照相等，希望大家根据这些要求，做好准备，以免在游览中发生不快，同时要求大家紧跟队伍，不要离队。

参观游览中，小贾生动精彩的讲解给游客们留下了美好的印象。他们还提出了很多问题。例如，永乐皇帝是怎么死的？嘉靖皇帝是如何修道的？清宫里有什么习俗？太监是否陪皇帝住宿？太和殿广场前为什么不种树……小贾针对大家提出的问题，从故宫的建筑结构到历史文化内涵等方面，耐心进行了讲解和回答。游客想了解的问题很多，有些专业性很强的小贾也不清楚。于是他便坦率地告诉游客，他自己也不清楚，要等搞清楚后第二天再给大家讲。回到家后，小贾认真查阅了有关资料，并针对第二天游客要去的长城和明十三陵参观的日程安排，从游客的角度推测，认真地准备了很多游客可能发问的问题。第二天在去长城的路上，他把在故宫中遗留下的问题详细讲解了一番，大家都很满意。沿途，他见景生情，

学习笔记

抓住一件事，便尽量讲清楚。当他的讲解结束时，车内响起了一片热烈的掌声。全陪代表所有游客对他精彩的讲解表示感谢，并肯定了他的讲解效果。虽然小贾觉得很累，但却很高兴，他觉得通过接待这样的旅游团，丰富了自己的知识，提高了讲解能力。

案例解读

小贾接待的旅游团的行程计划虽然很紧张，但小贾做了精心的安排，第二天的游览后安排了京剧，大家在游览了一天后，坐在剧场里既可以欣赏京剧艺术，又可以放松情绪，消除疲劳；第三天晚餐安排风味餐，可让游客一饱口福，享受到北京的风味特色，会对旅游地留下美好的记忆。同时小贾非常熟悉北京的旅游资源情况和交通状况，能够随机地利用堵车的时间，向游客介绍，而且小贾还利用自己的语言天赋，适时活跃旅游气氛，缓解了游客的不良情绪。小贾又通过回答游客的问题，找到自己知识上的不足，及时补充和完善讲解的内容，为游客进行了精彩的讲解，满足了游客对游览的需求，博得了游客的一致好评。这个案例非常值得我们借鉴，导游不仅要对旅游团的日程进行周密的安排，还需要在平时多注重积累文化、历史、语言等方面的知识，将新的东西不断补充到导游讲解中来，才能在游览讲解中收到生动、新颖和引人入胜的效果。

案例思考

（1）在参观游览活动中，地陪有哪些工作环节？
（2）如何做好沿途导游讲解和旅游景点的导游讲解？
（3）如何活跃旅游气氛？
（4）在参观游览过程中，可能会出现哪些问题？

任务1　做好出发前工作

任务导入

每个导游小组根据旅游接待计划，完成游览出发前的工作。接待计划可根据导游小组数量设计不同类型，类型建议包含老年团、教师团、政务团、亲子团、研学团、商务团、度假团等。

学习笔记

任务思考

（1）在参观游览出发前有哪些工作要做？

（2）针对不同团型，在游览出发前会出现哪些问题？游客会提出哪些个别要求？

任务学习

带领游客参观游览是导游服务工作的中心环节，为此地陪导游必须认真准备，做好出发前的各项工作，保证参观游览活动安全、顺利地进行。

一、出发前工作

（一）做好出发前的准备

游览服务之出发前工作

（1）准备好导游旗、电子导游证、导游身份标识和必要的票证，开启导游执业相关应用软件。

（2）与司机联系，督促其做好出车的各项准备工作。

（3）核实旅游团午、晚餐落实情况。

（二）提前到达出发地点

地陪至少提前10分钟到达集合地点。这是地陪以身作则遵守时间、对工作负责任的表现，会给游客留下很好的印象。

（1）地陪可利用这段时间礼貌地招呼早到的游客，向他们征询服务的意见和建议。

（2）在时间上留有余地，提前做好出发前的有关工作，应对可能出现的突发情况。

（三）核实实到人数

待旅游团游客陆续到达后，地陪要核实人数，若发现有游客在规定的时间未到，地陪应立即向领队、全陪或其他游客问明情况，并设法及时找到。

如果有的游客提出自愿留在酒店或不随团参加当天的活动，地陪要问清原因并予以妥善安排，必要时报告酒店有关部门。

（四）提醒注意事项

（1）向游客报告当日的天气情况。

（2）讲明游览点的地形特点、车程以及行走线路的长短等，使游客心中有数。

学习笔记

（3）必要时提醒游客穿戴适当的衣服，携带好旅游用品（如晴雨伞、相机等）。

（4）对有较为严重的晕车者提醒其服用抗晕车的药物。

想一想 旅游团当天的游览参观活动需要注意哪些事项？

（五）准时集合登车

游客到齐后，地陪应站在车门一侧，一面热情地招呼游客上车，一面帮助老弱者登车。待游客全部上车坐好后，地陪要再次清点人数，并检查游客的随身物品是否放置妥当，待所有游客坐稳后，请司机开车出发。

游客迟到提醒技巧

二、处理游客游览个别要求

参观游览是游客出行的主要目的，但每位游客的出行动机不同，因此他们可能会提出一些个别要求，导游应针对不同的要求区别处理。

（一）游客要求更换或取消游览项目

凡是计划内的游览项目，导游一般应该不折不扣地按计划进行。

（1）如果是旅游团统一提出更换游览项目，则需请示接待社计调部门，请其与组团社联系，同意后方可更换。

（2）如果是个别游客提出更换游览项目，地陪应向游客耐心解释，不能随意更换。

（二）游客要求增加游览项目

在时间允许的情况下，导游应请示接待社并积极协助。

（1）与接待社有关部门联系，请其报价。

（2）将接待社的对外报价报给游客，若游客认可，地陪则陪同前往，并将游客交付的费用上交接待社，将发票交给游客。

（三）游客要求自由活动

旅游线路安排中往往有自由活动时间，在集体活动时间内也有游客提出单独活动的要求。导游应根据不同情况，妥善处理。应劝阻游客自由活动的几种情况如下。

游客要求自由活动的处理

（1）如果旅游团计划去另一地游览，或旅游团即将离开本地时，导游应劝阻游客不要自由活动，特别是需要较长时间的活动，如到热闹的地方购物，以避免误机（车、船）。

（2）如果是治安不理想、复杂、混乱的地方，导游要劝阻游客外出活动，更不要单独活动，但必须实事求是地说明情况。

学习笔记

（3）不宜让游客单独骑自行车去人生地不熟、车水马龙的街头游玩。

（4）游河（湖）时，游客提出希望划船或在非游泳区游泳的要求，导游不能答应，不能置旅游团于不顾而陪少数人去划船、游泳。

（5）游客要求去不对外开放的地区、机构参观游览，导游不得答应此类要求。

（四）允许游客自由活动情况的处理

1. 要求全天或某一景点不随团活动

由于有些游客已来旅游城市多次，或已游览过某一景点，不想重复游览，因而不想随团活动。要求不游览某一景点或一天、数天离团自由活动。如果其要求不影响整个旅游团的活动，可以满足并提供必要帮助。导游可按照以下程序处理。

（1）提前说明如果不随团活动，无论时间长短，所有费用不退，需增加的各项费用自理。

（2）告诉游客用餐的时间和地点，以便其归队时用餐。

（3）提醒游客注意安全，保护好自己的财物。

（4）提醒游客带上饭店卡片（卡片上有中英文饭店名称、地址、电话）备用。

（5）对于外国游客，要用中英文写张便条，注明游客要去的地点的名称、地址及简短对话，以备不时之需。

（6）必要时将自己的手机号码告诉游客。

2. 到游览点后要求自由活动

到某一游览点后，若有个别游客不想按规定的线路游览而希望自由游览或摄影，若环境许可（游人不太多、秩序不乱），可满足其要求。导游要提醒游客记住集合的时间和地点及旅游车的车牌号，必要时留一字条，上面写明集合时间、地点和车牌号以及酒店名称和电话号码，以备不时之需。

3. 自由活动时间或晚间要求单独行动

导游应建议不要走得太远，不要携带贵重物品（可寄存在前台），不要去秩序乱的场所，不要太晚回酒店等。

4. 少数人要求一起活动

少数人自由活动时，导游应与大多数游客在一起，不可置大多数人于不顾，陪少数人单独活动，而且要确保旅游计划的全面贯彻实施。

学习笔记

（五）游客要求其亲友随团活动

1. **征得同意**

当游客向导游提出让其亲友随团参加旅游活动时，不能轻易答应，而要看具体情况再做决定。一要看所乘的旅游车是否有空座；二要征得全陪、领队以及旅游团其他成员的同意；三要请示旅行社批准。三条中如有一条不符合，就应婉言拒绝游客的要求。

2. **办理手续**

如果各方都没有意见，可请游客及其亲友到旅行社办理入团手续或由旅行社派人前来办理游客亲友的入团手续并交付各种费用。

3. **热心服务**

导游对游客随团活动的亲友，应热心服务，一视同仁，并根据情况给予照顾。

如果游客亲友不办理手续、不缴纳费用就直接随团活动，导游应有礼貌地问清他们与游客的关系以及姓名和工作单位，向游客及其亲友解释旅行社的有关规定，请其谅解，说明他们必须先办理手续，然后再随团活动。

（六）游客要求中途退团

1. **因特殊原因提前离开旅游团**

游客因患病，或因家中出事，或因工作上急需，或因其他特殊原因，要求提前离开旅游团、中止旅游活动，经接待方旅行社与组团社协商后可予以满足，至于剩余的旅游费用，按旅游协议书中的约定，或部分退还，或不予退还。

2. **无特殊原因执意退团**

游客无特殊原因，只是某个要求得不到满足而提出提前离团。导游要配合领队做说服工作，劝其继续随团旅游；若接待社确有责任，应设法弥补；若游客提出的是无理要求，要做耐心解释；若劝说无效，游客仍执意要求退团，可满足其要求，但要告知其剩余旅游费用不予退还。

外国游客不管因何种原因要求提前离开中国，导游都要在领导指示下协助游客进行重订航班、机座，办理分离签证及其他离团手续，所需费用由游客自理。

想一想 你们所接待的游客在参观游览出发前会提出哪些个别要求？如何处理？

学习笔记

任务检测

扫描二维码检测任务学习情况。

任务2 途中导游

任务导入

每个导游小组按照接待计划，考察从旅游团入住的酒店前往旅游景区的旅游线路沿途分布的重要景观，撰写沿途导游讲解词，完成途中导游讲解。

任务思考

（1）去往旅游景区途中都讲解哪些内容，如何进行导游讲解？

（2）去往旅游景区途中，如果游客情绪低落或游兴不佳时，怎么办？

任务学习

在前往游览点的途中，地陪途中导游的核心是沿途讲解。导游必须熟悉当地通往重要旅游线路沿途的主要景观以及标志性的建筑物，把握沿途导游讲解的要领，做好沿途导游讲解，同时还要善于观察游客的情绪状态，及时调整游客的情绪，激发游客的游兴，使游客始终沉浸在兴奋、愉悦的氛围之中。

一、重申当日活动安排

开车后，地陪要向游客通报当日活动安排，包括旅游景区的名称，至参观游览点途中所需的时间，午、晚餐的时间和地点等，目的是使游客心中有数，预防游客走失。还要视情况介绍当日国内外重要新闻。

途中导游之风情介绍

二、沿途风光导游

途中导游之风光讲解

在前往景区的途中，地陪应向游客介绍沿途的主要景物，并向游客介绍当地的风土人情、历史典故等，以

学习笔记

加深游客对目的地的了解，并回答游客提出的问题。讲解时，地陪要注意所见景物与介绍“同步”，并留意游客的反应，以便对其中的景物做更为深入的讲解；同时讲解不要就事论事，要善于找话题，通过某一“导物”，恰当地把话题引申开来，从谈论“导物”提升到对市情、省情、国情和民族风情等相关知识的系统讲解上来。

（一）风光导游讲解内容

沿途风光导游讲解的内容主要是沿途的主要景物、景观、所见的人物以及标志性的建筑物等。

（二）风光导游讲解的原则

沿途景物景观很多，车行速度也比较快。地陪导游在进行沿途风光导游讲解时要把握三个原则。

1. 客观性原则

就是要见物讲物、见人讲人，讲解的内容要与所见景物同步。

2. 选择性原则

在讲解沿途景物时，一般是要选择典型的、重大的、能反映当地历史沿革或特色的标志性景观讲解，不必面面俱到。

3. 灵活性原则

地陪导游在进行沿途导游讲解时要注意留意游客的反应，讲解游客感兴趣的内容，语言要简明扼要，随机应变。由于途中讲解的内容均是游客所见却不一定了解的事物，因此游客会十分感兴趣，如果能辅以问答法、比拟法，游客会更易理解，讲解效果会更佳。要注意的是，导游对沿途风光及背景知识讲解的时间不宜过长，否则游客易出现听觉疲劳和审美疲劳。若行车时间较长时，地陪可以穿插播放DVD（影视剧或风光片），以减轻口语讲解的强度。

（三）风光导游讲解要领

1. 指示要明确

途中导游讲解要领

在途中要经过重要景观或标志性建筑时，导游要把握好时机，当讲解的景观进入旅游车前方或两侧时，要及时向游客指示景观的方向，要翔实准确地指点说明，如“请大家向左侧，我手指的方向看”，而且要有提前量，注意不要说“刚过去的是……”然后说明景观的特点，便于游客辨识，请游客先观赏，然后讲解其名称及观赏价值等。

2. 方法要灵活

导游要学会使用“触景生情法”，通过讲解游客看到的景观，触景

学习笔记

生情，借题发挥，由此讲解介绍当地的历史、交通、气候、地理特点等；对于路过的行程中安排的景点，可以铺垫一下，学会使用制造悬念法，抖个包袱，吸引游客，要点到为止。

在讲解过程中，还要注意观察游客的反应，如果大部分游客的关注点是车外或频繁地相互交流，导游就要注意调整讲解内容，通过指示游客观赏车窗外的某个景观将其注意力吸引回来，并及时运用“问答法”与游客进行互动交流；在快要到达将要游览的景区时，要学会使用“突出重点法”将景区的最重要的价值及最独特之处向游客进行讲解，激发游客对景区的游览兴趣。

3. **重点要突出**

在途中风光导游讲解时，还要注意讲解重点要突出。沿途景物往往很多，不可能对所有的途中可以看到的风光一项不漏地进行讲解，一般选择典型的、能反映当地历史沿革或特色的标志性景观进行讲解，不必面面俱到。因此要突出讲解重点，不要刚讲左又讲右，让游客左顾右盼，同时讲解语言要简明扼要，清晰简练。

想一想 你们对去往参观游览点途中的旅游线路熟悉吗？途中有哪些代表性和标志性的景观？

三、调整游客的情绪

调整游客情绪方法

游客在旅游过程中，会随着自己的需要是否得到满足而产生不同的情感体验。如果他们的需要得到满足，就会产生愉快、满意、欢喜等肯定的、积极的情绪；反之则会产生烦恼、不满、懊恼甚至愤怒等否定的、消极的情绪。导游要善于从游客的言行举止和表情变化去了解他们的情绪，在发现游客出现消极或否定情绪后，应及时找出原因并采取相应措施来消除或进行调整。

1. **补偿法**

补偿法，是指导游从物质上或精神上给游客以补偿，从而消除或弱化游客不满情绪的一种方法。

譬如，如果没有按协议书上注明的标准提供相应的服务，应给游客以补偿，而且替代物一般应高于原先的标准；如果因故无法满足游客的合理要求而导致其不满时，导游应实事求是地说明困难，诚恳地道歉，以求得游客的谅解，从而消除游客的消极情绪。

学习笔记

2. **分析法**

分析法，是指导游将造成游客消极情绪的原委向游客讲清楚，并一分为二地分析事物的两面性及其与游客的得失关系的一种方法。

譬如，由于交通原因不得不改变日程，游客要多花时间于旅途之中，常常会引起他们的不满，甚至愤怒抗议。导游应耐心地向游客解释造成日程变更的客观原因，诚恳地表示歉意；并分析改变日程的利弊，强调其有利的一面或着重介绍新增加的游览内容的特色和趣味，这样往往能收到较好的效果。

3. **转移注意法**

转移注意法，是指游客在产生烦闷或不快情绪时，导游有意识地调节游客的注意力，使其从不愉快、不顺心的事转移到愉快、顺心的事情上。

譬如，有的游客因对参观对象有不同意见而不快；有的游客因爬山时不慎划破了衣服而懊恼；有的游客因看到不愉快的现象产生联想而伤感等。导游除了说服或安慰游客以外，还可通过讲笑话、唱山歌、学说本地话或讲些民间故事等形式来活跃气氛，使游客的注意力转移到有趣的文娱活动上来。

四、激发游客的游兴

导游服务要取得良好的效果，需要导游在游览过程中激发游客的游兴，使游客自始至终沉浸在兴奋、愉悦的氛围之中。

（一）通过直观形象激发游客的游兴

导游应通过突出游览对象本身的直观形象来激发游客的游兴。

譬如，九寨沟所有的瀑布都是从密林里狂奔而出。其中诺日朗瀑布宽度居全国之冠，它在高高的翠岩上急泻倾挂，似巨幅画帘凌空飞落，雄浑壮丽。跌落之水激溅起无数小水珠，化作迷茫的水雾。导游要引导游客从最佳的角度观赏，才能突出诺日朗瀑布的直观形象，使游客产生叹为观止的观感，激起游客强烈的兴趣。

（二）运用语言艺术激发游客的游兴

导游运用语言艺术可以调动游客的情绪，激发游客的游兴。通过讲解历史故事可激发游客对名胜古迹和民间艺术的探索；通过朗诵名诗佳句可激起游客漫游名山大川的豪情；通过提出生动有趣的问题引起游客的思考和探讨。这样营造出的融洽、愉快的氛围可使游客的游兴更加浓烈。

（三）通过组织文娱活动激发游客的游兴

学习笔记

一次成功的旅游活动，仅有导游讲解是远远不够的，导游还应抓住时机，组织丰富多彩的文娱活动，动员全团游客共同营造愉快氛围。如在带散客团时，在旅游活动开始不久，导游可请游客做自我介绍，以加速彼此之间的了解，同时还可以发现游客的特长，如果所去景点的路途较远，导游可在途中组织游客唱歌、猜谜语、做游戏，教外国游客数数、学说中国话等。如果旅游团内有多才多艺的游客，可请他出来主持或表演等。导游也应有一两手“绝活”，来回报游客的盛情邀请。如有的导游会演奏民族乐器，常带着唢呐、笛子上团；有的导游会唱山歌，常在途中为游客即兴演唱，使游客惊叹不已，对传统民间艺术兴趣倍增。

提示

途中活跃气氛的方式

地陪在带领游客参观游览途中，在进行途中导游讲解时，特别是路途较长时，要注意劳逸结合。在讲解中可穿插组织一些娱乐活动，以调节游客的情绪，适时活跃旅游气氛。

途中活跃气氛的方法

1. 唱歌

途中导游活跃气氛最简单的方法就是唱歌。一般情况下，导游先为游客演唱具有本地特色的歌曲，接着询问游客家乡的“名”歌，然后请游客教唱，以此形成导游与游客互动的场景。在唱歌时，要注意选择合适的歌曲，曲目要具有当地地域特色、适合自己风格，同时歌曲要内容健康、积极，充满正能量。

此外，还要根据游客的年龄层次，选择游客耳熟能详或者当下流行的歌曲。如果导游五音不全，就改用其他方法活跃气氛。

2. 情景小游戏

途中活跃气氛的常用方法就是组织游客进行情景小游戏。如猜谜语、脑筋急转弯、成语接龙、学说绕口令等。在组织这些情景小游戏时，要根据游客的职业、年龄、性别、文化程度等来选择合适的游戏活动；游戏的内容要健康、积极向上；同时要尽可能地调动全体游客的兴趣，鼓励大家积极参加，形成良好的互动。

学习笔记

3. 幽默段子

此外，还可以通过讲幽默段子来活跃途中气氛。讲幽默段子要注意：一是要声情并茂，并配合相应的动作，以引起共鸣；二是要用活泼的语气，注意停顿，表达清晰；三是注意自己不要先笑，最好自己不笑；四是注意不要讲黄色笑话和政治笑话；五是注意不要取笑他人。

4. 热门话题

在途中，除上述方法之外，导游还可以根据游客情况，寻找到游客共同关心的热门话题，组织游客进行讨论，同时进行恰当的引导和激发，就会掀起团队讨论的高潮，同样能活跃气氛。

（四）使用声像导游手段激发游客的游兴

声像导游是导游服务重要的辅助手段之一，每天去景区游览之前，导游如能先为游客放映一些内容相关的幻灯片、录像或光盘，往往能收到事半功倍的效果。有时有些景区因受客观条件限制或因游客体力不支，游客难以看到景区的全貌，留下不少的缺憾，通过声像导游可以弥补这一缺憾，给游客留下完整的、美好的印象。如果是在旅游车上进行导游讲解，导游还可利用车上的音响设备配上适当的音乐，或在讲解间歇时播放一些有着浓郁地方特色的歌曲、乐曲、戏曲等，使车厢内的气氛轻松愉快，让游客始终保持游兴和兴奋、愉悦的心情。

五、介绍旅游景区

在抵达前往的景点前，地陪要向游客简要介绍该景点的概况，尤其是其形成原因、价值和特色。介绍要简明扼要，这不仅可以满足游客事先想了解景点有关知识的心理，激发其游览该景点的欲望；而且也为即将参观游览该景点做一个铺垫，提高观赏效果。

途中导游之抵达游览点前讲解

想一想 在抵达参观游览点停车场下车前，导游需要讲解哪些内容？

学习笔记

任务检测

扫描二维码检测任务学习情况。

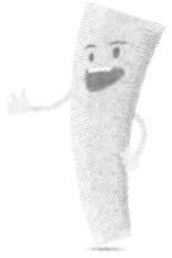

任务3　景区导游

任务导入

每个导游小组按照接待计划，考察旅游团参观游览的旅游景区的位置、游览路线及其重要景观的分布情况，针对旅游团的性质和特点，撰写一个旅游景区的导游讲解词，完成旅游景区导游讲解。

任务思考

（1）带领游客到景区参观游览，导游有哪些工作要做？

（2）所带的旅游团在参观游览景区时会对哪些方面感兴趣？

（3）如何做好旅游景区的导游讲解？

任务学习

游览服务之景区导游

参观游览旅游景区是游客期望旅游活动的核心部分，为了确保参观游览活动的顺利进行，地陪导游要按照景区导游服务规范做好各环节工作，正确引导游客观景赏美，做好导游景区导游讲解，使游客感到游有所值。

一、参观游览前服务

浏览前导游讲解　　游览前提醒注意事项

（一）交代游览注意事项

在抵达景点下车前，地陪导游要向游客讲明注意事项。

（1）讲清并提醒游客记住旅游车的特征，包括车型、颜色、标志、车牌号等。

（2）提醒游客记住旅游车的停车地点和开车时间，尤其是下车和上车不在同一地点时，更要提醒游客注意。

（3）说明下一个活动项目的安排，要交代清楚活动项目的名称，同

学习笔记

时也要和游客对好钟表时间。

（4）请游客认清旅游团的团旗，要随团活动。如果旅游团有统一胸卡或旅游帽，请他们佩戴好。

（5）提醒游客注意安全，走路不看景，看景不走路，贵重物品要随身携带。

想一想 为什么要在景区导览图前进行讲解？

（二）组织游客入园

游览门票少一张

地陪应事先统计购票人数。虽然旅游团队人数是确定的，但在某些景区往往会出现下列情况：部分游客选择不进入景区；旅游团中有持老年证人员或现役军人、革命伤残军人以及在校大中小学生等。由于许多景区对持老年证、现役军人和革命伤残军人证、学生证等人员实行门票减免。所节省的费用，除选择不进入景区的外，原则上应退还给持证人。游客自己放弃旅行社提供的服务内容的，费用原则上可以不予退还。

旅行社与旅游景区一般签订购销合同，旅游团进入景区游览只用旅行社的景区签单就可以了，但要注意的是，旅游团进入景区时人数一定要点清，与签单上的人数要一致；如出现人数不一致时，要立即与旅行社计调人员联系，核实清楚人数，避免旅行社的经济损失。

（三）引导游客文明游览

引导游客文明游览

进入景区后，地陪导游要将游客带至旅游景区平面示意图前，要向游客讲清楚游览线路、游览所需时间、集合时间和地点等。

在正式开始游览之前，还要向游客讲明游览过程中的有关注意事项，引导游客文明游览。

（1）要遵守游览场所规则，依序文明游览。

（2）游览自然景观时，提示游客爱护环境、不攀折花草、不惊吓伤害动物、不要进入未开放区域。

（3）观赏人文景观时，提示游客爱护公物、保护文物，不要攀登骑跨或涂写刻画。

（4）参观博物馆等室内场所时，提示游客保持安静，不要触摸展品，根据规范使用摄像设备。

学习笔记

二、参观游览导游讲解

抵达景区后，地陪要对景区有关景观进行导游讲解。这是地陪传播当地文化和丰富游客知识的主要途径，因此讲解前应对讲解的内容预先有所构思和计划，即先讲什么，后讲什么，中间穿插什么典故和趣闻故事，以及哪些多讲，哪些少讲，都应根据游客的情况和计划的游览时间长短来确定，但是主要内容应包括景区的历史背景、特色、地位和价值等。此外，地陪还应结合有关景物或展品环境和文物保护知识进行讲解。讲解的语言要生动、优美、富有表现力，不仅使游客增长知识，而且能得到美的享受。在景区导游过程中，地陪应保证在计划的时间与费用内，能使游客充分地游览、观赏，注意做好导游与讲解的结合，适当集中与分散的结合，劳逸结合，以及对老弱病残游客的关照。

（一）导游讲解的站位

导游讲解是地陪导游工作的重中之重。导游讲解大部分需要站立式服务，游客在听导游讲解时是处于一种较为自由放松的状态，因此导游要想取得良好的讲解效果，就要选择正确的站位。

导游讲解的站位

带领游客实地参观游览时，导游讲解的方式一般有两种：行进式讲解和定点式讲解。对于景区内的一般景观主要采取行进式讲解方式；对于景区内的重要景观主要采取定点式讲解方式。

1. 距离

导游讲解时，导游要与游客保持一定的距离，以70～90厘米为最佳；如果使用话筒讲解可控制在1米左右。保持这种距离讲解，导游较为省力，另外导游讲解时有可能会飞溅唾液，这样的距离唾液不会飞溅到游客身上，而且可随时调整与游客之间的讲解距离。

当导游站立讲解时，双脚可稍微分开，但注意两脚距离不要超过肩宽，将身体重心放在双脚上，上身挺直，双臂自然下垂，双手相握置于身前以表示“谦恭”或双手置于身后以表示“轻松”。

2. 站位

当采取行进式讲解时，一般有两种站位方式：当游客人数较少时，可选择倒走方式；当游客人数较多时，可选择侧向方式。

当采取定点式讲解时，主要有三种形式：一是直面式，就是在游客相对较少的情况下，导游采取面对面讲解的形式；二是环抱式，一般是在场地比较宽敞的地方，导游选择站在台阶上或位置较高的地方，面对所有游客，与讲解景观约呈60° 角的位置，让游客站成扇形；三是圆点

学习笔记

式，一般是受地形限制或人数较多时，导游站在游客中间，而游客围在导游的四周。

当然在实地游览讲解时，会受到很多条件的限制，导游的站位和距离要灵活选择，但是不论选择哪种站位方式，讲解时都不要选择在交通要道、大门口等人流密度大的地方。

想一想 在带领旅游团游览时，如何选取讲解站位？

（二）游览导游讲解要领

游览导游讲解技法

“看景不如听景”，这说明游览导游讲解的重要性。导游讲解是地陪导游的重要职责，要想提高导游讲解水平，就要掌握导游讲解的要领。

1. 重点内容要突出

地陪导游带领游客到达景区游览时，沿着游览路线对所见的景物进行精彩的导游讲解。景区的讲解内容很多，在有限的游览时间让游客尽兴，就要根据游客的兴趣爱好和文化层次，因人而异地选择好讲解内容，分清主次，重点突出；切忌面面俱到，平均用力，主次不分。

2. 语言表达要有层次感

在具体讲解每个景点时，要根据逻辑规律，语言表达要有层次感。就是要把讲的内容分成前后次序，即先讲什么、后讲什么，使之层层递进、条理清楚、脉络清晰。

一般的结构安排顺序有三种：一是按照时间顺序来进行讲解，可以按照景观形成的历程或历史事件发生的过程来组织讲解的先后顺序。二是按照空间顺序来讲解，一般总是由远及近，从上到下，从外到内；或者反其道而行之。三是按照逻辑顺序来讲解，就是按照人们的思维习惯来组织讲解语句顺序，内容上要保持首尾呼应，前后一致。

3. 方法运用要灵活

在讲解每个小景点时，要学会灵活运用各种导游讲解方法，增加讲解的生动性，感染游客。

（1）可以用“突出重点法”来讲解景点的独特之处。

（2）可以用“触景生情法”延伸讲解与此有关的景点背景和历史。

（3）可以用“妙用数字法”讲解景点特征、文化内涵。

（4）可以用“类比法”将景点与游客家乡或熟知的景点联系起来，加深印象。

（5）可以用“制造悬念法”“问答法”，激发游客的想象思维，使游客获得参与感。

学习笔记

想一想　在进行景区导游讲解时，如何灵活运用导游讲解方法，吸引游客的注意力？

三、引导游客审美

旅游活动是一项寻觅美、欣赏美、享受美的综合性审美活动。它不仅能满足人们爱美、求美的需求，而且还能起到净化情感、陶冶情操、增长知识的作用。因此，导游在带团参观游览时，要重视旅游的美育作用，正确引导游客观景赏美。

（一）传递正确的审美信息

游客来到旅游目的地，由于对其旅游景观，特别是对人文景观的社会、艺术背景不了解，审美情趣会受到很大的影响，往往不知其美在何处，从何着手欣赏。作为游客观景赏美的向导，导游首先应把正确的审美信息传递给游客，帮助游客在观赏旅游景观时，感觉、理解、领悟其中的奥妙和内在的美。

譬如，欣赏昆明大观楼，重在其悬于楼前的180字长联。上联突出一个“赏”字，写滇池四周风光，像一幅山水画；下联重在一个“叹”字，记云南历史，如一篇叙事史诗。讲透气势磅礴、意境高远的“海内第一长联”，可帮助游客更好地领略大观楼的审美意境。

又如，游览汉阳古琴台，导游除要向游客讲解“俞伯牙摔琴谢知音”的传说故事外，还应引导游客欣赏古琴台这座规模不大但布局精巧的园林特色，介绍古琴台依山就势、巧用借景手法，把龟山月湖巧妙地借过来，构成一个广阔深远的艺术境界。

（二）分析游客的审美感受

游客在欣赏不同的景观时会获得不同的审美感受，但有时游客在观照同一审美对象时，其审美感受也不尽相同，甚至表现出不同的美感层次。我国美学家李泽厚就将审美感受分为“悦耳悦目”“悦心悦意”和“悦志悦神”三个层次。

1. 悦耳悦目

悦耳悦目，是指审美主体以耳、目为主的全部审美感官所体验的愉快感受，这种美感通常以直觉为特征，仿佛主体在与审美对象的直接交融中，不假思索便可于瞬间感受到审美对象的美，同时唤起感官的满足

学习笔记

和愉悦。

譬如，漫步于江苏西山国家森林公园之中，当游客看到以绿色为主的自然色调，呼吸到富含负氧离子的清新空气，嗅到沁人心脾的花香，听到林间百鸟鸣唱，就会不自觉地陶醉其中，从而进入“悦耳悦目”的审美境界。

2. 悦心悦意

悦心悦意，是指审美主体透过眼前或耳边具有审美价值的感性形象，在无目的中直观地领悟到对方某些较为深刻的意蕴，获得审美享受和情感升华，这种美感是一种意会，有时很难用语言加以充分而准确地表述。

譬如，观赏齐白石的画，游客感到的不只是草木鱼虾，而是一种悠然自得、鲜活洒脱的情思意趣；泛舟沱江之上，聆听土家族姑娘优美动人的歌声，游客感到的不只是音响、节奏与旋律的形式美，而是一种饱含着甜蜜和深情的爱情信息流或充满青春美的心声。

这些较高层次的审美感受，使游客的情感升华到一种欢快愉悦的状态，进入了较高的艺术境界。

3. 悦志悦神

悦志悦神，是指审美主体在观照审美对象时，经由感知、想象、情感、理解等心理功能交互作用，从而唤起的那种精神意志上的昂奋和伦理道德上的超越感。它是审美感受的最高层次，体现了审美主体大彻大悟，从小我进入大我的超越感，体现了审美主体和审美对象的高度和谐统一。

譬如，乘船游览长江、黄河，会唤起游客的思旧怀古之情，使游客产生深沉崇高的历史责任感；登上八达岭长城俯瞰长城内外，会激起游客的壮志豪情，使游客产生强烈的民族自豪感。

导游应根据游客的个性特征，分析他们的审美感受，有针对性地进行导游讲解，使具有不同美感层次的游客都能获得审美愉悦和精神享受。

（三）激发游客的想象思维

观景赏美是客观风光环境和主观情感结合的过程。人们在观景赏美时离不开丰富而自由的想象。人的审美活动是以审美对象为依据，经过积极的思维活动，调动已有的知识和经验，进行美的再创造的过程。一些旅游景观，尤其是人文景观的导游讲解，需要导游制造意境，进行美的再创造，才能激起游客的游兴。

学习笔记

譬如，游览西安半坡遗址，导游人员面对那些打磨的石器、造型粗糙的陶器，只是向游客平平淡淡地介绍这是什么，那是什么，游客就会感到枯燥乏味。如果导游在讲解中制造出一种意境，为游客勾画出一幅半坡先民们集体劳动、共同生活的场景：“在6000年前的黄河流域，就在我们脚下的这片土地上，妇女们在田野上从事农业生产，男人们在丛林中狩猎、在河流中捕鱼，老人和孩子们在采摘野果。太阳落山了，村民们聚集在熊熊燃烧的篝火旁童叟无欺、公平合理地分配着辛勤劳动的成果，欢声笑语此起彼伏……半坡先民们就是这样依靠集体的力量向大自然索取衣食，用辛勤艰苦的劳动创造了光辉灿烂的新石器文化。”游客就会产生浓厚的兴趣，时而屏息细听，时而凝神遐想，游客的想象思维被充分激发起来，导游境界也得到了升华。

（四）灵活掌握观景赏美的方法

观景赏美的方法

1. 动态观赏和静态观赏

（1）动态观赏　无论是山水风光还是古建园林，任何风景都不是单一的、孤立的、不变的画面形象，而是活泼的、生动的、多变的、连续的整体。游客漫步于景物之中，步移景异，从而获得空间进程的流动美，这就是动态观赏。

譬如，在浙江的千岛湖中泛舟，游人既可欣赏山上树木葱茏、百花竞艳，也可领略水上浮光跃金、沙鸥翔集，还有镶嵌在绿波之上的1000多个岛屿，灿灿地撩你的思绪，楚楚地勾你的魂魄，让你在移动中流连忘返。

（2）静态观赏　在某一特定空间，观赏者停留片刻，选择最佳位置驻足观赏，通过感觉、联想来欣赏美、体验美感，这就是静态观赏。这种观赏形式时间较长、感受较深，人们可获得特殊的美的享受。

譬如，在庐山花径景区云雾缭绕的如琴湖畔，驻足于繁花似锦的花径公园，吟诵白居易的著名诗篇《大林寺桃花》，让人遐想，令人陶醉。

2. 观赏距离和观赏角度

距离和角度是两个不可或缺的观景赏美因素。自然美景千姿百态，变幻无穷，一些似人似物的奇峰巧石，只有从一定的空间距离和特定的角度去看，才能领略其风姿。

（1）空间距离和观赏角度。

譬如，游客在长江游轮上观赏长江三峡神女峰，远远望去，朦胧中看到的是一尊风姿秀逸、亭亭玉立的中国美女雕像，然而若借助望远镜观赏，游客定会大失所望，因为看到的只是一堆石头而已，毫无美感可言。

学习笔记

又如，在黄山半山寺望天都峰山腰，有堆巧石状似公鸡，头朝天门，振翅欲啼，人称“金鸡叫天门”，但到了龙蟠坡，观看同一堆石头，看到的则似五位老翁在携杖登险峰，构成了“五老上天都”的美景。

这些都是由于空间距离和观赏角度不同造就的不同景观。导游带团游览时要善于引导游客从最佳距离、最佳角度去观赏风景，使其获得美感。

（2）心理距离　除空间距离外，游客观景赏美还应把握心理距离。心理距离是指人与物之间暂时建立的一种相对超然的审美关系。在审美过程中，游客只有真正从心理上超脱于日常生活中功利的、伦理的、社会的考虑，摆脱私心杂念，超然物外，才能真正获得审美的愉悦，否则就不可能获得美感。

譬如，恐海者不可能领略大海的波澜壮阔，刚失去亲人的游客欣赏不了地下宫殿的宏伟等。常年生活在风景名胜中的人往往对周围的美景熟视无睹，也不一定能获得观景赏美带来的愉悦，“不识庐山真面目，只缘身在此山中”就说明了这个道理。

3. 观赏时机和观赏节奏

（1）观赏时机　观赏美景要掌握好时机，即掌握好季节、时间和气象的变化。清明踏青、重阳登高、春看兰花、秋赏红叶、冬观腊梅等都是自然万物的时令变化规律造成的观景赏美活动。

譬如，观赏山景，北宋郭熙在《林泉高致》中告诉游人：“真山水之烟岚，四时不同：春山淡冶而如笑，夏山苍翠而如滴，秋山明净而如妆，冬山惨淡而如睡。”

变幻莫测的气候景观是欣赏自然美景的一个重要内容。譬如，在泰山之巅观日出，在峨眉山顶看佛光，在庐山小天池欣赏瀑布云，在蓬莱阁观赏海市蜃楼，这些都是因时间的流逝、光照的转换造成的美景，而观赏这些自然美景，就必须把握住稍纵即逝的观赏时机。

（2）观赏节奏　观景赏美是为了让游客愉悦身心、获得享受，如果观赏速度太快，不仅使游客筋疲力尽达不到观赏目的，还会损害他们的身心健康，甚至会影响旅游活动的顺利进行，因此导游要注意调节观赏节奏。

第一，有张有弛，劳逸结合。导游要根据旅游团成员的实际情况安排有弹性的活动日程，努力使旅游审美活动既丰富多彩又松紧相宜，让游客在轻松自然的活动中获得最大限度的美的享受。

第二，有急有缓、快慢相宜。在审美活动中，导游要视具体情况把握好游览速度和导游讲解的节奏，哪儿该快、哪儿该慢、哪儿多讲、哪

学习笔记

儿少讲甚至不讲，必须做到心中有数。

对年轻人讲得快一点、走得快一点、活动多一点；对老年人则相反。如果游客的年龄相差悬殊、体质差异大，要注意既让年轻人的充沛精力有发挥的余地，又不使年老体弱者过于劳累。总之，观赏节奏要因人、因时、因地随时调整。

（3）有讲有停，导、游结合　导游讲解是必不可少的，通过讲解和指点，游客可适时地、正确地观赏到美景，但在特定的地点、特定的时间让游客去凝神遐想，去领略、体悟景观之美，往往会收到更好的审美效果。

导游实例

南京中山陵从底下走到纪念堂前共有392级台阶（其中有8个平台）。导游在带领游客参观时，带一段路就站下讲解孙中山先生伟大的一生，等到后面的游客到齐后，又归纳性地总结以及介绍些孙中山先生的趣闻轶事，然后再带领旅游团队继续行走；过了一会儿，又停下来讲解纪念碑、两侧的桂花树……就这样，导游一会儿停，一会儿讲，停停讲讲，讲讲停停，带领游客一直来到纪念堂门前，游客既不觉得累，又增长了不少知识，整个旅游团没有一个游客掉队和走失。

总之，在旅游过程中，导游应力争使观赏节奏适合游客的生理负荷、心理动态和审美情趣，安排好行程，组织好审美活动，让游客感到既顺乎自然又轻松自如。只有这样，游客才能获得旅游的乐趣和美的享受。

想一想　针对游览的景区和旅游团特点，如何引导游客观景赏美？

四、注意游客安全

在景区参观游览时，地陪导游尤其要注意游客的安全，防止游客走失和治安事故的发生。在景区导游讲解时，地陪要时刻观察周围的环境，注意游客的动向，使游客自始至终环绕和跟随在自己周围或前后；同时给游客留出拍照、观赏和上洗手间的时间，并注意提醒掉队的游客尽快赶上；地陪要与领队、全陪密切配合，随时清点人数，以防游客走失或其他意外事故发生；地陪还要注意和提醒游客在游览中提高警惕，防止小偷小摸等治安事件发生。

学习笔记

任务检测

扫描二维码检测任务学习情况。

任务4 回程导游

任务导入

每个导游小组按照接待计划，针对旅游团的特点，编写回程导游讲解词，完成回程导游工作。

任务思考

（1）回程导游服务环节和内容有哪些？

（2）回程沿途导游应该注意哪些问题？

任务学习

一天的参观游览活动结束后，在返回酒店的途中，虽然游客比较疲乏，但地陪导游仍然做好各环节的工作，确保旅游团的各项旅游活动顺序进行。

一、回顾当天活动

返程中，地陪要对当天参观、游览的内容，用画龙点睛的方法做简要小结，必要时可做补充讲解，并回答游客的有关问题，加深游客对当日活动的印象，提高观赏的效果。

游览服务之返程导游

二、进行风光导游

为了让游客能看到更多的景物，地陪应尽量避免旅游团由原路返回。在返回途中要对沿途的景物做必要的介绍。如果游客经过一天的参观游览活动显露出疲惫之态，地陪可在做完一天旅游活动的简要回顾之后让其休息。

学习笔记

三、提醒注意事项

如果旅游团当晚无活动安排，游客可能会自行外出活动，地陪要事先提醒游客最好结伴同行，并带上酒店的卡片以防迷路。

四、宣布活动日程

返回酒店下车前，地陪要向游客宣告当日晚上和次日的活动日程、出发时间、集合地点等；并提醒游客下车时带好随身物品，并率先下车，站在车门一侧照顾游客下车，随后将游客送回酒店。

五、安排叫早服务

如果旅游团需要叫早服务，地陪应安排妥当。与全陪、领队确认当日工作完成后方可离开酒店。

任务检测

扫描二维码检测任务学习情况。

任务 5　防范与处理游览问题

任务导入

每个导游小组分析所接待旅游团型的特点，设计在参观游客过程中可能会出现的各种各样问题，并及时处理。

任务思考

（1）不同团型在参观游览时可能会出现哪些问题？
（2）在参观游览时哪些环节易出现问题和事故？
（3）如何预防与处理参观游览中出现的问题？

任务学习

在参观游览过程中，常常会遇到各种各样的问题与事故，导游一定要认真做好各种问题与事故的防范和处理，否则就会影响到游客的兴致，更会影响到旅游的质量。

学习笔记

一、游客丢失物件的预防与处理

旅游期间处于不断的移动过程中，游客丢失钱物、证件的事情时有发生，这不仅给游客带来经济损失，影响游客的情绪，还会给游客的旅游活动带来诸多不便，严重时甚至耽误外国游客离境。游客丢失物件的原因各不相同：有的是游客自己不小心丢失，有的是旅游接待工作中出现差错造成，还有的是被小偷窃走等。无论何种原因，导游均要采取相应措施，积极预防，防止游客物件遗失。

（一）游客丢失物件的预防

1. 多做提醒工作

（1）参观游览时，要提醒游客带好随身物品和提包。

（2）在热闹、拥挤的场所和购物时，要提醒游客保管好自己的钱包、提包和贵重物品。

（3）每次游客下车时，提醒游客不要将贵重物品留在车上；下车后，提醒司机清车、关窗并锁好车门。

（4）离开酒店时，要提醒游客带好随身行李物品，检查是否带齐了旅行证件。

2. 不代为保管游客证件

导游在工作中需要游客的证件时，要经由领队收取，用毕立即如数归还，不要代为保管；还要常提醒游客保管好自己的证件。

（二）游客丢失物件的处理

1. 游客丢失证件

游客遗失物品的处理

如果游客发现证件找不到了，首先请游客冷静回忆，是否将证件放于其他地方或是否交给其他人代管，确认是否真正丢失；如确认已丢失，要详细了解丢失情况，找出线索，尽量协助寻找；确认无法找到时，马上报告公安部门、接待社领导和组团社，并留下游客的详细地址、电话；再根据领导或接待社有关人员的安排，协助失主办理补办手续，所需费用由失主自理。

（1）丢失外国护照和签证　由旅行社出具证明；请失主准备照片；请失主本人持证明去当地公安局（外国人出入境管理处）报失，由公安局出具证明；持公安局的证明去所在国驻华使、领馆申请补办新护照及签证。

（2）丢失团体签证　由接待社开具遗失公函；准备原团体签证复印件（副本）；重新打印与原团体签证格式、内容相同的该团人员名单；

学习笔记

收齐该团全体游客的护照；持以上证明材料到公安局出入境管理处报失，并填写有关申请表（可由一名游客填写，其他成员附名单）。

（3）丢失中国护照和签证。

①华侨丢失护照和签证：接待社开具遗失证明；失主准备照片；失主持证明、照片到公安局出入境管理处报失并申请办理新护照；持新护照到其居住国驻华使、领馆办理入境签证手续。

②中国公民出境旅游时丢失护照、签证：请当地陪同协助在接待社开具遗失证明；持遗失证明到当地警察机构报案，并取得警察机构开具的报案证明；持当地警察机构的报案证明和有关材料到我国驻该国使、领馆领取中华人民共和国旅行证；回国后，可凭中华人民共和国旅行证和境外警方的报失证明，申请补发新护照。

（4）丢失港澳居民来往内地通行证（港澳同胞回乡证）　向公安局派出所报失，并取得报失证明，或由接待社开具遗失证明；持报失证明或遗失证明到公安局出入境管理处申请领取赴港澳证件；经出入境管理部门核实后，给失主签发一次性中华人民共和国入出境通行证；失主持该入出境通行证回港澳地区后，填写港澳居民来往内地通行证件遗失登记表和申请表，凭本人的港澳居民身份证，向通行证受理机关申请补发新的通行证。

（5）丢失台湾同胞旅行证明　根据2015年《中国公民往来台湾地区管理办法》第二十七条规定，失主向遗失地的市、县公安机关报失，经调查属实的可以允许重新申请领取相应的旅行证件或者发给一次性有效的出境通行证。

（6）丢失中华人民共和国居民身份证　由当地接待社核实后开具证明，失主持证明到公安局报失，经核实后再开具身份证明，并按照交通部门的规定办理乘坐交通工具的临时证明。回到居住所在地后，凭公安局报失证明和有关材料到当地派出所办理新身份证。

2. 游客丢失钱物

如果游客发现钱物丢失，首先稳定失主情绪，详细了解物品丢失的经过、物品的数量、形状、特征、价值，仔细分析物品丢失的原因、时间、地点，并迅速判断丢失的性质：是不慎丢失还是被盗。如果是被盗，立即向公安局或保安部门以及保险公司报案，特别是贵重物品的丢失；及时向接待社领导汇报，听取领导指示；若旅游团行程结束时仍未破案，可根据失主丢失钱物的时间、地点、责任方等具体情况做善后处理。

如果是外国游客，丢失的是贵重物品，请失主持证明、本人护照或

学习笔记

有效身份证件到公安局出入境管理处填写失物经过说明，列出遗失物品清单；若遗失的是入境时向海关申报的物品，要出示中国海关行李申报单，若将中国海关行李申报单遗失，要在公安局出入境管理处申请办理《中国海关行李申报单报失证明》；若遗失的物品已在国外办理财产保险，领取保险时需要证明，可以向公安局出入境管理处申请办理财物报失证明；若遗失的物品是旅行支票、信用卡等票证，在向公安机关报失的同时也要及时向有关银行挂失。失主持以上由公安局开具的所有证明，可供出海关时查验或向保险公司索赔。

二、游客走失的预防与处理

（一）游客走失的原因

在参观游览或自由活动时，时常有游客走失的情况。一般来说，造成游客走失的原因有三种：一是导游没有向游客讲清车牌号、停车位置或景点的游览线路。二是游客对某种现象和事物产生兴趣，或在某处摄影滞留时间较长而脱离团队自己走失。三是在自由活动、外出购物时游客没有记清酒店地址和线路而走失。

无论哪种原因，都会影响游客情绪、有损带团质量。导游只要有责任心，肯下功夫，就会降低这种事故的发生率。一旦发生这种事故，导游要立即采取有效措施以挽回不良影响。

（二）游客走失的预防

游客走失的预防与处理

1. 做好提醒工作

（1）提醒游客记住接待社的名称，旅游车的车牌号和标志，下榻酒店的名称、电话号码，带上酒店的店徽等。导游尽可能与游客互留手机号码。

（2）团体游览时，地陪要提醒游客不要走散；自由活动时，提醒游客不要走得太远；不要回饭店太晚；不要去热闹、拥挤、秩序混乱的地方。

2. 做好各项活动的安排和预报

（1）在出发前或旅游车离开酒店后，地陪要向游客预告一天的行程，上、下午游览点和中、晚餐餐厅的名称和地址。

（2）到达游览点后，在景区示意图前，地陪要向游客介绍游览线路，告知旅游车的停车地点，强调集合时间和地点，再次提醒游客记住旅游车的特征和车牌号。

学习笔记

3. 经常清点人数

（1）地陪在景点讲解时，要时刻和游客在一起。

（2）每向另一处景点移动时，都要注意清点人数，发现人数不对时及时寻找。

（3）叮嘱大家互相关照，互相提醒，保持团队的整体性。

游客迟到延误游览项目

4. 导游集体密切配合

地陪要与全陪、领队密切配合。一般地陪在前面带队讲解，全陪、领队负责旅游团的断后工作。地陪带团要举社旗，遇到旅游高峰时段、景点人多、游览环境复杂时，更要提高注意力，千万不可因过于劳累而产生松懈意识。

5. 提高导游技能

地陪导游应尽量避免出现游客追随其他旅游团队的现象发生，最好的办法是提高导游讲解技巧，以高超的导游技巧和丰富的讲解内容吸引游客，使游客愿意紧随导游，认真聆听导游讲解；同时游览时注意掌握好速度，让游客能跟上队伍。

（三）游客走失的处理

只有当游客完全失去联系且在规定时间内没有返回，才能认定为游客走失。游客走失主要发生在游览过程中和自由活动时，导游应区分不同情况，采取相应的对策进行处理。

景区游览游客走失

1. 游客在参观游览时走失

（1）了解情况，迅速寻找　导游应立即向其他游客、景区工作人员了解情况并迅速寻找，判断游客走失的时间和可能的方向；然后组织人力分头寻找，如果有两位以上的导游在场，一般情况下由全陪和领队沿来路或可能走失的路线分头寻找，地陪则继续带领其他游客游览；地陪应有意放慢游览速度，注意与全陪和领队保持联系，千万不要惊慌失措，也不可顾此失彼。

（2）寻求帮助　如果经过认真寻找仍然没有找到走失游客，应立即向参观游览地的派出所或管理部门求助；特别是面积大、范围广、地段复杂、进出口多的游览点，因寻找工作难度较大，争取当地有关部门的帮助尤其必要。

（3）与酒店联系　在寻找过程中，导游可与酒店前台、楼层服务台联系，请他们注意该游客是否已经回到酒店。

学习笔记

（4）报告旅行社　如采取了以上措施仍找不到走失的游客，地陪应向旅行社及时报告并请求帮助，必要时请示领导，向公安部门报案。

（5）做好善后工作　找到走失的游客后，导游要做好善后工作，分析走失的原因。如属导游的责任，导游应向游客赔礼道歉；如果责任在走失者，导游也不应指责或训斥对方，而应对其进行安慰，讲清利害关系，提醒以后注意。

（6）写出事故报告　对于发生的严重走失事故，导游要写出书面报告，详细记述游客走失经过、寻找经过、走失原因、善后处理情况及游客的反映等。

2. 游客在自由活动时走失

（1）立即报告接待社和公安部门　导游在得知游客自己在外出时走失，应立即报告旅行社领导，请求指示和帮助；通过有关部门向公安局辖区派出所报案，并向公安部门提供走失者可辨认的特征，请求帮助寻找。

（2）做好善后工作　找到走失游客，导游应表示高兴；问清情况，安抚因走失而受惊吓的游客，必要时提出善意的批评，提醒其引以为戒，避免走失事故再次发生。

（3）若游客走失后出现其他情况，应视具体情况作为治安事故或其他事故处理。

三、游客中暑的预防与处理

（一）中暑的症状与体征

中暑的预防与处理

中暑是在烈日下或高温环境里，人体内的热量不能及时散发，引起机体体温调节发生障碍的一种急性疾病。按中暑程度可分为轻症中暑和重症中暑。轻症中暑的症状有头昏、眼花、耳鸣、面色潮红、胸闷、皮肤灼热、体温升至38℃以上，甚至会出现面色苍白、恶心、呕吐、汗多、脉搏细弱、呼吸浅快等早期循环衰竭征象；重症中暑除出现以上症状外往往还会出现昏倒、痉挛或皮肤干热，体温超过40℃。

（二）中暑的预防措施

1. 做好防护工作

导游应提醒游客做好防护工作，如打遮阳伞、戴遮阳帽、戴太阳镜、涂抹防晒霜，外出时的衣服尽量选用棉、麻、丝类的织物，最好穿白色、浅色或素色衣服，少穿深色的化纤品类服装。

学习笔记

2. 避免烈日下活动

旅游团进行活动时，要注意劳逸结合，尽量避免游客长时间地在骄阳下活动，特别是在正午阳光最强烈时。另外，在气温高且无风的地方也不能逗留过久。

3. 多喝淡盐开水

夏季旅游出汗多，体内盐分减少，而多喝些淡盐开水，可以补充体内失掉的盐分，喝淡盐水时，要少量多次地喝，才能有作用。

4. 准备防暑用品

在夏季出游前应准备好预防和治疗中暑的药物用品，如十滴水、仁丹、藿香正气水、清凉油、风油精等。

（三）中暑的处理措施

（1）迅速将中暑的游客抬到通风、阴凉、干爽的地方，使其仰卧并解开衣扣，松开或脱去衣服，如衣服被汗水湿透最好能更换干衣服，同时可用扇子轻扇，帮助散热。

（2）面部发红的中暑者可将头部稍垫高；面部发白的中暑者可将头部略放低，使其周身血液流通。

（3）最好在患者头部捂上一块冷毛巾，可用50%的酒精、冰水、冷水进行全身擦浴，使末梢血管扩张，促进血液循环，然后用扇子或电扇吹风，促进散热。

（4）如果中暑的游客已失去知觉，可让其嗅一些有刺激气味的东西或掐其“人中”，刺激其苏醒，醒后可喂一些清凉饮料或淡盐水。

（5）轻症中暑患者经上述处理后，待体温降到38℃，体征平稳后可送其回酒店休息；重症中暑患者应该迅速与医院联系。

四、游客患病的预防与处理

好心有风险

旅途劳累、气候变化、水土不服或饮食起居不习惯，尤其是年老体弱者难免会感到身体不适，导致患病，甚至出现病危情况。常见的旅行疾病或不适，包括晕车、失眠、高山反应、中暑、便秘、腹泻、呕吐等；在旅游过程中，游客可能会突发急症，如心脏病猝发、昏厥，还会出现摔伤等事故。

这就需要导游多方面了解游客的身体状况，照顾好他们的生活，经常关心、提醒游客注意饮食卫生，避免人为的原因致使游客生病；导游应该学习预防和治疗旅行常见病的知识，掌握紧急救护的方法，以便在

学习笔记

关键时刻为游客的救治争取时间，但是不得随意将自备药品提供给患者。

（一）游客患病的预防

1. 游览项目选择有针对性

导游在做准备工作时，应根据旅游团的信息材料，了解旅游团成员的年龄及旅游团其他情况，做到心中有数。选择适合该年龄游客的游览线路。

2. 安排活动日程要留有余地

（1）不要将一天的游览活动安排得太多、太满。

（2）更不能将体力消耗大、游览项目多的景点集中安排，要有张有弛，使游客感到轻松愉快。

（3）晚间活动的时间不宜安排过长。

3. 提醒游客注意饮食卫生

（1）随时提醒游客注意饮食安全，不要暴饮暴食，以免水土不服引起腹泻。

（2）在北方旅游时，提醒游客多喝水、多吃水果，以防上火和感冒。

（3）吃海鲜后，一个小时内不要食用冷饮、西瓜等冷食，也不要马上去游泳。

（4）游泳后也不要立即食用冷饮、海鲜、西瓜等。

（5）晕车（船、机）者，在乘坐前不要吃得太饱，也不要吃得太油腻。

4. 及时报告天气变化

导游应提醒游客随着天气的变化及时增减衣服、携带雨具等；气候干燥的季节，提醒游客多喝水、多吃水果；尤其是炎热的夏季要注意预防中暑。

（二）游客患一般疾病的处理

经常有游客会在旅游期间感到身体不适或患一般疾病，如感冒、发烧、水土不服、失眠、便秘、腹泻等，这时导游应该注意以下四个方面。

1. 劝其及早就医，注意休息，不要强行游览

在游览过程中，导游要观察游客的神态、气色，发现游客的病态时，应多加关心，照顾其坐在较舒服的座位上，或留在酒店休息，但一定要通知酒店给予关照，切不可劝其强行游览。游客患一般疾病时，导游应劝其及早去医院就医。

2. 关心患病的游客

对因病没有参加游览活动、留在酒店休息的游客，导游要主动前去

学习笔记

问候，询问身体状况，以示关心。必要时通知餐厅为其提供送餐服务。

3. 需要时导游可陪同患者前往医院就医

应向患者讲清楚，所需费用要自理，提醒其保存诊断证明和收据。

4. 严禁导游擅自给患者用药

导游不能擅自给患者提供药品。

（三）游客突患重病的处理

1. 在前往景点途中突然患病

游客在去旅游景点的途中突然患病，导游应做到以下三点。

游览途中游客突患疾病

（1）在征得患者、患者亲友或领队同意后，立即将患重病的游客送往就近医院治疗，或拦截其他车辆将其送往医院。必要时，暂时中止旅行，用旅游车将患者直接送往医院。

（2）及时将情况通知接待社有关人员。

（3）一般由全陪、领队、患者亲友同往医院。如无全陪和领队，地陪应立即通知接待社请求帮助。

2. 在参观游览时突然患病

（1）不要搬动患病游客，让其坐下或躺下。

（2）立即拨打电话叫救护车（医疗急救电话：120）。

（3）向景区工作人员或管理部门请求帮助。

（4）及时向接待社领导及有关人员报告。

游览时游客突然晕倒

3. 重病游客送往医院的处理要点

（1）游客病危，需要送往急救中心或医院抢救时，需由患者家属、领队或患者亲友陪同前往。

（2）如果患者是国际急救组织的投保者，导游应提醒其亲属或领队及时与该组织的代理机构联系。

（3）在抢救过程中，需要领队或患者亲友在场，并详细记录患者患病前后的症状及治疗情况，并请接待社领导到现场或与接待社保持联系，随时汇报患者情况。

（4）如果需要做手术，必须征得患者亲属的同意，如果亲属不在，需由领队同意并签字。

（5）若患者病危，但亲属又不在身边时，导游应提醒领队及时通知患者亲属。如果患者亲属是外国人士，导游要提醒领队通知所在国使、领馆。患者亲属到后，导游要协助其解决生活方面的问题；若找不到亲属，一切按使、领馆的书面意见处理。

学习笔记

（6）有关诊治、抢救或动手术的书面材料，应由主治医生出具证明并签字，要妥善保存。

（7）地陪应请求接待社领导派人帮助照顾患者、办理医院的相关事宜，同时安排好旅游团继续按计划活动，不得将全团活动中断。

五、治安事故的预防与处理

在旅游活动过程中，遇到坏人行凶、诈骗、偷窃、抢劫，导致游客身心及财物受到不同程度的损害的事故，统称治安事故。导游在带团时，要注意观察周围的环境，发现异常情况，立即采取措施，尽快把旅游团转移到安全地带。若遇到坏人抢劫或行凶，导游要敢于、善于应战，挺身而出保护游客生命财产安全，决不能置身事外，更不能临阵脱逃。

（一）治安事故的预防

导游在接待工作中要时刻提高警惕，采取一切有效的措施防止治安事故的发生。

（1）入住酒店时，导游应建议游客将贵重财物存入酒店保险柜，不要随身携带大量现金或将大量现金放在客房内。

（2）提醒游客不要将自己的房号随便告诉陌生人；更不要让陌生人或自称酒店的维修人员随便进入自己的房间；尤其是夜间决不可贸然开门，以防意外；出入房间一定要锁好门。

（3）提醒游客不要与私人兑换外币，并讲清关于我国外汇管制的规定。

（4）每当离开游览车时，导游都要提醒游客不要将证件或贵重物品遗留在车内；游客下车后，导游要提醒司机关好车窗、锁好车门，尽量不要走远。

（5）在旅游景区活动中，导游要始终和游客在一起，随时注意观察周围的环境，发现可疑的人或在人多拥挤的地方，要提醒游客看管好自己的财物，例如，不要在公共场合拿出钱包，最好不买小贩的东西（防止物品被小贩偷去），并随时清点人数。

（6）汽车行驶途中，不得停车让非本车人员上车、搭车；若遇不明身份者拦车，导游提醒司机不要停车。

（二）治安事故的处理

导游在陪同旅游团参观游览的过程中，遇到此类治安事件的发生，必须挺身而出，全力保护游客的人身安全，决不能置身事外，更不能临阵脱逃，发现不正常情况，立即采取行动。

学习笔记

1. **全力保护游客**

遇到歹徒向游客行凶、抢劫，导游应做到临危不惧，毫不犹豫地挺身而出，奋力与坏人拼搏，勇敢地保护游客。同时，立即将游客转移到安全地点，力争在群众和公安人员的帮助下缉拿罪犯，追回钱物，但也要防备犯罪分子携带凶器狗急跳墙。所以，切不可鲁莽行事，要以游客的安全为重。

2. **迅速抢救伤者**

如果有游客受伤，应立即组织抢救，或送其去医院。

3. **立即报警求助**

治安事故发生后，导游应立即向公安局报警（110），如果罪犯已逃脱，导游要积极协助公安局破案。要把案件发生的时间、地点、经过、作案人的特征，以及受害人的姓名、性别、国籍、伤势及损失物品的名称、数量、型号、特征等向公安部门报告清楚。

（三）善后事宜

1. **及时报告**

导游在向公安部门报警的同时，要向接待社领导及有关人员报告。如情况严重，请求领导前来指挥处理。

2. **安抚游客**

治安事件发生后，导游要采取必要措施稳定游客情绪，尽力使旅游活动继续进行下去。并在领导的指挥下，准备好必要的证明、资料，处理好受害者的补偿、索赔等各项善后事宜。

3. **写出报告**

事后，导游按照有关要求写出详细、准确的书面报告，包括案件整个经过以及案件的性质、采取的应急措施和受害者及其他游客的情况等。

六、游客不当言行的预防与处理

游客不当言行的预防与处理

不当行为一般是指违反社会公德或者触犯法律，但尚不足以引起法律责任的行为。外国游客在中国境内必须遵守中国的社会公德和法律，若违反社会公德情节严重，甚至违法，必将受到中国法律的制裁。

（一）预防措施和处理原则

1. **预防措施**

导游应积极向游客介绍我国有关法律、宗教、习俗、景点管理的有

学习笔记

关规定，多做提醒工作，以免个别游客无意中做出不当、犯法行为。发现可疑现象，导游要有针对性地给予必要的提醒和警告，迫使预谋违法行为者知难而退；对顽固不化者，一旦发现其违法行为应立即汇报，协助有关部门调查，分清性质。处理这类问题要严肃认真，实事求是，合情、合理、合法。

2. **处理原则**

游客不当言行的处理，事前要认真调查核实，处理时要特别注意“四个分清”：分清不当行为和违法行为的界限；分清有意和无意的界限；分清无故和有因的界限；分清言论和行为的界限。

只有正确地区别上述界限，才能正确处理此类问题，才能团结朋友、增进友谊，维护国家的主权和尊严。

（二）攻击和污蔑言论的处理

对于海外游客来说，由于其国家的社会制度与我国的不同，政治观点也会有差异，因此，他们中的一些人可能对中国的方针政策及国情有误解或不理解，在一些问题的看法上产生分歧也是正常现象，可以理解。此时，导游要积极友好地介绍我国的国情，认真地回答游客的问题，阐明我国对某些问题的立场、观点。总之，多做工作，求同存异。

对于个别游客站在敌对的立场进行恶意攻击、蓄意诬蔑挑衅，作为一名中国的导游要严正驳斥，驳斥时要理直气壮、观点鲜明。导游应首先向其阐明自己的观点，指出问题的性质，劝其自制。如其一意孤行，影响面大，或有违法行为，导游应立即向有关部门报告。

（三）违法行为的处理

对于海外游客的违法行为，首先要分清是由于对我国的法律缺乏了解，还是明知故犯。对前者，应讲清道理，指出错误之处，并根据其违法行为的性质、危害程度，确定是否报有关部门处理。对那些明知故犯者，导游要提出警告，明确指出其行为是中国法律和法规所不允许的，并报告有关部门严肃处理。

中外游客中若有窃取国家机密和经济情报、宣传邪教、组织邪教活动、走私、贩毒、偷窃文物、倒卖金银、套购外汇、贩卖黄色书刊及录音、录像、嫖娼、卖淫等犯罪活动，一旦发现应立即汇报，并配合司法部门查明罪责，严肃处理。

（四）散发宗教宣传品行为的处理

游客若在中国散发宗教宣传品，导游一定要予以劝阻，并向其说明中国的宗教政策，指出不经我国宗教团体邀请和允许，不得在我国布

学习笔记

道、主持宗教活动和在非完备活动场合散发宗教宣传品。处理这类事件要注意政策界限和方式方法，但对不听劝告并有明显破坏活动者，应迅速报告，由司法机关或公安有关部门处理。

（五）违规行为的处理

1. 一般性违规行为的预防与处理

在旅游接待中，导游应向游客宣传、介绍、说明旅游活动中涉及的具体规定，防止游客不知而误犯。例如，参观游览中某些地方禁止摄影、禁止进入等，都要事先讲清，并随时提醒。若在导游已讲清并提醒的情况下明知故犯，当事人要按规定受到应有的处罚（由管理部门司法机关处理）。

2. 对异性越轨行为的处理

对于游客中举止不端、行为猥亵的任何表现，都应郑重指出其行为的严重性，令其立即改正。导游遇到此类情况，出于自卫要采取果断措施；情节严重者应及时报告有关部门依法处理。

3. 对酗酒闹事者的处理

游客酗酒，导游应先规劝并严肃指明可能造成的严重后果，尽力阻止其饮酒。不听劝告、扰乱社会秩序、侵犯他人、造成物质损失的肇事者必须承担一切后果，直至法律责任。

?想一想 你们所接待的旅游团在参观游览时会出现哪些问题？又该怎样做好防范？

任务检测

扫描二维码检测任务学习情况。

项目实施

步骤一 导游小组一起研讨接待计划，可运用头脑风暴，充分考虑接待不同的旅游团型在参观游览时可能会出现的各种问题；根据旅游团特点，设计游览出发前游客可能会提出的各种要求以及可能出现的问题，编写出发前工作整个过程的情景模拟对话。

学习笔记

步骤二 按照出发前工作情景模拟对话，确定出发前工作环节所需要的各种角色，导游小组分配好角色，进行出发前工作情景模拟演练；选择合适的场所模拟进行出发前整个工作过程，同时拍摄视频，最后剪辑制作完成出发前工作情景模拟视频。

步骤三 按照接待计划，首先导游小组一起研讨分析并确定前往旅游景区的沿途导游路线；然后分工合作进行实地调研，建议采取乘坐公交车或骑行的方式，记录沿途导游线路、沿途景观分布及其所用时间，确定沿途导游讲解内容，正确把握沿途导游讲解要领，撰写沿途导游讲解词。

步骤四 按照小组编写的沿途导游讲解词，小组成员进行讲解任务分配，确保小组每位同学有讲解任务，每位同学根据讲解任务进行讲解练习；导游小组一起进行沿途导游讲解情景模拟训练；选择合适场所进行首次沿途导游讲解的情景模拟，同时拍摄视频，最后剪辑制作完成沿途导游讲解视频。

步骤五 导游小组进行商讨，确定一家当地经典旅游景区作为小组导游讲解的任务，一起前往旅游景区进行实地调研踩线，记录旅游线路和旅游景观分布及其讲解内容；根据所接待的旅游团特点，制定旅游景区游览线路，按照旅游线路撰写景区导游讲解词，要突出景观特色、游客感兴趣内容、做到重点突出。

步骤六 按照撰写的景区导游讲解词，小组成员进行讲解任务分配，确保小组每位同学都有讲解任务，每位同学根据讲解任务进行讲解练习；导游小组一起进行旅游景区导游讲解情模拟训练；选择合适场所进行旅游景区导游讲解的情景模拟，如果条件许可，可选择在旅游景区进行实地导游讲解，同时拍摄视频，最后剪辑制作完成旅游景区导游视频。

步骤七 导游小组一起研讨活跃旅游气氛的方法，针对旅游团特点，选择合适的内容。再根据每位小组成员的兴趣特点，设计才艺展示的方式和内容；编写活跃旅游气氛过程的情景模拟对话；分配好角色，进行演练；选择合适的场景，模拟进行活跃气氛情景，拍摄并制作完成才艺展示视频。

步骤八 将完成的游览服务的四个视频作品提交。

项目评价

学习笔记

按照游览服务项目的评分标准进行自评、学生互评和教师评价，并进行加权（权重由教师设置，参考权重设置：自评10%、学生互评30%、教师评价60%）计算，评选出最佳“出发前工作”“沿途导游讲解”“旅游景区导游讲解”和“气氛活跃”导游小组，以及“最具风采”“最佳口才”“最佳才艺”导游，教师可根据实际情况给予适当物质和精神奖励。

项目	要求	分值	得分
出发前工作	工作环节是否全面有效，是否符合规范和旅游团实际情况；设计的问题情景是否符合工作实际，处理措施是否妥当；角色分配是否全面得当，角色扮演是否定位恰当，场景选择是否合适，携带物品是否齐备	15	
沿途导游	讲解内容是否与车行速度保持一致，沿途景观选取是否具有代表性，讲解要领是否正确把握；小组成员是否均有讲解任务，是否配合默契，讲解是否顺畅；场景选择是否合适	25	
景区导游	讲解内容是否准确完整，是否针对旅游团特点，重点是否突出，讲解方法是否恰当运用，小组成员是否均有讲解任务，是否配合默契，讲解是否顺畅；场景选择是否合适	25	
才艺展示	才艺形式是否符合导游工作实际，内容是否健康积极，是否符合旅游团特点，表演是否自然流畅、具有感染力，气氛是否活跃	15	
职业形象	导游形象是否职业化；服装和饰物、发型及头发修饰是否符合导游职业要求	10	
小组合作	任务分工是否合理明确，小组成员是否积极参与，小组长是否发挥组织协调作用，合作是否有效，视频制作是否完整且具有视觉美感	10	
合计			

项目小结

参观游览是旅游团出游的主要目的，是游客期望值最高的部分，因此导游一定要认真准备，高质量地完成参观游览服务。首先要按照要求做好

学习笔记

出发前的准备工作，及时妥善处理好出发前出现的各种问题，以及游客在游览方面提出的各种要求；按照沿途和回程导游服务工作内容和各环节规范要求，把握沿途导游讲解要领，做好沿途和回程导游讲解；同时，针对旅游团特点及出现的情况，能够运用自己的才艺，活跃旅游气氛，调节好旅游气氛，激发游客的游兴；根据旅游团实际情况，设计好旅游景区参观游览路线，提醒好各项注意事项，做好景区的导游讲解，同时对在参观游览过程中可能发生的问题和事故做好充分的预案准备，能够及时妥善地处理好各种问题，确保参观游览活动安全、顺利进行。

项目拓展

对当地的主要旅游线路以及旅游景区进行调研，调研内容包括：旅游线路沿途分布的代表性景观和标志性建筑名称、特色及地理位置，旅游景区的旅游线路及著名景观，撰写旅游线路沿途导游讲解词和旅游景区导游讲解词。

项目检测

扫描二维码检测项目学习情况。

项目七 娱乐服务

学习笔记

项目概述

文娱活动是“旅游六要素”的重要组成部分。我国历史悠久，文化底蕴深厚，民族众多，民俗文化浓郁，文娱活动丰富多彩。通过观赏和参与娱乐活动及相关项目，游客不仅能获得新的体验、了解更多的异域文化，更重要的是通过娱乐和休闲真正地放松自己。因此，导游要根据游客的要求和旅游活动计划的安排尽职尽责地为游客提供娱乐服务，使游客在娱乐中有所收获。

本项目分为做好娱乐服务、处理游客娱乐个别要求两项任务，具体内容如图3-7所示。

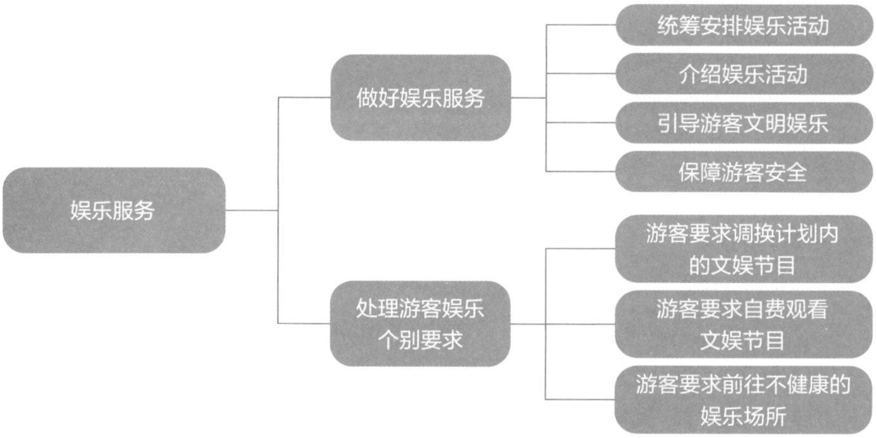

▲ 图3-7 娱乐服务

项目任务

娱乐服务成果展示比赛。导游小组按照旅游团接待计划，模拟进行娱乐项目服务。旅游团接待计划可分为教师度假团、亲子旅游团、中学生研学团、商务考察团、老年康养团、医护休养团等。具体要求如下。

（1）导游小组一起研讨，按照接待计划，根据旅游团特点，设计游客进行娱乐项目活动过程可能出现的问题，编写整个娱乐服务过程的情景模拟对话。

学习笔记

（2）导游小组协作，分配角色，模拟娱乐服务工作过程，完成娱乐服务情景模拟视频的拍摄与制作。

项目成果

娱乐服务情景模拟视频展示。

学习目标

素质目标	知识目标	能力目标
1. 通过娱乐服务情景模拟，培养认真细致的工作态度，树立规范化和精细化服务意识。 2. 通过角色扮演、角色互换、情景模拟，导游小组协作完成任务，树立责任担当意识、安全意识和质量意识，形成热爱劳动和自主学习的良好习惯。 3. 通过进行成果竞赛，培养精益求精的工匠精神和力争上游的竞争意识。	1. 掌握娱乐服务的工作流程和内容。 2. 熟知在娱乐服务中游客可能会提出的各种要求，并掌握处理措施 。	1. 按照娱乐服务规范，完成娱乐服务工作。 2. 能够按照处理游客个别要求的原则，妥善处理在娱乐服务中游客提出的各种要求。

案例导入

某年5月的一天，桂林的导游小张接待了从西安来的一行18人的德国旅游团。当他询问游客晚上是否愿意观看歌舞节目时，游客告诉他已经在其他地方观看了京剧、杂技、歌舞等节目，希望他能安排带有地方特色和民间风俗的节目。小张灵机一动，询问大家对“鱼鹰捉鱼”的节目感不感兴趣？接着，他把这个节目的内容简单地向大家介绍了一下。游客一听能够观看漓江的夜景，还能欣赏到当地渔民的作业过程，顿时兴趣盎然，请求小张立即安排。小张告诉大家，由于该项活动属于计划外的内容，所以要收一定的费用，游客欣然同意。

晚饭后，小张带着18名游客登上一条渔船，船载着充满好奇心的游客驶到江心，只见几条渔船围住了一片水面。船上的灯光照射在水面上，水面上一片明亮，伴之以皎洁的月光和或隐或现的岸边灯火，这“渔场”显得格外神秘。突然，几名游客兴奋地叫了起来，原来他们看到一只站着鱼鹰的竹筏开进了渔场。紧接着，几只鱼鹰矫健地跃入水中，此时捕鱼的声音、游客的叫喊和照相的声音、浪花荡击船体的声音响成一片，渔场顿时热闹起来。这次活动一直延续了30多分钟。在观看了几条鱼鹰竹筏捕鱼表演后，游客仍意犹未尽，恋恋不舍地返回了江岸。回酒店的途中，游客纷纷向小张表示感谢，感谢他为大家安排了一次到中国旅游以来最有特色的节目。

学习笔记

案例解读

本案例中的桂林导游小张在为游客安排娱乐项目时，首先询问大家对娱乐活动的需求，然后非常敏锐地捕捉到游客的喜好：不愿看“正规”节目而对“土”节目感兴趣，为大家安排了一次计划外的、具有地方特色而且非常受游客欢迎的节目，博得了游客的好评。在为游客安排娱乐项目时，本案例非常值得借鉴。导游要对不同地区的娱乐项目有全方位的了解，要避免重复安排娱乐项目，要为游客安排一些具有地方特色和民族风格的节目，这样可收到意想不到的效果。

案例思考

（1）你所在的当地有哪些具有地方特色的娱乐项目？

（2）在进行娱乐活动时，导游要提供哪些服务？

任务1　做好娱乐服务

任务导入

每个导游小组根据旅游接待计划，完成娱乐服务工作。

接待计划可根据导游小组数量设计不同类型，类型建议包含老年康养团、亲子团、研学团、教师团等。

学习笔记

任务思考

（1）针对不同团型、不同游客，在安排娱乐项目时需考虑哪些细节问题?

（2）娱乐服务有哪些工作要做?

任务学习

娱乐活动是游客在旅游活动中常有的活动内容，通常分为欣赏性活动和参与性活动两种。对一些地方传统剧目、文艺演出、民族文化展示、工艺展示，以及一些刺激、休闲的活动项目，一般游客都愿意了解和参与。如许多外国游客到北京后都愿意到老舍茶馆品茶听京戏，游客到达云南丽江后，都愿意聆听“东巴音乐”、看“丽江金沙”，游客到达西双版纳都希望体验泼水的乐趣……因此，导游要做好适当的引导，并做好娱乐服务各环节的工作。

一、统筹安排娱乐活动

游客外出旅游的时间有限，白天会有一些参与性的娱乐项目，通常情况下，娱乐活动往往安排在游览活动结束之后。在为游客安排相关娱乐项目时，要注意游客的体力；娱乐项目以轻松愉快为主；娱乐内容要突出地方文化特色。

在安排娱乐活动时，一定要突出地方特色、民族特色，使娱乐项目真正起到“娱”的作用，同时可把娱乐活动作为游览活动的延伸和补充。如在云南旅游，白天参观景点的过程中，结合景点导游可介绍民族歌舞和婚庆娱乐知识；晚间通过观看民族歌舞表演，最典型的为舞蹈家杨丽萍编导并主演的《云南映象》。通过对大型原生态民族歌舞的观赏，游客能具体感受到云南民族文化的博大精深，真正认识到云南作为歌舞之乡的地位。

想一想 你们所接待的旅游团对哪些娱乐活动感兴趣?

二、介绍娱乐活动

在前往娱乐活动场所途中，地陪要向游客介绍娱乐活动的相关情况。

（一）欣赏性娱乐活动

学习笔记

对于欣赏性娱乐活动，要向游客讲清节目的内容、特色以及其所承载的历史文化等；同时讲解要简明扼要，通俗易懂；突出要点，语言形象；声情并茂。因此，地陪要事先对本地特色的表演和剧目的内容、特色有一个详尽的了解。

欣赏性娱乐服务

（1）对于戏剧艺术，要全面了解演出的剧目、剧种特点、历史背景、人物刻画、场景布局、服装道具、角色内涵、舞台文化、民俗风情、表演技巧、观看细节、故事情节等。

（2）对于歌舞表演，要了解历史进程、歌舞内涵、服装变化、动作要领、文化展示、歌舞来源、表达含义、表演程序、观赏途径、细节要点、舞台道具、肢体语言等。

（3）对于传统工艺，要了解工艺名称、用料要求、历史发展、现实意义、文化价值、实用价值、艺术价值、操作工艺、制作程序、特色与地位、保存价值等。

欣赏性娱乐活动实例：舞狮子

各位朋友，各位此次旅游活动时间安排再巧不过了。今天正好是我国传统的元宵佳节，为了让各位尽兴，今晚特地为大家安排了一项娱乐活动——请各位观看民间的庆祝活动之一的“舞狮子”。舞狮是我国优秀的民间艺术，每逢元宵节或集会庆典，民间都以狮舞来助兴。这一习俗源于三国时期，南北朝时开始流行，至今已有一千多年的历史了。为了让各位待会儿看出门道，在此我先向各位说一点“引子”，在观看过程中，或看完后，各位有任何问题和体会我们再交流。狮舞有南北两种表演风格。北派狮舞的表演以“武狮”为主，即魏武帝钦定的北魏“瑞狮”。小狮一人舞，大狮双人舞，一人站立舞狮头，一人弯腰舞狮身和狮尾。人们无法辨认舞狮人的形体。引狮人为古代武士装扮，手握旋转绣球，配以京锣、鼓钹，逗引瑞狮。“狮子”则表演腾翻、扑跌、跳跃、登高、朝拜等技巧，并有梅花桩、窜桌子、踩滚球等高难度动作。而南派狮舞的表演以“文狮”为主，表演时讲究表情，有搔痒、抖毛、舔毛等动作，惟妙惟肖，逗人喜爱，也有难度较大的吐球等技巧。今天我们观看的是北派狮舞，希望大家能够喜欢。

学习笔记

想一想　当地有哪些欣赏性的娱乐活动？你都了解吗？

（二）参与性娱乐活动

参与性娱乐服务

有相当一部分游客旅游的目的是为了彻底放松，甚至是寻求刺激，欣赏别人的表演不能满足他们的需要，他们希望直接参与到娱乐活动中。参与性娱乐活动一般可分为休闲型娱乐活动和探险型娱乐活动。

1. 休闲型娱乐活动

休闲型娱乐活动重在获得轻松愉快的体验，如泡温泉、草原骑马、滑沙滑草、篝火晚会，以及少数民族的对歌会、泼水节、火把节等。

2. 探险型娱乐活动

探险型娱乐活动重在寻求刺激，如滑雪、漂流、滑翔、蹦极等，越来越多的游客开始接受并尝试这些探险项目，在其中寻找乐趣，挑战自我。

对于这些参与性的娱乐活动，要向游客介绍活动的起源、技巧、安全注意事项以及注意尊重民族习俗等。

参与性娱乐活动实例：滑沙

各位游客朋友们：今天带大家进行一项非常刺激的滑沙运动，“滑沙”这项旅游活动是在昌黎黄金海岸国际滑沙中心首次开展起来的。昌黎黄金海岸是国家级海洋自然风景保护区，由于海潮和季风的作用，在海岸沿线形成了世界罕见的连绵40多千米的沙丘，高度达40米。在1986年，中央广播电台记者程显看到黄金海岸一带有这么多高大沙丘，就给昌黎县旅游部门提供了一条信息：在非洲的纳米比亚沿海有一种名为“滑沙”的旅游活动。在仅知纳米比亚有“滑沙”，也不知利用什么器具如何滑沙的情况下，开发人员充分发挥自己的聪明才智，比照东北地区滑雪的滑法，经过精心研制，开发出一种有扶手的坐式的滑沙板，当年夏天就试滑成功了。滑沙是坐在滑板上，借助自身重力从沙山顶自然下滑，在重力加速度的作用下，最高速度可达每秒40米，是一种惊险刺激的活动，而且简单易学。滑沙活动一经问世，就备受北京、天津、唐山、秦皇岛等地游客的喜爱，旋即成为黄金海岸独有的旅游“拳头”产品——“中国第一滑”。

学习笔记

滑沙并不是所有人都能滑的。一般年老体弱的、伤残不便的、儿童，以及患有高血压、心脏病、颈腰椎疾病、骨质疏松的，还有酗酒的都不能滑沙，以免发生意外。在滑沙之前，先向大家介绍几点注意事项：第一，滑沙程序，到了滑沙场，大家要排队按顺序领取滑沙板，然后检票，听从工作人员安排按要求滑沙。第二，乘坐滑沙板时身体要端正，微向前倾，不要后仰，手扶手柄，自然下滑。注意手扶手柄时，手不要触及沙面；另外，个子高腿长的朋友也要注意，坐在滑沙板里时，你的腿有可能超出滑沙板的长度，注意你的脚也不要触及沙面，以免翻板摔倒。第三，坐在滑沙板里，不要随意摇晃，以免摔倒；即使摔倒了也不要害怕，一般也不会有大的损伤，因为沙子比较细软，即使摔了，也就是满身沙子，或许蹭破点皮，只要掌握要领，一般不会摔倒的；一旦摔倒，注意不要向两边走，要沿着自己的滑道向下走，以免被后面的滑沙板撞伤。第四，滑沙板停稳后请迅速离开滑区，不要在滑区内停留、照相，以免被滑沙板撞伤；我们走的时候要在设有软梯的人行道上行走，不要在滑行面上踩踏。第五，滑沙时不要戴遮阳帽，以免被风吹掉；也不要携带手机、摄像机、照相机等贵重物品。第六，请大家在游玩时一定要掌握好时间，我们在这里游玩足足三小时时间，现在是下午两点半，五点半在旅游车这里集合。

想一想 当地有哪些参与性的娱乐活动？你都了解吗？

三、引导游客文明娱乐

（1）组织游客安全、有序、文明、理性参与娱乐活动。

（2）提示游客观赏演艺、比赛类活动时遵守秩序，例如，按时入场、有序出入。中途入场或离席以及鼓掌喝彩应合乎时宜。根据要求使用摄像摄影设备，慎用闪光灯。

（3）提示游客观看体育比赛时，尊重参赛选手和裁判，遵守赛场秩序。

（4）游客参加涉水娱乐活动的，要事先提示游客听从工作人员指挥，注意安全，爱护环境。

（5）提示游客在参加和其他游客、工作人员互动活动时，文明参

学习笔记

与、大方得体，并在活动结束后对工作人员表示感谢，礼貌话别。

四、保障游客安全

导游要全程陪同游客参加各项娱乐活动，审时度势，不断提醒游客，确保游客的人身安全和财产安全，同时及时解决活动中遇到的各种问题。

（一）欣赏性娱乐活动

到达娱乐场所后，地陪要引领游客入座，并介绍有关演出设施与位置，解答游客的问题。在游客观看演出过程中，对入境游客地陪要做好剧情介绍和必要的翻译工作。

在大型娱乐场所，地陪要提醒游客不要走散，并随时注意游客的动向、周围的环境和安全出口位置，以便发生意外情况能及时带领游客安全撤离。演出结束后，提醒游客不要遗落物品并带领游客依次退场。

（二）参与性娱乐活动

地陪导游要协助游客参与活动，检查探险项目的装置是否安全可靠，对游客多提醒、多关照，对潜在的危险应有必要的预见性，并且对游客做出真实的说明和明确的警示，既不要含糊其辞，也不能夸大其词，避免发生意外。

任务检测

扫描二维码检测任务学习情况。

任务 2 处理游客娱乐个别要求

任务导入

每个导游小组分析所接待的旅游团及其游客的特点，设计在娱乐服务中游客可能会提出的要求，模拟情景，及时妥善处理。

任务思考

游客在参加娱乐项目时可能提出哪些要求？如何处理？

任务学习

学习笔记

娱乐是旅游活动的重要内容，有协议中规定的，也有游客要求自费参加的。对于娱乐活动，游客各有爱好，不应该强求一致。游客提出种种要求，导游应本着“合理而可能”的原则，视具体情况妥善处理。

一、游客要求调换计划内的文娱节目

凡在计划内注明有文娱节目的旅游团，一般情况下，地陪应按计划准时带游客到指定娱乐场所观看文艺演出。若游客提出调换节目，地陪应针对不同情况，本着“合理而可行”的原则，做出如下处理。

（一）全团游客提出更换

如果是全团游客提出更换，地陪应与接待社计调部门联系，尽可能调换，但不要在未联系妥当之前许诺；如接待社无法调换，地陪要向游客耐心解释，并说明票已订好，不能退换，请其谅解。

（二）部分游客提出更换

如果是部分游客要求观看别的演出，处理方法同上。若决定分路观看文娱演出，在交通方面导游可做如下处理：如两个演出点在同一线路，导游要与司机商量，尽量为少数游客提供方便，送他们到目的地；若不同路，则应为他们安排车辆，但车费自理。

游客要求观看杂技表演

二、游客要求自费观看文娱节目

在时间允许的情况下，导游应积极协助，以下两种方法地陪可酌情选择。

（一）与接待社有关部门联系，请其报价

将接待社的对外报价（包括节目票费、车费、服务费）报给游客，并逐一解释清楚。若游客认可，请接待社预订，地陪同时要陪同前往，将游客交付的费用上交接待社并将收据交给游客。

（二）协助解决，提醒游客注意安全

地陪可帮助游客联系购买节目票，请游客自行乘坐出租车前往，一切费用由游客自理。但要提醒游客注意安全、记好饭店地址。必要时，地陪可将自己联系电话告诉游客。

如果游客执意要去大型娱乐场所或情况复杂的场所，导游必须提醒游客注意安全，必要时可陪同前往。

学习笔记

三、游客要求前往不健康的娱乐场所

如果游客要求去不健康的娱乐场所和过不正常的夜生活，导游应断然拒绝并介绍中国的传统观念和道德风貌，严肃指出不健康的娱乐活动和不正常的夜生活在中国是明令禁止的，是违法行为，会受到法律的惩处。

想一想 你们所接待的游客在进行娱乐活动时会提出哪些要求？

任务检测

扫描二维码检测任务学习情况。

项目实施

步骤一 导游小组一起研讨接待计划，可运用头脑风暴，充分考虑接待不同的旅游团型及来自不同地域的游客在安排娱乐活动时可能会提出的各种各样要求；根据游客的特点，设计娱乐过程中出现的问题，编写娱乐服务整个过程的情景模拟对话。

步骤二 按照娱乐服务情景模拟对话，确定娱乐服务工作环节所需要的各种角色，导游小组分配好角色，进行娱乐服务情景模拟演练，确保各环节有序衔接。

步骤三 选择合适的场所，导游小组合作进行娱乐服务情景模拟，并拍摄视频。

步骤四 导游小组成员一起对录制的视频进行剪辑，将制作完成的娱乐服务情景模拟视频提交。

项目评价

按照娱乐服务项目的评分标准进行自评、学生互评和教师评价，并进行加权（权重由教师设置，参考权重设置：自评10%、学生互评30%、教师评价60%）计算，评选出最佳“娱乐服务”导游小组，以及“最具风采”导游，教师可根据实际情况给予适当物质和精神奖励。

项目	要求	分值	得分
娱乐服务	工作环节是否全面有效，是否符合导游服务规范要求；注意事项提醒是否全面，角色分配是否全面得当，角色扮演是否定位准确，场景选择是否合适	40	
问题处理	设计的问题情景是否具有针对性，是否符合旅游团性质和特点，处理措施是否得当	30	
职业形象	导游形象是否职业化；服装和饰物、发型及头发修饰是否符合导游职业要求	10	
小组合作	任务分工是否合理明确，小组长是否发挥组织协调作用，小组成员是否积极参与，配合是否默契，合作是否有效，视频制作是否完整且具有视觉美感	20	
合计			

学习笔记

项目小结

娱乐活动可以丰富旅游活动的内容，参加各式娱乐活动最能满足游客身心放松和精神享受的心理诉求，因此导游要做好娱乐服务，使游客在娱乐中有所收获。为游客安排特色、新颖、有趣而且安全的娱乐项目是做好娱乐服务的关键，因此导游要仔细研究接待计划，分析游客在娱乐活动方面的需求特点，提前了解当地各种娱乐活动的特色和内容，妥善安排娱乐活动项目。在组织游客参加娱乐活动时，安全是首要前提。在参加娱乐活动之前，导游要向游客介绍娱乐活动的起源、特色、活动技巧、安全注意事项等内容，并且要全程陪同游客参加娱乐活动，及时解决活动中遇到的各种问题。

项目拓展

请对当地的特色娱乐活动（包括欣赏性和参与性的娱乐活动）进行现场调研，有条件的话可以参与体验，搜集相关的资料，整理成导游讲解词，并进行讲解，制作特色娱乐项目的讲解视频。

项目检测

扫描二维码检测项目学习情况。

学习笔记

项目八 购物服务

项目概述

在旅游活动的六要素中，游客购买旅游商品的消费潜力是可以无限挖掘的，旅游购物消费的弹性最大，据统计：在国际旅游总消费中，购物消费部分约占50%，因此购物是增加旅游目的地旅游收入的一条重要渠道，而在促进游客购物消费的过程中，导游的作用举足轻重。对于游客来说，每到一地，除参观游览景点、品尝特色风味外，都希望能购买一些特色商品以作纪念或馈赠亲友。如果没有恰当的购物安排，游客的购物欲望得不到满足，旅游活动是不圆满的。因此为游客提供好购物服务是导游义不容辞的责任和义务。本项目分为做好购物服务、处理购物问题两项任务，具体内容如图3-8所示。

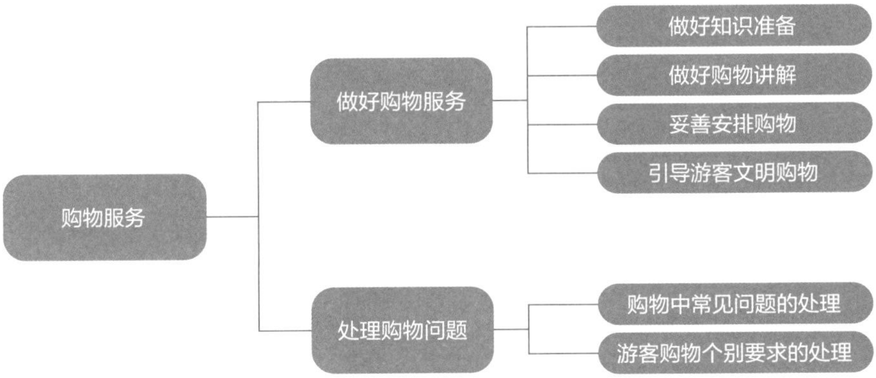

▲ 图3-8 购物服务

项目任务

购物服务成果展示比赛。导游小组按照旅游团接待计划，模拟进行购物项目服务。旅游团接待计划可分为教师度假团、亲子旅游团、中学生研学团、商务考察团、老年康养团、医护休养团等。具体要求如下。

（1）导游小组一起研讨，按照接待计划，根据旅游团特点，设计游客进行购物活动过程可能出现的问题，编写整个购物服务过程的情景模拟对话。

（2）导游小组协作，分配角色，模拟购物服务工作过程，完成购物服务情景模拟视频的拍摄与制作。

学习笔记

项目成果

购物服务情景模拟视频展示。

学习目标

素质目标	知识目标	能力目标
1. 通过购物服务情景模拟，培养认真细致的工作态度，树立规范化和精细化服务意识。 2. 通过角色扮演、角色互换、情景模拟，导游小组协作完成任务，树立责任担当意识、安全意识和质量意识，形成热爱劳动和自主学习的良好习惯。 3. 通过进行成果竞赛，培养精益求精的工匠精神和力争上游的竞争意识。	1. 掌握购物服务的工作流程和内容。 2. 熟知在购物服务中游客可能会提出的各种要求及出现的常见问题，并掌握处理措施。	1. 能够按照购物服务规范，完成购物服务工作。 2. 能够及时处理游客在购物过程中出现的问题。 3. 能够按照处理游客个别要求的原则，妥善处理在购物服务中游客提出的各种要求。

案例导入

北京的导游小金接待了一个来自上海的旅游团。该旅游团乘坐飞机来北京，小金从机场顺利地接到了旅游团，在从机场到市区一个多小时的时间里，小金一直不停地为游客讲解北京的风土人情，在讲到当地的风物特产时就穿插着介绍了北京的传统工艺品。在游客心目中，对北京的独特工艺品有了喜爱，有了一睹为快的感觉。比如讲景泰蓝，他完全是一种介绍北京的历史文化的态度，从它的创制到制作的奇异过程，包括一些历史上的传说故事，讲得绘声绘色，让游客简直恨不得马上一睹真容。

过了两天，游览完长城后回程的时候路过景泰蓝购物店，他先问游客："我们马上要经过景泰蓝厂的门市了，大家有没有兴趣看看？"因为他前两天讲得那么好，游客都极有兴趣，于是纷纷说去。下车以后他并不是急着让游客买，而是说："我带你们去开开

学习笔记

眼，见识见识景泰蓝中的珍宝，一个花瓶就要几十万元呢！”大家听了，觉得自己不可能买几十万元的东西，所以也不会被宰，开开眼谁不想啊，于是就纷纷跟着他进了商店。他一路上进去的时候会偶尔停下来，指着某件产品对大家说：“还记得我给你们讲过的掐丝工艺的讲究吗？看，这样的掐丝做得就不太好，一定是新手做的。看！旁边这件就比较好了。”众人都聚拢来纷纷议论、比较。然后他又指着另一件说：“看，这个花瓶上面这一块色彩很少见啊，大家都知道陶瓷釉彩烧制后会变色，有时会变出出乎意料的少见颜色，这一块就比较稀罕了，我来了这么多次都很少见到啊！”立即就有游客把这个小花瓶拿在手里跑去问价了。

他看到那些大妈大婶们在柜台间犹豫不定，就走过去说：“你们不要买太重的东西啦，路上拎得太辛苦，我带你们看些小东西。”然后他带她们到景泰蓝首饰柜台，那里有很小的鸡心挂件，一个才几元钱，哪个大婶不舍得花这几个钱给女儿孙女们带去一件小礼物呢？而她们一旦买开了手，常常就收不住的，接着就手镯啊，项链啊，头花啊，呼呼啦啦地买了一大堆。而一旦有人开买，其他人也就忍不住了，而且还相互比较价格，见对方某物买得便宜就立即拉着她去帮自己也照那个价钱买一件。到最后是导游小金拼命叫走，拉了这个，那个又回去了，在店里逗留了足足两个多小时，晚上回来吃饭都晚了，大家却很开心。

案例解读

购物作为旅游消费中的“无极限消费”，其伸缩性是非常大的。它除了与旅游商品本身吸引力的大小、商家的经营手段相关外，也与导游的促销有着密切的关系。对于导游来说，要使促销得力、富有成效，就必须了解商品的特色、性能、用途；必须了解游客的购物需求、动机；必须把握游客在购物过程中的心理活动，这三者缺一不可。本案例中的这位导游小金正是抓住了游客的购物心理，而且对景泰蓝的制作工艺、特色了解得非常清楚，同时他并不是纯粹的“导购”，而是做好了巧妙的铺垫，在接站途中就一直在讲解北京的风土人情，首先得到了游客的好感，又从介绍北京的风物特产的角度，巧妙地借题发挥，“随意”地提及景泰蓝，为之后的购物做铺垫，埋下伏笔，从而潜移默化地影响游客的购物需求，使得游客有购买景泰蓝的欲望；他对进店时间也是精心安排，是在赢得游客信任，而且是路过购物商店时才安排，看似“随意”，实则精心安排；在游客购物过程中，小金并不是急着让游客购买，而是先带领游客“开眼界”，同时介绍景泰蓝的工艺特点以及质量优劣的区别方法，取得了游客的信任，营造了非常愉悦的购物气氛，激发了游客的购物兴趣，使得游客既体会到了购物的乐趣，又了解了景泰蓝的特色，同时增加了北京景泰蓝商店和自己的收入。真是一举三得啊！这样的购物服务技巧值得我们借鉴。

学习笔记

案例思考

（1）你所在的当地有哪些具有地方特色的购物品？
（2）如何安排旅游团的购物活动，如何为游客提供购物服务？

任务1 做好购物服务

任务导入

每个导游小组根据旅游接待计划，安排好旅游团的购物活动，并做好购物服务工作。接待计划可根据导游小组数量设计不同类型，类型建议包含老年康养团、亲子团、研学团、教师团等。

任务思考

（1）针对不同团型、不同游客，在安排购物活动时需考虑哪些细节问题？
（2）如何做好购物服务？

任务学习

目前由于各方面的原因，旅游团的行程安排中，购物活动较多，使得游客对旅游购物“烦”了，甚至是“怕”了。为了避免游客对购物的“反感”，导游应严格按照《中华人民共和国旅游法》的规定来操作，根据接待计划规定的购物次数、购物场所和停留时间带领游客购物，不擅自增加购物次数和延长停留时间，更不得强迫游客购物。导游要正确

学习笔记

处理好参观游览活动与购物之间的关系，决不能因购物而影响在景区的游览活动。在向游客提供购物服务时，导游要遵循的服务原则是：既要让游客购物，更要让游客购物后称心满意；购物服务必须建立在游客“需要购物、愿意购物”的基础上。

一、做好知识准备

购物服务技巧

一般而言，当游客对导游的广博知识、敬业精神予以认可时，就会产生信任感。因此，要做好购物服务，首先就要全面掌握旅游地的商品知识，以便向游客介绍。

商品知识主要包括：商品的工艺特点、文化承载、性能价值以及品质鉴别方法等。

导游在平时要注意搜集学习旅游商品的基本知识，还可以到旅游定点商定反复听、学习导购人员对商品的介绍，观察游客的喜好，揣摩游客的购物心理，整理完善自己的购物讲解词。

想一想　你们所接待的旅游团对购物品有哪些需求？当地有特色的购物品有哪些，你知道它们的特点和鉴别方法吗？

二、做好购物讲解

购物讲解服务

介绍当地有特色、有知名度的旅游商品，是导游服务的一项重要内容，因此要做好购物讲解。

（一）要做好铺垫

地陪一般可以在沿途导游讲解时，在讲解当地风情中有意识地向游客介绍当地有特色的商品，也可以在讲解相关景点介绍当地特产，为安排购物做好必要的铺垫。不要为推销商品而讲解，更不应讲完就带游客购物，这样容易引起游客的误会和反感。

（二）突出文化内涵

许多地方特色产品都是经过多年历史文化传承下来的，融入了很多人文思想和艺术元素，因此在进行商品讲解时，要突出其文化内涵，满足游客的审美需求，而不是孤立地讲商品本身，更不能直接推销和兜售。

（三）讲解要客观真实

在讲解商品时，除了介绍商品的特色和优点外，还要实事求是地讲明商品的不足之处；同时还要适时地教给游客鉴别商品品质的方法，这样不仅不会影响游客的购物欲望，反而会赢得游客的信赖。

？想一想　针对接待的旅游团特点，如何做好购物讲解？

学习笔记

三、妥善安排购物

游客都希望在旅游时购买到当地有特色的、自己喜欢的工艺品。因此作为导游，要正确引导游客购物。

购物服务技巧

（一）安排合适购物时间

大多数游客旅游的首要目的是游览景点，因此决不能将购物安排为每天的第一项活动。一般来说，购物安排在游览结束之后，或安排在午饭前后或晚饭之前。同时还要注意，每次购物的时间安排不宜过长，一般控制在一个小时。

（二）提醒购物注意事项

（1）告知游客购物活动结束时间和购物结束后的集合地点，避免游客迟到、拖延而引发的不文明现象。

（2）提醒游客注意自己财物安全。

（3）购物时要遵守商业道德。

（4）购物时请商家开具发票或购物凭证。

（三）引导游客理性购物

一般而言，旅游购物品主要包括四类，一是旅游工艺品，如饰物、手编、民间工艺品等；二是旅游纪念品，如带有当地景观的小型纪念品，诸如泰山手杖、长城纪念章等；三是土特产品，如贵州茅台、云南白药、东北人参、苏杭丝绸等；四是旅游食品以及旅游日用品。导游要善于教会游客理性购物，避免上当受骗。

1. 告诉游客，购物的首要原则是“少买吃的，多买用的”

吃的东西，都有保质期，容易变质坏掉，而用的东西，大部分都能派上用场，尤其是纪念性的物品，时间过得越长，其价值越大，每每拿出，展示给友人，总能带来些欢娱。

2. 提醒游客，购物时应坚持“三要”

许多游客购物时都有“从众心理”，别人买样东西，也不管自己需不需要，喜不喜欢，一哄而起，就跟着买。在这种情况下，小商贩最易搞骗术，而游客也最易上当。所以，应建议游客做到“三要”：要买自己喜欢的物品，买东西一定要商家开“发票”，贵重物品一定要“保单”。

四、引导游客文明购物

（1）提醒游客理性、诚信消费，适度议价，善意待人，遵守契约。

学习笔记

（2）提醒游客遵守购物场所规范，保持购物场所秩序，不哄抢喧哗，试吃试用商品应征得同意，不随意占用购物场所非公共区域的休息座椅。

（3）提醒游客尊重购物场所购物数量限制。

任务检测

扫描二维码检测任务学习情况。

任务 2　处理购物问题

任务导入

每个导游小组分析所接待的旅游团及其游客的特点，设计在购物活动中可能会出现的问题以及游客可能会提出的要求，模拟情景，及时妥善处理。

任务思考

游客在进行购物活动时可能会出现哪些问题，又会提出哪些要求？导游面对这些问题和要求，应该怎样处理呢？

任务学习

购物是旅游活动的重要组成部分，导游在带领游客购物过程中，常常会出现各种各样的问题，游客也往往会提出各种各样的特殊要求，导游要不怕麻烦、不图私利，要根据具体情况灵活处置。

一、购物中常见问题的处理

（一）游客不愿参加购物

对于不愿参加购物活动的游客，导游要做出妥善安排，可以就近参观其他景点，或安排到环境较好的地点休息等候等。

（二）游客让帮忙讲价

对于游客让导游帮助讲价的情况，如果是在旅游定点商店购物，可以象征性上前帮助讲一讲价格；如果是在私人摊点或是自由购物时，应尽量回避，不要充当“好人”，否则往往会引起与商家的争执；也可以提前向游客说明，作为当地导游，不便帮助游客一起讲价，请大家一定货比三家，谨慎选购。

学习笔记

（三）游客让帮忙挑选商品

对于游客请导游帮忙挑选商品的情况，尤其是自己不熟悉的商品，不要轻易发表意见，以免引起不必要的误解，但可以就商品式样、种类等提供自己的见解。为避免出现这样的情况，要提前向游客交代清楚如何识别真假商品、劣质商品。

（四）游客与商贩发生争执

如果在购物时游客因讨价还价或还了价又不买等原因与商贩发生争执时，遇不到便罢，遇到了就不能袖手旁观，要尽量用温和的方式平息矛盾；如果商贩纠缠不休，严重时可请来管理人员协助解决；某些商贩固然素质低下，但游客的讨价还价，或者讲好价钱又突然变卦，往往是矛盾的导火线，因此应在购物前提醒游客遵守买卖惯例，看准了就买；如果没有购买的打算，就不要随意挑三拣四，讨价还价。

（五）购物场所存在问题

对于购物商店不按质论价、以次充好、销售伪劣商品和不提供标准服务的行为，地陪应向商店负责人反映，以维护游客的利益。事后还可向旅行社报告，通过旅行社进行交涉，以避免以后出现此类问题。

对于在景点游览中遇到小贩强拉强卖的情况，地陪有责任提醒游客不要上当受骗，不能放任不管。

想一想 你们接待的旅游团在购物时会遇到哪些问题？

二、游客购物个别要求的处理

（一）游客要求单独外出购物

游客要求在自由活动时间单独外出购物，导游要给予力所能及的帮助，当好购物参谋。如建议去哪家商场、联系出租车、写中文便条等。但是，在离开本地当天要劝阻，以防误机（车、船）。

（二）游客要求退换商品

当游客购物后发现是残次品、计价有误或对物品不满意，要求导游帮其退换，导游应积极协助，必要时陪同前往。

（三）游客要求再次前往某商店购物

游客欲购买某一商品，出于“货比三家”的考虑或对于商品价格、款式、颜色等犹豫不决，当时没有购买，后来经过考虑又决定购买，要

学习笔记

求地陪帮助。对于这种情况，地陪应热情帮助：如有时间可陪同前往，车费由游客自理；若因故不能陪同前往，可为游客写张中外文便条，写清商店地址及欲购商品的名称，请其自行乘出租车前往。

（四）游客要求购买古玩或仿古艺术品

游客希望购买古玩或仿古艺术品，导游应带其到文物商店购买，买妥物品后要提醒游客保存发票，不要将物品上的火漆印（如有的话）去掉，以便海关查验；游客如在地摊上选购古玩，导游应劝阻，并告知中国的有关规定；如果发现个别游客有走私文物的可疑行为，导游必须及时报告有关部门。

提示

中国政府禁止出境珍贵文物及其他禁止出境的文物。珍贵文物是指国家馆藏一、二、三级文物；其他禁止出境的文物，指有损国家荣誉、有碍民族团结、在政治上有不良影响的文物。

游客携带出境的文物（含已故现代著名书画家的作品），需经中国文化和旅游行政管理部门鉴定。游客携运文物出境时，必须向海关详细申报。对在境内商店购买的文物，海关凭中国文化和旅游部指定的文化行政管理部门钤盖的鉴定标志及文物外销发货票或开具的许可出口证明查验放行。对在境内通过其他途径得到的文物，海关凭中国文化行政管理部门加盖的鉴定标志及开具的出口许可证明查验放行；未经鉴定的文物不允许携带出境。携带文物出境不据实向海关申报的，海关将按规定处理。

（五）游客要求购买中药材

有些游客想买些中药材，并携带出境。导游应告知游客中国海关有关中药材规定（数量、品种、限量等）。游客携带中药材、中成药出境，前往国外的，总值限人民币300元；寄往国外的中药材、中成药，总值限人民币200元。游客携带中药材、中成药前往港澳地区的，总值限人民币150元；寄往港澳地区的，总值限人民币100元。进境游客出境时携带用外汇购买的、数量合理的自用中药材、中成药，海关凭有关发货票和外汇兑换证明放行。麝香、蟾蜍、虎骨、犀牛角、牛黄等，以及超出上述规定限值的中药材、中成药不准出境。

学习笔记

（六）游客要求代为托运物品

游客购买大件物品后，要求导游帮忙托运时，导游可告知外汇商店一般都经营托运业务；若商店无托运业务，导游要协助游客办理托运手续。

任务检测

扫描二维码检测任务学习情况。

项目实施

步骤一 导游小组一起研讨接待计划，可运用头脑风暴，充分考虑接待不同的旅游团型及来自不同地域的游客在安排购物活动时可能会出现的各种问题以及游客可能会提出的各种各样要求；根据游客的特点，设计购物过程中出现的问题，编写购物服务整个过程的情景模拟对话。

步骤二 按照购物服务情景模拟对话，确定购物服务工作环节所需要的各种角色，导游小组分配好角色，进行购物服务情景模拟演练，确保各环节有序衔接。

步骤三 选择合适的场所，导游小组合作进行购物服务情景模拟，并拍摄视频。

步骤四 导游小组成员一起对录制的视频进行剪辑，将制作完成的购物服务情景模拟视频提交。

项目评价

按照购物服务项目的评分标准进行自评、学生互评和教师评价，并进行加权（权重由教师设置，参考权重设置：自评10%、学生互评30%、教师评价60%）计算，评选出最佳“购物服务”导游小组，以及“最受欢迎”导游，教师可根据实际情况给予适当物质和精神奖励。

学习笔记

项目	要求	分值	得分
购物服务	工作环节是否全面有效，是否符合导游服务规范要求；注意事项提醒是否全面，角色分配是否全面得当，角色扮演是否定位准确，场景选择是否合适	40	
问题处理	设计的问题情景是否具有针对性，是否符合旅游团性质和特点，处理措施是否得当	30	
职业形象	导游形象是否职业化；服装和饰物、发型及头发修饰是否符合导游职业要求	10	
小组合作	任务分工是否合理明确，小组长是否发挥组织协调作用，小组成员是否积极参与，配合是否默契，合作是否有效，视频制作是否完整且具有视觉美感	20	
合计			

项目小结

购物活动作为旅游活动的六大要素之一，在整个旅游活动中有着非常重要的作用，不仅能够促进地方和国家旅游经济的发展，而且还能传承传统文化。导游在旅游购物促销中起着举足轻重的作用，因此导游要做好购物服务，使游客开心购物，快乐购物。导游要掌握当地旅游商品的相关知识，在充分分析游客在购物方面需求的前提下，安排和组织好旅游团的购物活动，用优质服务赢得游客的信任，善于营造轻松愉快的购物氛围，及时妥善处理好在购物过程中出现的各种问题以及游客提出的各种要求，使购物活动成为游客愉快的旅游经历。

项目拓展

请对当地的特色旅游商品进行现场调研，有条件的话可以参与体验，搜集相关的资料，整理成导游讲解词，并进行讲解，制作特色旅游商品的讲解视频。

项目检测

扫描二维码检测项目学习情况。

项目九 送团服务

学习笔记

项目概述

俗话说：“行百里者半九十”，导游服务的每个工作环节都不容忽视。送团是导游工作的尾声，如果说迎接时给游客的第一印象是重要的，那么送站给游客留下的最后印象则是深刻的、持久的。因此导游要以饱满的工作热情和良好的精神状态做好送团工作，让游客安全、顺利地离开，使整个旅游过程在游客心目中留下美好的印象。本项目分为送站服务、防范与处理送站问题、做好后续工作三项任务，具体内容如图3–9所示。

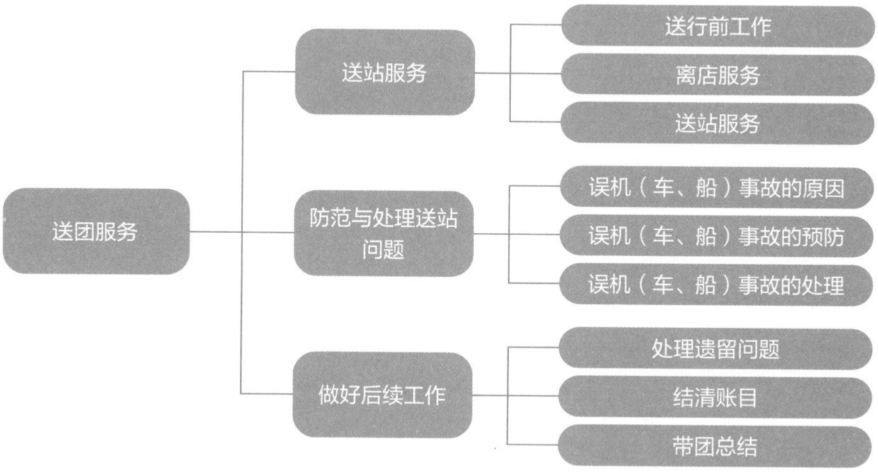

▲ 图3–9 送团服务

项目任务

送团服务成果展示比赛。导游小组按照旅游团接待计划，模拟进行送团服务。旅游团接待计划可分为几种不同类型：汽车团（自带车团）、火车团、飞机团；教师度假团、亲子旅游团、中学生研学团、商务考察团、老年康养团、医护休养团等。具体要求如下。

（1）导游小组一起研讨，按照接待计划，根据旅游团特点，设计送站过程可能出现的问题，编写整个送站过程的情景模拟对话。

（2）导游小组协作，分配角色，模拟送站整个工作过程，完成送站

学习笔记

服务情景模拟视频的拍摄与制作。

（3）导游小组一起研讨，分析旅游团的接待工作完成的情况，总结在带团过程中的收获与不足及其改进措施，撰写带团总结。

项目成果

（1）送站服务情景模拟视频展示。

（2）带团总结汇报。

学习目标

素质目标

1. 通过送站服务情景模拟和撰写带团总结，培养认真细致的工作态度，树立规范化和精细化服务意识。
2. 通过角色扮演、角色互换、情景模拟，导游小组协作完成任务，树立责任担当意识、安全意识和质量意识，形成热爱劳动和自主学习的良好习惯。
3. 通过进行成果竞赛，培养精益求精的工匠精神和力争上游的竞争意识。

知识目标

1. 掌握送站服务流程和每个工作环节内容。
2. 熟知送站过程中可能出现的问题，掌握误机（车）的预防与处理措施。
3. 掌握后续工作内容和带团总结的内容。
4. 掌握遗留问题的处理方法。

能力目标

1. 按照送站服务规范，完成送站服务工作。
2. 能够防范并及时妥善处理送站时出现的将成误机（车）和已成误机（车）事故。
3. 按照要求完成后续工作。
4. 能够处理好游客的遗留问题。
5. 能够撰写带团总结。

案例导入

西安的导游小胡接待了一个来自北京的一行28人的旅游团，该旅游团的“西安之旅”是四天三晚的行程，第四天乘坐16:30的航班返回北京。在结束第三天的参观游览活动后，导游小胡与全陪小赵商定了最后一天的日程安排：叫早时间、早餐时间、集合时间和出发时间等。返回酒店的途中，小胡除了回顾当天的旅游活动和进行沿途导游讲解之外，还对游客进行了提醒：最后一天的日程安排

学习笔记

及集合出发时间；返回酒店后，将个人的行李物品收拾好打包，有需要托运的行李事先整理好；在整理行李的时候，一定不要把个人的身份证件和贵重物品装在打包行李中，要随身携带，一定要保管好并带好身份证，并告知民航有关物品携带的规定；在酒店住宿期间有消费的，如使用了冰箱和吧台上的饮料和食品等、享受送餐服务或其他收费服务项目的，要在当天晚上与酒店前台结账，以免延误离店时间。旅游团回到酒店后，小胡到前台与酒店约定了第二天的叫早时间以及旅游团的退房时间。

旅游团离开西安的当天，小胡按时到达酒店，陪同游客用早餐，之后协助旅游团办理退房手续，退房手续办理完毕后，带领旅游团集合登车，并与司机一起协助游客将行李放入旅游车的行李舱。游客登车后，小胡并没有急于让司机开车出发，而是首先清点人数，确认所有游客都上车后，再次提醒游客检查随身携带的物品和证件是否带齐，并回想一下是否有遗落在酒店中的物品，在得到大家的一致回应后，示意司机开车，开始当天上午的参观游览活动，中餐安排在旅游景区附近的餐厅，距离机场大概一小时的车程。按照民航的规定，旅游团在14:30之前抵达机场就可以。小胡与司机商量从中餐地点去往机场的出发时间，多预留出半小时时间，商定13:00出发去往机场。

上午参观游览活动结束后，旅游团于12:00用午餐，午餐结束后，13:00带领游客集合登车，小胡还是照例清点人数，提醒游客检查身份证件和随身携带物品是否带齐，与游客确认后，请司机发车前往机场。在途中，小胡向游客进行了最后的沿途导游，请游客签署意见卡，并向游客致欢送词。旅游车抵达机场后，小胡先下车，在旅游车行李舱边协助游客取行李，待游客全部拿到自己的行李后，小胡和司机一起检查了车厢和行李舱中是否有游客遗落的东西。之后，小胡带领旅游团进入机场业务办理大厅，先让游客集中在一起休息等候，小胡和全陪小赵带着游客的机票和身份证件一起到航空公司的业务柜台办理集体登机手续。办理完登机手续后，他们回到游客休息的地方，由全陪小赵向游客分发机票、登机牌和身份证件，同时小胡告知办理行李托运的手续和地点，协助游客办理完行李托运事宜，并提醒游客保管好行李牌。待一切手续办理完成

学习笔记

后，小胡提醒大家要持机票、登机牌和身份证进行安检，游客依次进入安全检查区域，这时小胡与大家挥手告别。等所有游客均通过安检进入机场候机厅后，小胡才转身离开。

案例解读

本案例的地陪小胡在旅游团结束行程前后的工作非常认真细致，因此整个送站过程非常顺利，为游客的“西安之行”旅程画上了圆满的句号。送站是接待工作的尾声，也是游客完美旅程的最后环节。不管此前的旅游活动顺利与否，导游都要做到善始善终，防止虎头蛇尾。特别需要注意的是，送站时琐碎的事情很多，来不得半点马虎，否则便会出大问题。

案例思考

（1）如何在送团时给游客留下持久的良好印象？

（2）送站服务，有哪些工作环节，需要考虑哪些工作细节？

任务1　送站服务

任务导入

每个导游小组根据旅游接待计划，完成送站服务工作。

接待计划可根据导游小组数量设计不同类型，类型建议包含汽车团（自带车团）、飞机团、火车团、老年团、夏令营团、教师团等。

任务思考

（1）汽车团（自带车团）与火车团、飞机团送站时有哪些不同？

（2）送站时有哪些工作要做？

（3）针对不同团型，送站时可能会遇到哪些问题？

任务学习

如果说迎接是导游树立良好形象的开端，接待是保持良好形象的关键，那么送站则是游客对导游印象的加深。因此，导游应善始善终，通过优质服务，使游客安全顺利地离开，给游客留下深刻的良好印象，进一步提高游客的满意度。

学习笔记

一、送行前工作

送行前服务

（一）核实交通票据

（1）核实、确认交通票据一定要准确无误。

在旅游团离开本地的前一天，地陪要认真核实该团离开的交通票据（机票、车票或船票），核对团名、人数、全陪姓名、去向、航班或车次、起飞（开车、启航）时间。确认离站的交通港，即在哪个机场（车站、码头）离开，弄清启程的机场（车站、码头）的位置。

在核对交通票据出发的时间时，要做到四核实，即计划时间、时刻表时间、票面时间、问询时间的核实。

如果旅游团乘坐的航班、车次和时间有变更，地陪要问清旅行社有关部门是否已经通知下一站，以免造成漏接。

（2）了解本地和下一站次日的天气情况，以便向游客做适当的提示。

（3）如果旅游团是乘飞机离境，地陪除要核实机票的上述内容外，还应掌握该团机票的种类，并提醒领队和游客提前准备好海关申报单，以备海关查验。

想一想　你们接待的旅游团乘坐何种交通工具离开本地？是否需要交通票据？交通票据如何确认？

（二）商定出行李时间

（1）地陪应先了解旅行社行李员与饭店行李员交接行李的时间（或按旅行社规定的时间），然后与饭店礼宾部商定地陪、全陪、领队与饭店行李员四方交接行李的时间。

（2）在上述四方交接行李时间商定后，地陪再与领队、全陪一起商定游客出行李的时间，商定后再通知游客，并向其讲清有关行李托运的具体规定和注意事项（如不要将护照、贵重物品放在行李中）。

（3）普通旅游团不安排行李车，游客行李随车运送，地陪通知游客出发时间时一并提醒游客带上行李即可。

想一想　在我国乘坐火车、飞机时，对于行李物品，应该注意哪些问题？

学习笔记

提示

我国航空公司有关携带物品的规定

乘坐飞机时携带物品的规定主要包括六个方面：一是可以随身携带的物品。二是禁止随身携带的物品。三是不准随身携带但可以作为行李托运的物品。四是不准在交运行李中夹带的物品。五是禁止随身携带也不得在交运行李中夹带的物品。六是关于行李的规定。

1. 随身携带的物品

乘坐飞机时，每位游客随身携带的物品以5千克为限。持头等舱客票的游客，每人可随身携带两件物品；持公务舱或经济舱客票的游客，每人只能随身携带一件物品。每件随身携带物品的体积均不得超过20厘米×40厘米×55厘米。超过上述重量、件数或体积限制的随身携带物品，应作为托运行李托运。

此外，乘坐从中国境内机场始发的国际、地区航班的游客，其携带的液体物品（一般是护肤类用品），每件容器不超过100毫升，盛放液体的容器应置于最大容积不超过1升的、可重新封口的透明塑料袋中。额定能量不超过100瓦特小时的充电宝可以携带上飞机，超过100瓦特小时但不超过160瓦特小时的，需经航空公司批准后方可携带。

2. 禁止随身携带的物品

主要包括三类：一是武器、利器和凶器。二是液体物品，包括液体、凝胶、气溶胶等，常用的眼药水、口红、牙膏、发胶等物品均在受限范围内。三是电子产品，未标明相关技术参数的充电宝、未关闭的手机、电脑等物品及强磁物品等都不得携带，手机和电脑必须关机才能随身携带。

3. 不准随身携带但可以作为行李托运的物品

主要是一些刀具类的，因为这些可用于危害航空安全，包括四种：一是生活用刀，如菜刀、大剪刀、大水果刀、剃刀等。二是专用刀具，如手术刀、屠宰刀、雕刻刀等。三是文艺单位表演用具，如刀、矛、剑、戟等。四是其他锐器、钝器，如斧、凿、锤、锥、加重或有尖头的手杖、铁头登山杖等。

4. 不准在交运行李中夹带的物品

主要是一些重要资料、贵重物品及货币及易碎易腐物品。包括重要文件和资料、外交信袋、证券、货币、汇票、贵重物品、

学习笔记

易碎易腐物品，以及其他需要专人照管的物品。

5. 禁止随身携带也不得在交运行李中夹带的物品

主要是一些危险易燃易爆物品，包括：打火机和火柴；易燃、易爆、腐蚀、有毒、放射性物品、可聚合物质、磁性物质及其他危险物品。

6. 关于行李的规定

中国民航关于行李的规定中，主要涉及免费行李额和行李赔偿。

（1）免费行李额：根据购买的机票的不同舱位，每位游客的免费行李额不同，持成人票或儿童票的头等舱游客为40千克，公务舱游客为30千克，经济舱游客为20千克。持婴儿票的游客，无免费行李额。同行游客的免费行李额可合并计算。

（2）行李赔偿：根据《中国民航旅客、行李国内运输规则》规定，托运行李被损坏或丢失，赔偿金额应低于100元人民币/千克；如行李价值不足100元人民币/千克，则根据行李的实际价值赔偿。

（三）商定集合出发时间

由于司机对路况比较熟悉，因此出发时间一般由地陪首先与司机来商定。

地陪首先要告知司机，旅游团所乘交通工具的种类，是火车还是飞机，说明具体的航班、车次、离站地点，说明是国内航班还是国际航班出境，然后，与司机商定出发时间。为了安排得更合理，地陪还应与领队、全陪商议，商定后要及时通知游客。

（四）商定叫早和早餐时间

商定完集合出发时间后，地陪再与领队、全陪商定叫早、早餐时间和离店时间，确定后及时通知游客；同时还要将旅游团的离店时间及时通知酒店有关部门。

如果旅游团是乘坐早班飞机或火车离开，需要改变用餐时间（早于餐厅营业时间）、地点（车上就餐）和方式（如带盒饭等），地陪要提前做好相应安排。

想一想 你们接待的旅游团什么时候离开，是否需要改变用餐时间？

学习笔记

（五）提醒结账

（1）旅游团离店前，地陪要提醒、督促游客尽早与饭店结清其有关账目，如洗衣费、长途电话费、食品饮料费等。

（2）地陪还要提醒饭店前台及时与游客结清账目。

（六）及时归还证件

一般情况下，地陪不应保管旅游团的证件，用完后应立即归还游客或领队。尽管如此，离店前一天，地陪还是应检查自己的物品，看是否保留有游客的证件、票据等，如有应立即归还，当面点清。

旅游团离开时若有旅行社的负责人来送行，地陪应向领队、全陪和游客作介绍，并认真做好欢送的具体组织工作。

二、离店服务

离店服务

（一）集中交运行李

如果旅游团配备了行李车，旅游团的行李集中后，地陪要按商定好的时间与领队、全陪和饭店行李员共同确认托运的行李件数，并检查行李箱、包是否上锁、捆扎是否牢固、是否破损等，然后交给行李员，填写行李交运卡。其间也需要请游客核实自己的行李。

（二）办理退房手续

处理退房问题

游客弄脏房间物品

旅游团离开饭店前，地陪可将游客的房卡（钥匙）收齐交到饭店总服务台（也可由游客自交），并及时办理退房手续（或通知有关人员办理）。

若游客损坏了客房设备，地陪应协助饭店妥善处理赔偿事宜。

在办理退房手续时，要认真核对旅游团的用房数，无误后按规定结账签字。

地陪要注意饭店客房住宿结算时间的规定（《中国旅游饭店行业规范》规定：饭店应在前厅显著位置明示客房价格和住宿时间结算方法），避免出现未按时退房的情况。

想一想 退房时可能会遇到哪些问题，应该如何处理？

学习笔记

（三）集合登车

1. 提醒注意事项

出发前，地陪应询问游客是否结清了饭店的账目；提醒游客是否有物品遗落在饭店；请游客将房卡交到总服务台（房卡由游客自行交予饭店的情况）。

2. 引领游客登车

游客上车后，地陪要协助他们放好随身行李，待他们入座后，地陪要仔细清点实到人数。游客全部到齐后，还要再次提醒游客检查一下包括证件在内的随身携带的物品，若无遗漏则请司机开车离开饭店。

三、送站服务

送行服务

（一）致欢送词

在旅游车至机场（车站、码头）的途中，如果路途时间较长，地陪可以先与游客进行交流或对沿途景物进行导游讲解。在快到交通港时（也可在机场、车站、码头），地陪要致欢送词。欢送词是对导游服务的总结，是给游客留下的最后印象，也是导游服务最后的篇章。

1. 欢送词的内容

欢送词一般包括如下五项内容。

（1）回顾行程　地陪要对旅游团在当地的旅游活动进行一个概要性的回顾，包括自然及人文景观的游览、当地美食的品尝、特色娱乐活动的欣赏和当地风情的领略，使游客感到“游有所值”，加深游客对本次旅游经历的体验。

（2）感谢语　对游客以及领队、全陪和司机合作表示感谢。

（3）惜别语　表达友谊和惜别之情，地陪应诚恳地表示出对游客的留恋之意，加深与游客的感情。

（4）征求意见语　诚恳地征询游客对接待工作的意见和建议，若旅游活动中有不尽如人意之处，可借此机会向游客表示真诚的歉意。

（5）祝愿语　表达美好的祝愿，期盼重逢，欢迎游客再次光临。

2. 致欢送词的技巧

如果说欢迎词要给游客留下良好的第一印象，那么欢送词则是要给游客留下永久的怀念和美好的回忆，这就需要掌握致欢送词的技巧。

致欢送词技巧

（1）善于表达友谊之情。

学习笔记

欢送词范例1

各位朋友，虽然舍不得，但还是不得不说再见了。感谢大家几天来对我工作的配合和给予我的支持和帮助。我自认是一个有责任心的人，但是在这次旅游过程中，还是有很多地方做得不到位……不用一一列举了。大家不但理解我而且还十分支持我的工作，就是这些点点滴滴的小事让我感动。也许我不是最好的导游，但是大家却是我遇见最好的客人，能和最好的客人一起度过这难忘的几天是我导游生涯中最大的收获。作为一个导游，虽然走的都是一些自己已经熟得不能再熟的景点，不过每次带不同的客人却能让我有不同的感受。在和大家初次见面的时候我曾说，相识即是缘，我们能同车而行即是修来的缘分；而现在我觉得不仅仅是所谓的缘了，而是一种幸运，能为最好的游客做导游是我的幸运。

我由衷地感谢大家对我的支持和配合。其实能和大家达成这种默契真的很不容易。大家出来旅游，收获的是开心和快乐；而我作为导游带团，收获的则是友情和经历。我想这次我们都可以说是收获颇丰吧。也许大家登上高铁之后，我们以后很难会有再见面的机会，不过我希望大家回去以后在和自己的亲朋好友回忆自己的秦皇岛之行的时候，除了描述山海关长城如何雄伟壮观、北戴河海滨如何婀娜俊美之余，不要忘了加上一句，在秦皇岛有一个导游小范，那是我的朋友！最后，预祝大家旅途愉快，以后若有机会，再来秦皇岛会会您的朋友！

这段欢送词用一个“缘”字加深了游客与导游之间的感情，真诚地表达了与游客的友谊之情。

（2）道出依依惜别之情。

一段感人、煽情的欢送词会给游客留下深刻的回忆，会对已游览过的景点和一起相处过的导游倍感留恋。

学习笔记

欢送词范例2

各位团友，大家在秦皇岛的行程即将结束，在这五天时间里，各位从东到西、从北到南对秦皇岛的景观进行了游览。五天的时间说长不长，说短也不短，我们和睦融洽地相处，让我忘记了自己是一个工作人员，在不知不觉中我既完成了导游任务，又获得了轻松愉快的体验。直到要送走大家的这一刻，我才发现，心中真的有许多眷恋。我会记着各位，记着我们这个团五天的快乐时光，匆匆相聚又匆匆离别是人生的常态。但我相信，在不久的将来，我们还会重逢在秦皇岛这片美丽的土地上，重温友谊的温馨和惬意。最后，再次感谢这些天来大家的合作，祝大家永远健康、开心！

（3）显现风趣和幽默。

欢送词范例3

朋友们，时间过得真快呀！短短三天时间已经过去了。各位在秦皇岛不仅游览参观了风景名胜，而且还购买了不少土特产，真可谓收获多多啊！大家即将离开秦皇岛，相信秦皇岛之旅会给各位朋友增添一段新的回忆。其实秦皇岛留给我们大家一样非常令人难忘的东西，它不在我们的包里和口袋里，而在我们身上，请大家想一想，它是什么？它就是我们秦皇岛的阳光将大家晒黑了的皮肤，而大家留下了热情，留下了欢声笑语，却把秦皇岛的夏天给带走了。最后，预祝各位朋友们在今后的人生旅途中万事顺意，前程无量！

这段欢送词巧妙地显现出风趣和幽默，让游客笑着踏上回家的路。

（4）抒发真情实感。

欢送词范例4

各位嘉宾：我们的旅游车已经行驶在去机场的路上，透过车窗我们可以看到，北戴河的天空又下起了雨。1000多年前唐朝诗人王维在《送元二使安西/渭城曲》中写道：“渭城朝雨浥轻尘，

学习笔记

客舍青青柳色新，劝君更尽一杯酒，西出阳关无故人”。

今天，我们也将要在雨中分别了，不同的是，王维送的人要西出阳关，没有故人，而大家却要飞回家乡，去见亲人。也许雨还是当年的雨，北戴河人常说：“下雨天留客天”。我们北戴河人的习俗，但凡下雨的时候，是不放客人走的，一来下雨路滑，客人走路不方便；再者下雨无事，正是陪客的好时候。但是由于行程的安排，我们不得不违反这一民俗，在此相送。但我相信，北戴河的美景永远常在，我们之间的友情更会长存！

好了，各位嘉宾，我们的旅游车马上到达北戴河机场，几天前我们在这里开始启程，今天我们又回到了起点。“悄悄的我走了，正如我悄悄的来，我挥一挥衣袖，不带走一片云彩”最后就让我用徐志摩的这首诗来送别大家吧！预祝大家一路平安！归途愉快！

这段欢送词借用诗词，提升了文化品位，抒发了与游客之间的真情实感。

（二）征询意见

致完欢送词，地陪要诚恳征求游客对游程的意见和建议，可将“旅游服务质量评价意见表”发给游客，请他们现场填写，在游客填写完毕后如数收回并妥善保留，同时对游客的配合表示感谢。游客还可以通过在线平台评价旅游服务质量。

（三）提前到达交通港

（1）地陪带团到达机场（车站、码头）必须留出充裕的时间。按照要求，出境航班提前3小时或按航空公司规定的时间；乘国内航班提前2小时；乘火车、轮船提前1小时。

（2）旅游车到达机场（车站、码头）后，地陪要在游客下车时提醒他们带齐随身行李物品，并照顾游客下车；等游客全部下车后，要再检查一下车内有无游客遗落的物品。

（3）由于交通港人多混杂，因此地陪还要格外提醒游客注意钱物安全，背包全部挪在胸前，不要与陌生人搭话，不要接受陌生人递过来的东西，不要在广场附近随便购买东西以防被骗。

（四）协助办理离站手续

目前大多数旅游团都是行李随旅游车同载，下车后地陪要提醒游客拿取各自的所有行李物品，带领游客进入机场（车站、码头）的大厅等候。并与司机约好之后的会合时间和地点，然后办理离站手续。

学习笔记

地陪如果有提前取好的票据，清点无误后交给全陪（无全陪的旅游团交给领队），并请其清点核实。如果没有提前办理票据，地陪可协助游客持有效证件办理取票或登机手续。

提示

我国国内航班乘机流程

可通过机场柜台或机场“电子客票自助值机”服务，办理登机手续。

国内航班乘机流程：抵达机场确认航站楼—确认航空公司办票柜台—在规定的时限内凭本人有效身份证件在值机柜台领取登机牌、托运行李—凭相关身份证件、登机牌，携带随身物品通过安检—根据登机牌标示的登机口到相应候机区休息候机—登机。无托运行李的游客只需到自助值机机柜—通过读卡机读取证件信息—进入自助值机系统—根据系统提示完成换发登机牌手续—取得登机牌—前往安检。

航空公司值机柜台停止办理乘机手续的时间：国内航班一般为航班离站时间前30分钟，国际航班为40分钟。

自2019年9月15日起，全国203家机场已开通“民航临时乘机证明”系统，乘客若忘记携带身份证，可在微信小程序中搜索点击“民航临时乘机证明”，即可获得电子防伪二维码，凭此二维码可以办理值机手续并接受安检。该二维码有效期为15天，若超过15天可再申办一次，不收取任何费用。

送国内航班（火车、轮船）时，地陪应协助办理离站手续；送出境旅游团时，地陪应在核实行李后，将行李交给每位游客，由游客自己办理行李托运手续，必要时可协助游客办理购物退税手续，并向领队或游客介绍办理出境手续的程序，将旅游团送往安检区。

如果旅游团有行李车运送行李，到达后地陪应立即与旅行社行李员取得联系，将其交来的交通票据和行李托运单或行李卡逐一点清、核实无误后，交给全陪或领队，请其当面清点核实。

当游客进入安检区后，地陪应热情地与他们告别，并祝一路平安。

旅游团进入安检区后，地陪方可离开。

学习笔记

提示

我国离境退税的相关规定

2011年1月1日，海南省正式实施境外旅客购物离境退税试点政策。2015年国家税务局发布了《境外旅客购物离境退税管理办法（试行）》。该办法规定了以下内容。

1. 退税的对象

在我国连续居住不超过183天的外国人和港澳台同胞。

2. 退税的物品

共21个大类324种，包括服装、鞋帽、化妆品、钟表、首饰、电器、医疗保健及美容器材、厨卫用具、家具、空调、电冰箱、洗衣设备、电视机、摄影摄像设备、计算机、自行车、文具、体育用品等。但不包括《中华人民共和国禁止、限制进出境物品表》所列的禁止、限制出境的物品，如食品、饮料、水果、烟、酒、汽车、摩托车等。

3. 退税条件

（1）在退税定点商店购买退税物品，购物金额达到起退点（500元），并且按规定取得退税申请单（凭购买退税物品的增值税普通发票向退税商店索取）等退税凭证。

（2）在离境口岸办理离境手续，离境前退税物品尚未启用或消费。

（3）离境日距退税物品购买日不超过90天。

（4）所购退税物品由境外旅客本人随身携带或托运出境。

（5）所购退税物品经海关验核并在退税申请单上签章。

（6）在指定的退税代理机构办理退税。

4. 退税率

退税率为11%，但退税机构要收取2%的手续费，旅客应得的退税金额为商品价格的9%。

5. 退税币种

退税币种为人民币。退税金额超过10000人民币的，退税代理机构将以银行转账方式退税；退税金额未超过10000人民币的，退税代理机构可以采用现金退税或银行转账方式退税，由境外旅客

学习笔记

自行选择。

6. 退税流程

（1）托运行李包括退税物品：离境退税商店购买商品—索取离境退税申请单—航空公司乘机手续、办理海关退税物品验核并托运行李—联检手续—退税机构退税。

（2）随身携带退税物品：离境退税商店购买商品—索取离境退税申请单—航空公司乘机手续办理、联检手续—海关退税物品验核—退税机构退税。

7. 享有退税政策的省市

目前我国批准实施境外旅客购物离境退税政策的省、自治区、直辖市有23个。包括甘肃、湖南、海南、北京、上海、天津、辽宁、安徽、福建、四川、江苏、陕西、云南、黑龙江、山东、广东、新疆、河南、宁夏、重庆、河北、广西、江西。

（五）与司机结账

送走旅游团后，地陪应按旅行社的约定与司机办理结账手续，或在用车单据上签字，并妥善保留好单据。

任务检测

扫描二维码检测任务学习情况。

任务 2　防范与处理送站问题

任务导入

每个导游小组分析接待计划中团型的特点，设计在送站过程中可能会出现的各种各样问题，并及时处理。

任务思考

（1）乘坐不同交通工具离站，在送站时可能会出现哪些问题？

（2）如何预防与处理送站时出现的问题？

学习笔记

任务学习

导游在送站时，可能会由于各种原因，导致误机（车、船）事故。误机（车、船）事故是指旅游团没有乘坐原定航班或车次离开本站而导致游客滞留。误机（车、船）会带来一系列严重后果，不仅会给旅行社带来重大的经济损失和在社会上的负面影响，而且还会影响游客的工作及生活安排。误机（车、船）事故若处理不好，很容易引发游客抱怨甚至发生投诉，进而影响旅行社的声誉。因此导游必须以高度负责的态度，严防此类事故发生。

一、误机（车、船）事故的原因

防范及处理误机误车

（一）导游工作上的差错和不负责任造成的

（1）如安排日程不当或过紧，没能按时抵达机场（车站、码头）。

（2）没有认真核实票据，将时间或地点搞错。

（二）游客或其他原因造成的

游客走失或游客没有按安排时间准时集合及其他意外事件（如交通事故、天气变化、自然灾害等）所造成的。

二、误机（车、船）事故的预防

误机（车、船）带来的后果严重，杜绝此类事故的发生关键在预防，地陪应做到以下五点。

（1）认真核实机（车、船）票的班次（车次、船次）、日期、时间及在哪个机场（车站、码头）乘机（车、船）等。

（2）如果票据未落实，带团期间应随时与接待社有关人员保持联系。没有行李车的旅游团在拿到票据核实无误后，地陪应立即将其交到全陪或游客手中。

（3）离开当天不要安排旅游团到地域复杂、偏远的景点参观游览，不要安排自由活动。

（4）留有充足的时间去机场、车站、码头，要考虑到交通堵塞或突发事件等因素。

（5）保证按规定的时间到达机场、车站或码头。乘国内航班提前两个小时到达机场；乘国际航班出境，提前三个小时到达机场；乘火车或轮船提前一个小时到达火车站或码头。

学习笔记

三、误机（车、船）事故的处理

（一）将成事故的应急措施

将成误机事故的处理

旅游团正在去往机场（车站、码头），将成误机（车、船）事故时，导游应采取如下应急措施。

（1）与机场取得联系，请求等候，讲明旅游团的名称、人数，现在何处，大约何时能够抵达机场。

（2）如取得同意，导游要立即组织游客尽快赶赴机场，同时向旅行社汇报情况，请求帮助协调。

（3）还需要向各个有关部门、有关人员（如海关、交通车队、行李员、旅游车司机等）讲清游客误机情况和补救办法，并说明请求协助的事项。

想一想　送站时，如果遇到交通事故或严重堵车，应该如何处理？

（二）已成事故的处理办法

（1）地陪应立即向旅行社领导及有关部门报告并请求协助。

（2）地陪和旅行社尽快与机场（车站、码头）联系，争取让游客乘最近班次的交通工具离开本站，或采取包机（车厢、船）或改乘其他交通工具前往下一站。

（3）稳定旅游团（者）的情绪，安排好在当地滞留期间的食宿、游览等事宜。

（4）及时通知下一站，对日程做相应的调整。

（5）向旅游团（者）赔礼道歉。

（6）写出事故报告，查清事故的原因和责任，责任者应承担经济损失并受相应的处分。

任务检测

扫描二维码检测任务学习情况。

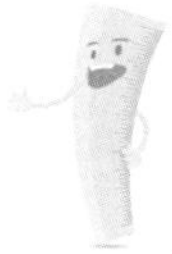

学习笔记

任务3 做好后续工作

任务导入

每个导游小组完成带团工作后，整理带团记录，做好后续工作，并撰写带团总结。

任务思考

（1）送走旅游团后，导游还有哪些工作要做？

（2）旅游团走后，还会有哪些遗留问题？

（3）如何撰写带团总结？

任务学习

送走游客后，并不意味着导游工作的结束，地陪还需要做好善后服务以及旅行社要求的带团结束后的有关工作。前者关系地陪的接待工作是否有始有终，后者则涉及地陪对旅行社交付的工作是否圆满完成。

地陪后续工作实例

秦皇岛的导游小宋于7月18日至20日接待了一行24人来自上海的旅游团。20日小宋顺利送完团后，与旅行社计调约定21日上午八点半到旅行社报账及做相关后续工作。

小宋来到旅行社后，微笑地和旅行社的工作人员打招呼，然后走到操作该团队的计调身旁，坐下后先把接团前从计调手里拿到的派团单、费用清单、景区参观游览买门票时景区返给旅行社的景区签单回执以及游客填写好的“秦皇岛市旅游服务质量游客意见表”等交给计调，再从计调手里接过报账详单和贴票条。小宋在计调翻阅“游客意见表”的时候，同时向计调进行口头汇报。计调看见游客填写的意见都对小宋大加赞赏，就对小宋夸赞了几句。小宋汇报完工作后，开始填写报账详单，填写完毕签上自己的名字后再拿出相关的票据按照房费、餐费、车费、门票、杂费分类按要求粘贴好，再一起交给计调审核。计调审核确认报账详单和所有费用票据均无误后，小宋微笑地与计调及其他工作人员道别，离开旅行社。

学习笔记

回到家后，小宋拿出工作日志，找到全陪和旅游团团长的微信和电话，给他们发短信问候，感谢他们这两天对自己工作的支持，并期待能够重逢。之后，小宋就开始整理这个旅游团的带团记录，撰写带团的工作总结。先是写上日期、地接社、操作团队的计调、具体行程、团队等级标准、客源地、游客人数、全陪和游客领队还有主要游客的名字及电话号码。再是进行总结，写自己的心得体会，从这次带团的过程中学到了什么，哪些地方做得不错，以后要继续发扬；哪些地方做得不够，以后要改进，绝不能犯同样的错误。

一、处理遗留问题

地陪下团后，应认真、妥善地处理好旅游团的遗留问题，按有关规定办理游客托办的事宜，如游客遗忘物品、伤病游客滞留、游客委托购买或转交物品、投诉等，地陪要以高度的责任心按有关规定和旅行社领导的指示妥善处理好这些遗留问题。

（一）游客要求延长旅游的处理

1. 由于某种原因中途退团，但本人继续在当地逗留需延长旅游期

对无论何种原因中途退团并要求延长在当地旅游期限的游客，导游应帮其办理一切相关手续。对那些因伤病住院，不得不退团并需延长在当地居留时间的游客，除了办理相关手续外，还应前往医院探视，并协助解决患者或其陪伴家属在生活上的困难。

2. 不随团离开或出境

旅游团的游览活动结束后，由于某种原因，游客不随团离开或出境，要求延长逗留期限，地陪应酌情处理。

（1）不需办理延长签证　如果不需要办理延长签证的，一般可满足其要求。

（2）需要办理延长签证　无特殊原因游客要求延长签证，原则上应婉拒；若确有特殊原因需要留下但需办理签证延期的，地陪应请示旅行社领导，向其提供必要的帮助。

（3）办理延长签证的手续　先到旅行社开证明，然后陪同游客持旅行社的证明、护照及集体签证到出入境管理部门，办理分离签证手续和延长签证手续，费用自理。

学习笔记

（4）继续提供服务工作　如果离团后继续留下的游客需要帮助，一般可帮其做以下工作：协助其重新订妥航班、机票或火车票、饭店等，并向其讲明所需费用自理；如其要求继续提供导游或其他服务，则应与接待社另签合同。离团后的一切费用均由游客自理。

（二）游客要求代为购物并托运

游客欲购买某一商品，但当时无货，请导游代为购买并托运，对游客的这类要求，导游一般应婉拒；实在推托不掉时，导游要请示领导，一旦接受了游客的委托，导游应在领导指示下认真办理委托事宜：收取足够的钱款（余额在事后由旅行社退还委托者），发票、托运单及托运费收据寄给委托人，旅行社保存复印件以备查验。

（三）游客因伤病滞留

游客在旅游期间因伤病滞留，不能随团继续赴其他地区旅游或出境时，地陪要不时去医院探望，帮助解决生活上的困难；如果是入境游客，还需要帮助患者办理分离签证、延期签证以及出院、回国手续及交通票证等事宜。如患者没钱看病，请领队或组团社与境外旅行社、其家人或保险公司联系，解决其费用问题。患者在离团住院期间未享受的综合服务费，由组团社与接待社之间结算后，按协议规定处理。

二、结清账目

送走旅游团后，地陪要按照旅行社的具体要求，在规定的时间内尽快结清相关账目。

（一）填写报账单

根据带团过程中的开支情况仔细填写旅行社的报账单，按门票、餐费、房费、交通费、杂费分门别类地整理各种票据，整齐地粘贴在报账单上，将车队、酒店、餐厅的签单凭证，交旅行社计调，计调会同营销人员审核签字认可后，交旅行社领导审批签字后，交旅行社财务部门报账和备案。在报账单中，地陪应填写以下内容：开支项目、开支地点、开支时间、开支金额。如果在带团过程中发生了意外开支，要详细注明增加费用的原因及处理过程。

（二）上交各种表单

将“旅游服务质量评价意见表”及相关的各种单据、接待计划、活动日程表等上交给旅行社相关人员，并及时归还在旅行社所借的物品。

三、带团总结

学习笔记

（一）整理相关记录

下团后，导游要养成一个好习惯，那就是把旅游团的具体接待情况、是非得失详细整理一下，以便日后提高工作效率和服务质量，也便于旅行社日后对该行程的设计及接待。带团记录通常包括以下六项内容。

（1）旅行社名称、人数、抵离时间、全程路线。

（2）旅游团成员基本情况、背景、活动中的表现特点及兴趣。

（3）旅游团内重点人物的反应。

（4）接待社住宿、餐饮、游览车的落实情况。

（5）行程中有无意外、失误发生及处理情况。

（6）如有重大事件发生，如死亡、重伤或者是涉外事件，一定要把详细细节、各种证明资料及主要人物的身份记录得清清楚楚，以备检查。

（二）写好带团总结

带团总结是导游在接待工作结束后，对每一次带团经历的一个自我整理、归纳的过程，实际上也是一个工作体会。地陪要认真总结经验和教训，不断完善自己。带团总结的基本内容包括。

（1）主要开展的服务工作，游客对各方面接待服务的反映，要力求准确真实，实事求是地说明本地带团的基本情况。

（2）仔细回忆整个接待过程中的每一个环节，哪些地方做得很好，得到游客的认可和好评。

（3）仔细回忆对游客服务的每一个细节，哪些地方做得欠缺，处理方法和说话方式有待改进，哪些地方说得模糊不清，回答问题不够准确，甚至根本回答不上来，然后根据这些情况有针对性地补充知识。

（4）对于自身原因导致的带团中出现的问题，要认真思考，积极调整，总结提高；涉及相关接待单位的，如餐厅、饭店、车队等方面的意见，地陪要主动说明真实情况，由旅行社有关部门向这些单位转达游客的意见或谢意。

（5）涉及一些严重、意见较大的问题时，地陪要整理成书面材料，内容要翔实，尽量引用游客原话，并注明游客的身份，以便旅行社有关部门和相关单位进行交涉。

（6）若发生重大事故，应实事求是地写出事故报告，及时向接待社和组团社汇报。

学习笔记

总之，一个好学上进的导游应该善于积累和总结，不断更新知识和补充有关服务技巧和各种知识，才能百尺竿头，更进一步，不断提高工作效率和服务质量。

任务检测

扫描二维码检测任务学习情况。

项目实施

步骤一 导游小组一起研讨接待计划，可运用头脑风暴，充分考虑火车站和飞机场送站过程中可能会出现的各种问题；根据旅游团特点，设计送站过程中出现的问题，编写送站服务整个过程的情景模拟对话。

步骤二 按照送站情景模拟对话，确定送站服务工作环节所需要的各种角色，导游小组分配好角色，进行送站服务模拟演练；选择合适的场所模拟进行送站服务整个工作过程，同时拍摄视频，最后剪辑制作完成送站服务情景模拟视频。

步骤三 导游小组一起整理带团记录，全面分析小组在完成带团任务，尤其是带团过程中出现的各种各样问题及其解决方法是否及时合理。

步骤四 导游小组每个成员分别撰写带团总结，说明在完成小组带团任务过程中自己所做的工作，扮演的角色及其收获与不足。

步骤五 导游小组对每个成员的总结进行汇总与整合，完成小组带团总结。

步骤六 导游小组将送站服务情景模拟视频和带团总结上传至平台。

项目评价

按照送团服务项目的评分标准进行自评、学生互评和教师评价，并进行加权（权重由教师设置，参考权重设置：自评10%、学生互评30%、教师评价60%）计算，评选出最佳“送站服务”导游小组，以及“最佳服务”导游，教师可根据实际情况给予适当物质和精神奖励。

项目	要求	分值	得分
送站服务	工作环节是否全面有效，是否符合规范和旅游团实际情况；欢送词是否感情真挚，设计的问题情景是否符合工作实际，是否符合旅游团性质和特点，处理措施是否妥当；角色分配是否全面得当，角色扮演是否定位恰当，场景选择是否合适	40	
带团总结	内容是否完整，要点是否全面清晰，总结是否具有针对性，收获和不足是否具体到位，对导游服务工作认识是否深刻	30	
职业形象	导游形象是否职业化；服装和饰物、发型及头发修饰是否符合导游职业要求	10	
小组合作	任务分工是否合理明确，小组成员是否积极参与，小组长是否发挥组织协调作用，合作是否有效，视频制作是否完整且具有视觉美感	20	
合计			

学习笔记

项目小结

送团服务是保证旅游活动圆满结束的重要环节，导游应严格按照送团导游服务规范做好各项工作。首先，要掌握火车、飞机等交通工具对行李的相关规定。其次，充分分析旅游团的特点，做好各种问题与事故的预案，按照规范程序做好送站服务的各环节工作，并能够及时妥善处理误机（车、船）事故。最后，整理带团记录，及时处理旅游团的遗留问题，按照旅行社要求做好后续工作，撰写好带团总结。

项目拓展

对当地旅行社进行调研，调研旅行社关于导游报账的相关规定。根据导游小组的接待计划，模拟填写报账单。

项目检测

扫描二维码检测项目学习情况。

参考文献

[1] 全国导游资格考试统编教材专家编写组．导游业务[M]．6版．北京：中国旅游出版社，2021.

[2] 葛益娟，张骏．导游实务[M]．2版．北京：旅游教育出版社，2018.

[3] 王琦．地陪导游业务模拟[M]．北京：旅游教育出版社，2016.

[4] 陆霞，郭海胜．景区导游[M]．北京：北京大学出版社，2011.

[5] 周凯波．景区解说服务[M]．北京：中国旅游出版社，2017.

[6] 汪亚明．导游词编撰实务[M]．3版．北京：旅游教育出版社，2018.

[7] 中国旅游协会旅游教育分会．优秀导游词集锦[M]．北京：旅游教育出版社，2016.

[8] 中国旅游协会旅游教育分会．优秀导游词集锦（Ⅱ）[M]．北京：旅游教育出版社，2018.